뉴런 고난도

심화·고난도 수학으로 **상위권 도약!**

수학 3(하)

정답과 풀이는 EBS 중학사이트(mid.ebs.co.kr)에서 다운로드 받으실 수 있습니다.

교재 내용 문의 교재 내용 문의는 EBS 중학사이트 (mid.ebs.co.kr)의 교재 Q&A 서비스를 활용하시기 바랍니다.

교재 정오표 공지 발행 이후 발견된 정오 사항을 EBS 중학사이트 정오표 코너에서 알려 드립니다. **교재학습자료 ▶ 교재 ▶ 교재 정오표**

교재 정정 신청 공지된 정오 내용 외에 발견된 정오 사항이 있다면 EBS 중학사이트를 통해 알려 주세요. **교재학습자료 ▶ 교재 ▶ 교재 선택 ▶ 교재 Q&A**

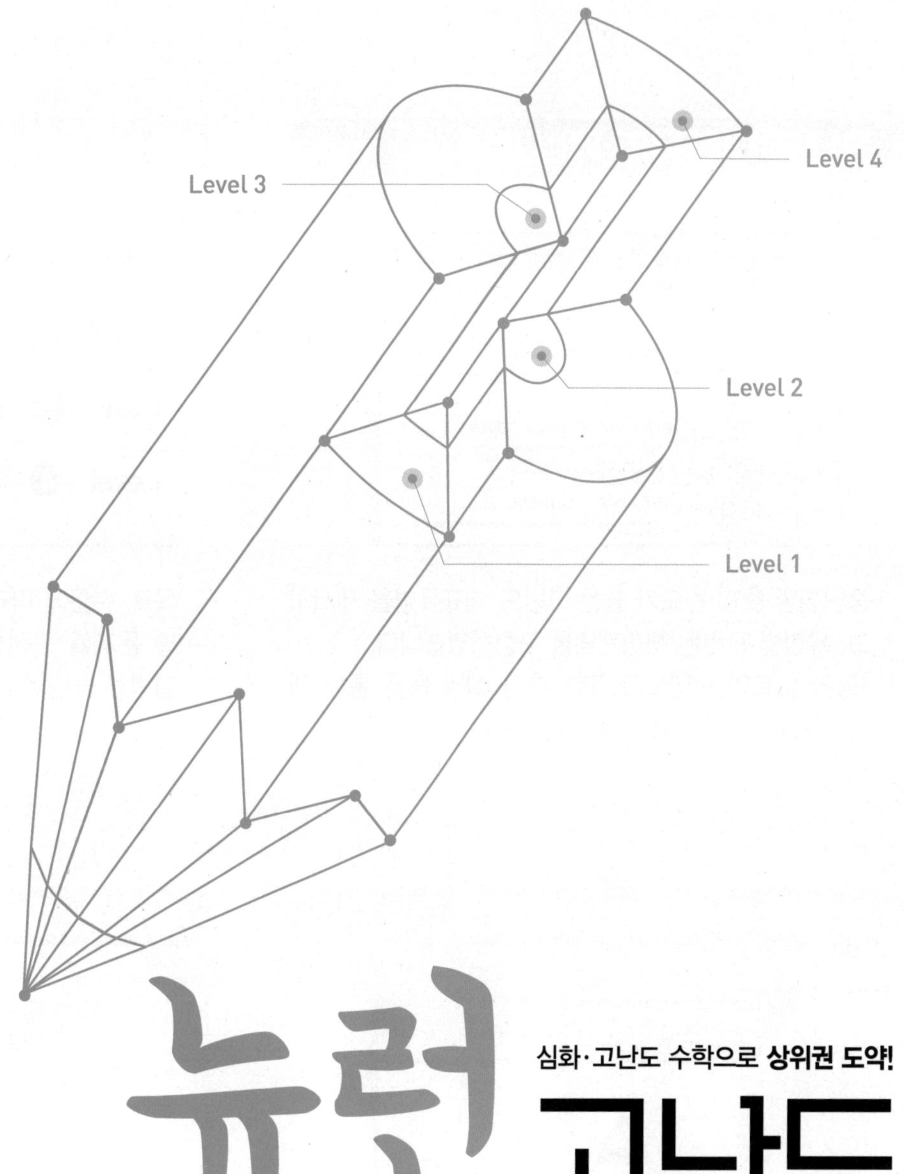

심화·고난도 수학으로 **상위권 도약!**

뉴런 고난도

수학 3(하)

Structure 구성 및 특징

고난도 대표유형·핵심개념

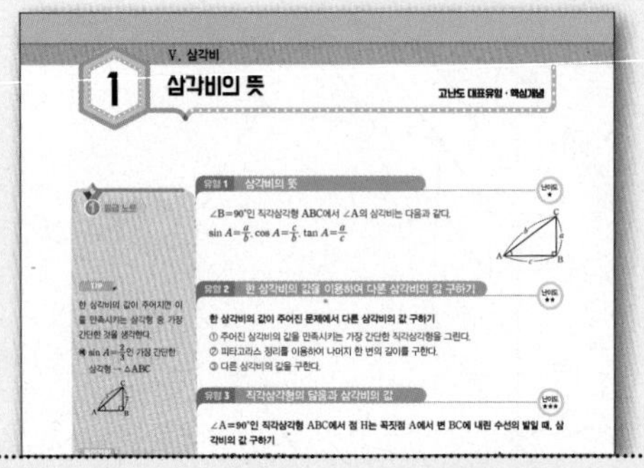

중단원별 출제 빈도가 높은 고난도 대표유형을 제시하고, 유형별 관련된 핵심개념을 구성하였습니다.
1등급 노트의 오답노트, TIP, 추가 설명 등을 통해 개념을 보다 깊이 이해할 수 있습니다.

Level 1 - Level 2 - Level 3 - Level 4

Level ① 고난도 대표유형 연습

Level ② 유형별 응용 문항 학습

Level ③ 고난도 문제 집중 심화 연습

Level ④ 최고난도 문제를 통해 수학 최상위 실력 완성

목표 수준에 따라 체계적으로 학습할 수 있도록 단계별 문제를 구성하였습니다. 단계별 문항 연습을 통해 실력을 높일 수 있습니다.

대단원 마무리 Level 종합

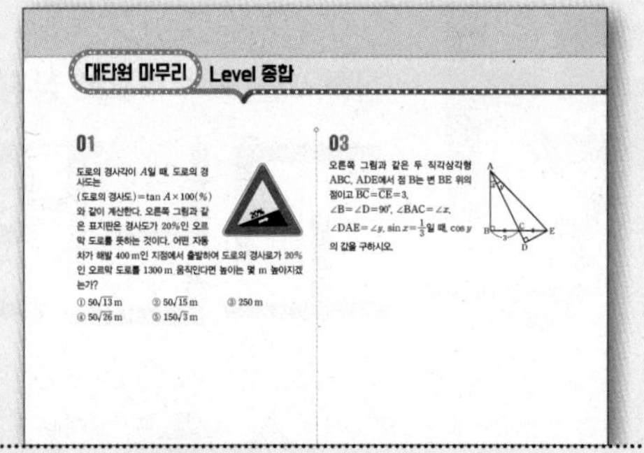

단원에서 학습한 내용을 토대로 종합적인 형태의 문제 해결 능력을 키울 수 있도록 구성하였습니다.

정답과 풀이

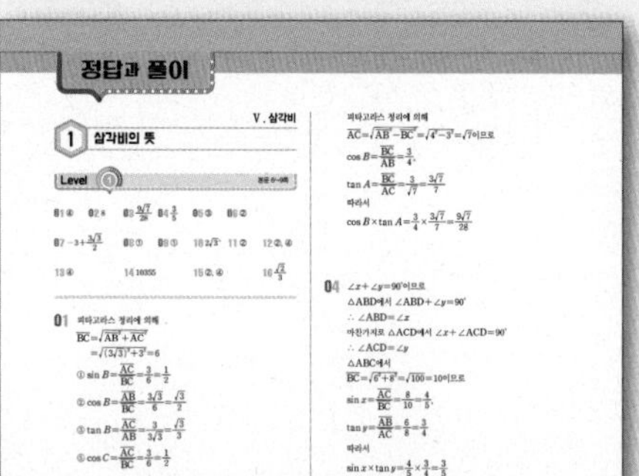

자세하고 친절한 풀이로 문제를 쉽게 설명하였습니다. 실수하기 쉬운 부분 짚어보기, 함정 피하기 등을 추가 구성하였고, Level 4에는 풀이 전략을 함께 제시하였습니다.

Contents 이 책의 차례

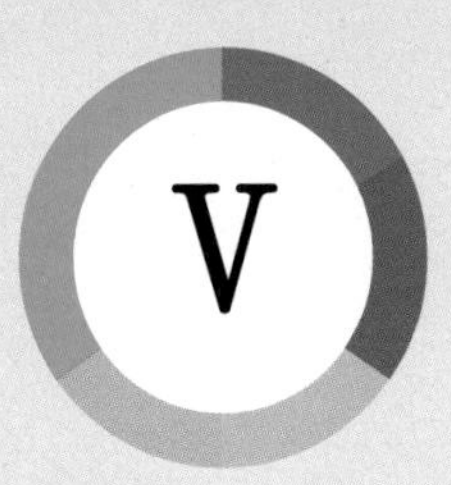

삼각비

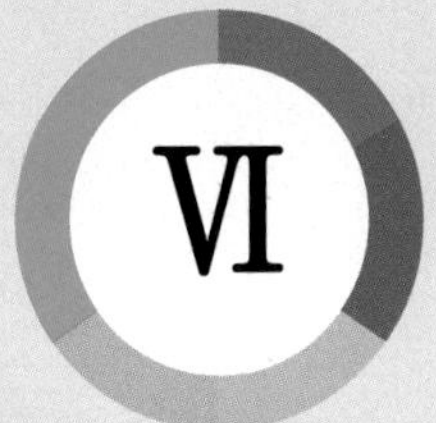

원의 성질

통계

뉴런 고난도 수학 3(상) 차례

삼각비의 뜻

고난도 대표유형 · 핵심개념

유형 1 삼각비의 뜻

난이도 ★

∠B=90°인 직각삼각형 ABC에서 ∠A의 삼각비는 다음과 같다.

$\sin A=\frac{a}{b}$, $\cos A=\frac{c}{b}$, $\tan A=\frac{a}{c}$

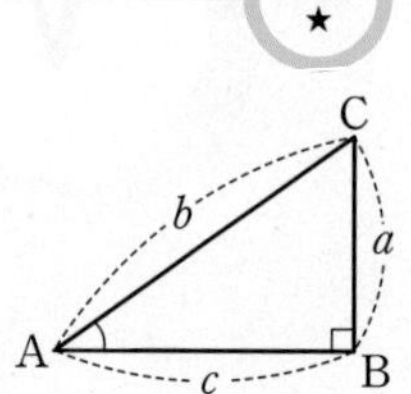

유형 2 한 삼각비의 값을 이용하여 다른 삼각비의 값 구하기

난이도 ★★

한 삼각비의 값이 주어진 문제에서 다른 삼각비의 값 구하기

① 주어진 삼각비의 값을 만족시키는 가장 간단한 직각삼각형을 그린다.
② 피타고라스 정리를 이용하여 나머지 한 변의 길이를 구한다.
③ 다른 삼각비의 값을 구한다.

TIP

한 삼각비의 값이 주어지면 이를 만족시키는 삼각형 중 가장 간단한 것을 생각한다.

예 $\sin A=\frac{2}{3}$인 가장 간단한 삼각형 → △ABC

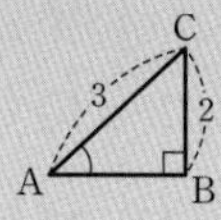

유형 3 직각삼각형의 닮음과 삼각비의 값

난이도 ★★★

∠A=90°인 직각삼각형 ABC에서 점 H는 꼭짓점 A에서 변 BC에 내린 수선의 발일 때, 삼각비의 값 구하기

① 닮은 삼각형을 찾는다.
△HBA∽△ABC∽△HAC (AA 닮음)
② 크기가 같은 대응각을 찾는다.
∠ABC=∠HAC, ∠BCA=∠BAH
③ 삼각비의 값을 구한다.

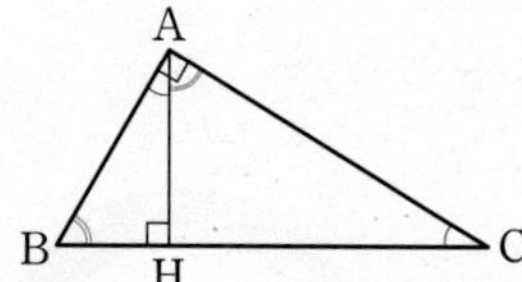

풀이전략

닮음인 삼각형에서 대응각에 대한 삼각비의 값은 같다.

유형 4 30°, 45°, 60°의 삼각비의 값

난이도 ★★

(1) 직각이등변삼각형 또는 정삼각형에서의 30°, 45°, 60°의 삼각비의 값

삼각비 \ A	30°	45°	60°
$\sin A$	$\frac{1}{2}$	$\frac{\sqrt{2}}{2}$	$\frac{\sqrt{3}}{2}$
$\cos A$	$\frac{\sqrt{3}}{2}$	$\frac{\sqrt{2}}{2}$	$\frac{1}{2}$
$\tan A$	$\frac{\sqrt{3}}{3}$	1	$\sqrt{3}$

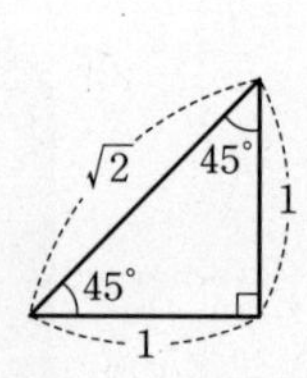

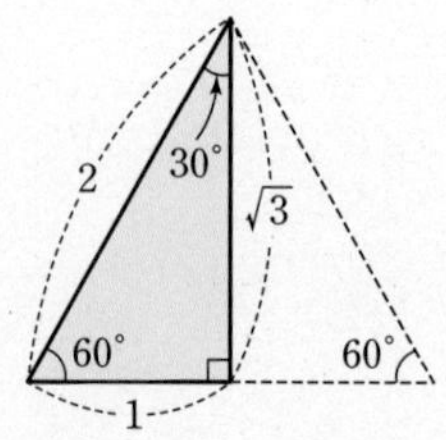

(2) 30°, 45°, 60°의 삼각비를 이용하여 변의 길이를 구하기

직각삼각형의 한 예각의 크기가 30°, 45°, 60° 중 하나일 때, 한 변의 길이가 주어지면 삼각비의 값을 이용하여 다른 변의 길이를 구할 수 있다.

참고

(1) 직각이등변삼각형의 세 변의 길이의 비는 $1:1:\sqrt{2}$
(2) 정삼각형의 한 꼭짓점에서 밑변에 내린 수선은 높이이므로 그림의 색칠한 삼각형의 세 변의 길이의 비는 $1:\sqrt{3}:2$

TIP

$\sin 30°=\cos 60°$
$\sin 45°=\cos 45°$
$\sin 60°=\cos 30°$
$\tan 30°=\frac{1}{\tan 60°}$

난이도 ★★

예각에 대한 삼각비의 값 유형 5

사분원에서 예각에 대한 삼각비의 값

(1) 예각에 대한 사인과 코사인의 값

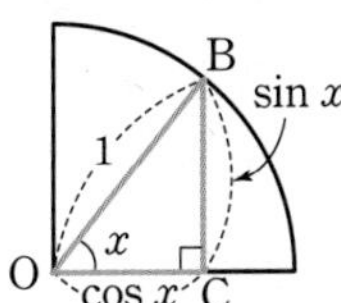

$\sin x=\frac{\overline{BC}}{\overline{OB}}=\frac{\overline{BC}}{1}=\overline{BC}$

$\cos x=\frac{\overline{OC}}{\overline{OB}}=\frac{\overline{OC}}{1}=\overline{OC}$

(2) 예각에 대한 탄젠트의 값

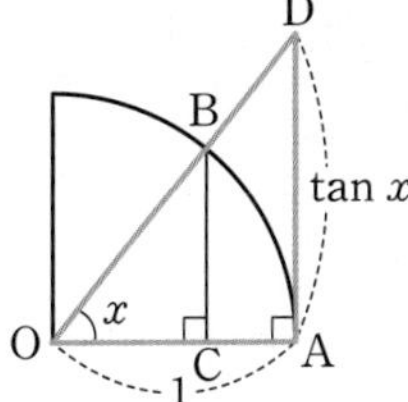

$\tan x=\frac{\overline{DA}}{\overline{OA}}=\frac{\overline{DA}}{1}=\overline{DA}$

(3) 삼각비의 대소 관계

	$0^\circ \le x \le 90^\circ$인 범위에서 x의 크기			
	0°에 가까워질 때	90°에 가까워질 때	$x=0^\circ$	$x=90^\circ$
$\sin x$	0에 가까워짐	1에 가까워짐	$\sin 0^\circ=0$	$\sin 90^\circ=1$
$\cos x$	1에 가까워짐	0에 가까워짐	$\cos 0^\circ=1$	$\cos 90^\circ=0$
$\tan x$	0에 가까워짐	한없이 커짐	$\tan 0^\circ=0$	값을 정할 수 없다.

1 등급 노트

플러스 개념

- $0^\circ \le x < 45^\circ$이면 $\sin x < \cos x$
- $x=45^\circ$이면 $\sin x=\cos x<\tan x$
- $45^\circ < x < 90^\circ$이면 $\cos x < \sin x < \tan x$

난이도 ★

삼각비의 표에서의 삼각비의 값 유형 6

(1) **삼각비의 표:** 크기가 0°에서 90°까지의 각을 1° 간격으로 나누어 삼각비의 값을 구하여 정리한 표

(2) **삼각비의 표를 이용하는 법**

삼각비의 표에서 가로줄과 세로줄이 만나는 곳의 수가 삼각비의 값이다.

예 $\sin 50^\circ=0.7660$, $\cos 50^\circ=0.6428$, $\tan 50^\circ=1.1918$

각도	사인(sin)	코사인(cos)	탄젠트(tan)
⋮	⋮	⋮	⋮
49°	0.7547	0.6561	1.1504
50°	0.7660	0.6428	1.1918
51°	0.7771	0.6293	1.2349
⋮	⋮	⋮	⋮

참고

삼각비의 표에서 삼각비의 값은 반올림하여 소수점 아래 넷째 자리까지 나타낸 것이다.

Level 1 삼각비의 뜻

01

오른쪽 그림과 같은 직각삼각형 ABC에서 $\overline{AB}=3\sqrt{3}$, $\overline{AC}=3$일 때, 다음 중 옳은 것은?

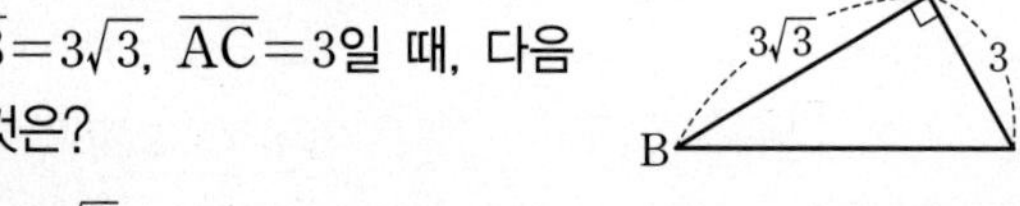

① $\sin B=\frac{\sqrt{3}}{3}$ ② $\cos B=\frac{1}{3}$ ③ $\tan B=\sqrt{3}$

④ $\sin C=\frac{\sqrt{3}}{2}$ ⑤ $\cos C=\frac{1}{3}$

02

오른쪽 그림과 같은 직각삼각형 ABC에서 $\overline{AB}=6$, $\sin C=\frac{3}{5}$일 때, $\overline{BC}$의 길이를 구하시오.

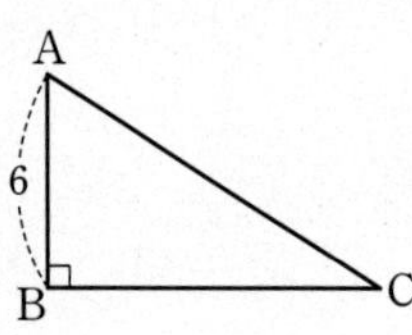

03

$\angle C=90^\circ$인 직각삼각형 ABC에서 $\sin A=\frac{3}{4}$일 때, $\cos B\times\tan A$의 값을 구하시오.

04

오른쪽 그림과 같이 $\angle A=90^\circ$인 직각삼각형 ABC에서 $\overline{AD}\perp\overline{BC}$이고 $\overline{AB}=6$, $\overline{AC}=8$일 때, $\sin x\times\tan y$의 값을 구하시오.

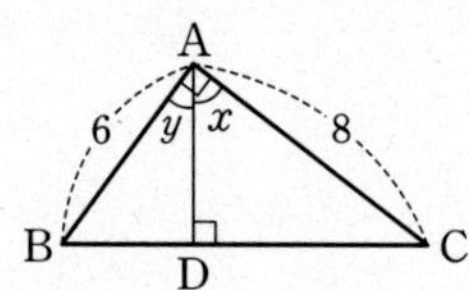

05

오른쪽 그림과 같은 직사각형 ABCD에서 $\overline{AB}=3$, $\overline{AD}=4$, $\overline{AE}\perp\overline{BD}$일 때, $\sin x+\cos x$의 값은?

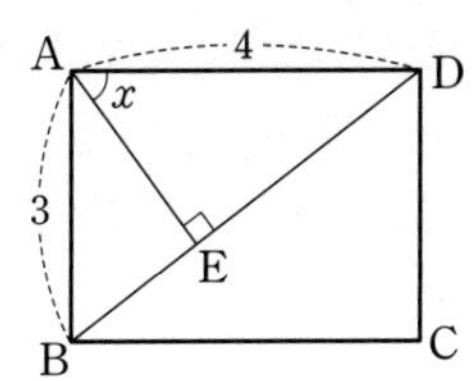

① $\frac{1}{5}$ ② $\frac{3}{5}$
③ $\frac{7}{5}$ ④ $\frac{31}{20}$
⑤ $\frac{7}{3}$

06

오른쪽 그림과 같이 x절편이 -3이고 x축과 이루는 예각의 크기가 $45°$인 직선의 방정식은?

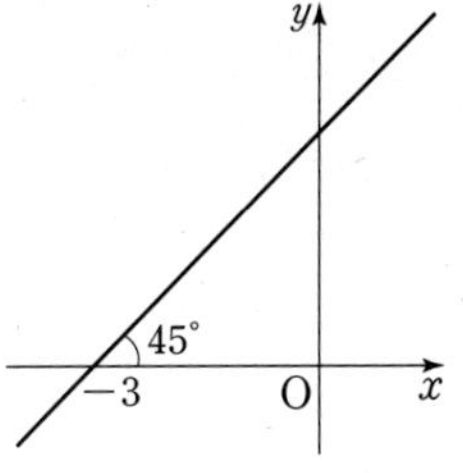

① $y=x+1$
② $y=x+3$
③ $y=-x+1$
④ $y=-x+3$
⑤ $y=3x+3$

07

$A=\sin 60°-\cos 60°$, $B=\tan 60°-\tan 45°$일 때, A^2-B^2의 값을 구하시오.

08

세 내각의 크기의 비가 $\angle A : \angle B : \angle C=1:2:3$인 직각삼각형 ABC에서 $\sin A+\tan B\times\cos C$의 값은?

① $\frac{1}{2}$ ② $\frac{\sqrt{3}}{2}$ ③ 1
④ $\frac{3}{2}$ ⑤ $\frac{1}{2}+\sqrt{3}$

Level 1 삼각비의 뜻

09

$\frac{1}{\sqrt{3}}\cos(3x-30^\circ)=\frac{1}{2}$을 만족시키는 x에 대하여 $\tan(2x-10^\circ)$의 값은? (단, $10^\circ<x<40^\circ$)

① $\frac{\sqrt{3}}{3}$ ② $\frac{\sqrt{3}}{2}$ ③ 1
④ $\sqrt{3}$ ⑤ 3

10

오른쪽 그림에서
$\angle CAB=\angle ABD=90^\circ$, $\angle C=60^\circ$, $\angle D=45^\circ$이고, $\overline{AD}=3\sqrt{2}$일 때, $\overline{BC}$의 길이를 구하시오.

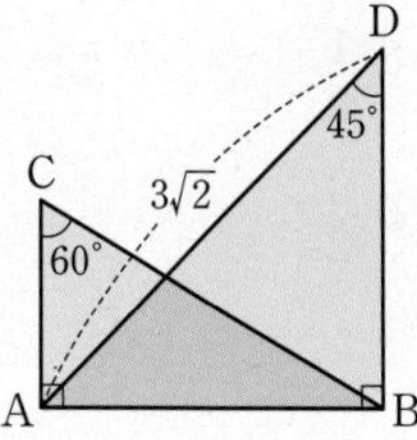

11

오른쪽 그림과 같이 원점 O를 중심으로 하고 반지름의 길이가 1인 사분원에서 sin 40°의 값을 구하면?

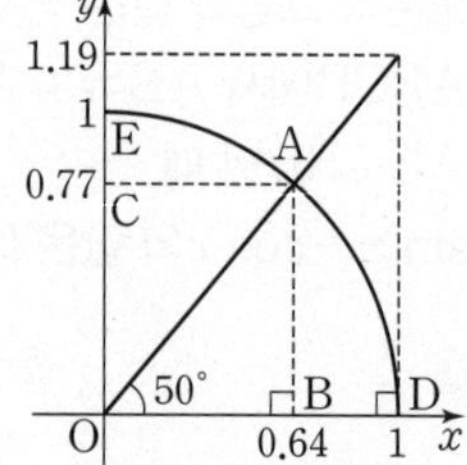

① 0.5 ② 0.64
③ 0.77 ④ 1
⑤ 1.19

12

오른쪽 그림과 같이 좌표평면 위의 원점 O를 중심으로 하고 반지름의 길이가 1인 사분원에서 다음 중 옳지 않은 것을 모두 고르면? (정답 2개)

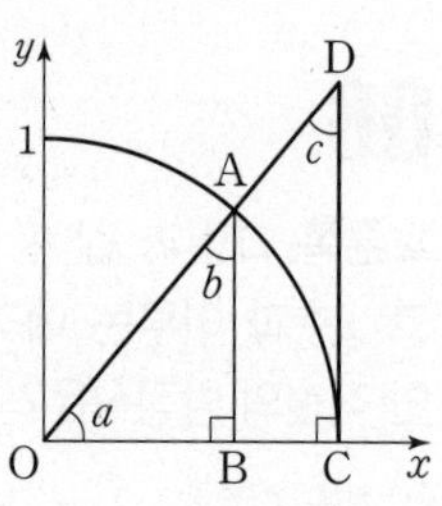

① $\cos b=\overline{AB}$
② $\sin c=\overline{OC}$
③ $\tan a=\overline{CD}$
④ 점 A의 좌표는 $(\cos b, \sin a)$이다.
⑤ 점 D의 좌표는 $(1, \tan a)$이다.

13

다음 삼각비의 표를 이용하여 구할 수 있는 $\angle x$의 크기로 가장 적당한 것은?

각도	cos
44°	0.7193
45°	0.7071
46°	0.6947
47°	0.6820
48°	0.6691
49°	0.6561

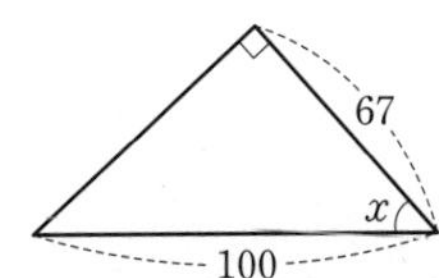

① 45° ② 46° ③ 47°
④ 48° ⑤ 49°

14

오른쪽 그림과 같이 $\angle B=90^\circ$인 직각삼각형 ABC에서 $\angle A=44^\circ$, $\overline{BC}=10000$일 때, 다음 삼각비의 표를 이용하여 $\overline{AB}$의 길이를 구하시오.

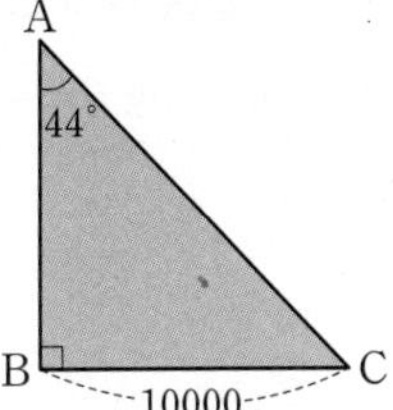

각도	sin	cos	tan
45°	0.7071	0.7071	1.0000
46°	0.7193	0.6947	1.0355
47°	0.7314	0.6820	1.0724
48°	0.7431	0.6691	1.1106
49°	0.7547	0.6561	1.1504

15

다음 설명 중 옳은 것을 모두 고르면? (정답 2개)

① $0^\circ \le A \le 90^\circ$일 때, $\tan A$의 최솟값은 0, 최댓값은 1이다.
② $\sin A = \cos A$인 A가 존재한다.
③ $0^\circ < A < 45^\circ$일 때, $\sin A > \cos A$
④ $45^\circ < A < 90^\circ$일 때, $\cos A < \tan A$
⑤ $0^\circ \le A \le 90^\circ$일 때, A의 값이 커지면 $\cos A$의 값도 커진다.

16

오른쪽 그림은 한 모서리의 길이가 3인 정육면체이다. $\angle CEG$의 크기를 x라 할 때, $\sin x \times \cos x$의 값을 구하시오.

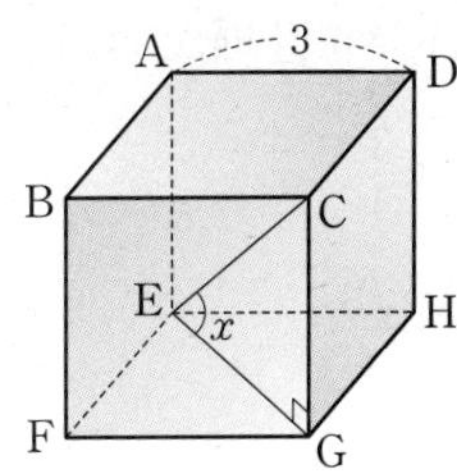

01

$\angle C=90^\circ$인 직각삼각형 ABC에서 $\sin A : \cos A=2 : 3$일 때, $\tan A\times\cos B$의 값은?

① $\frac{3}{4}$ ② $\frac{\sqrt{13}}{4}$ ③ $\frac{3\sqrt{13}}{4}$
④ $\frac{2\sqrt{5}}{13}$ ⑤ $\frac{4\sqrt{13}}{39}$

02

오른쪽 그림과 같이 반지름의 길이가 5인 원 O에서 $\overline{AB}$는 지름이고 $\overline{BC}=6$일 때, $\cos A$의 값은?

① $\frac{3}{4}$ ② $\frac{\sqrt{3}}{5}$
③ $\frac{\sqrt{3}}{4}$ ④ $\frac{2\sqrt{2}}{5}$
⑤ $\frac{4}{5}$

03

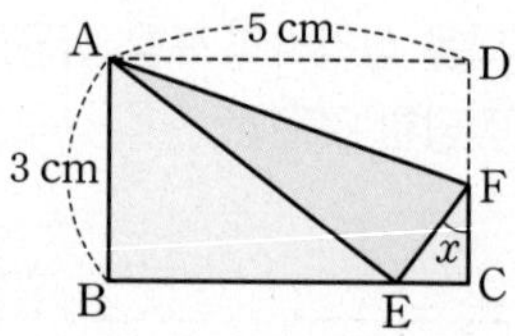

오른쪽 그림과 같이 직사각형 ABCD에서 $\overline{AF}$를 접는 선으로 하여 꼭짓점 D가 $\overline{BC}$ 위의 점 E에 오도록 접었다. $\angle EFC=\angle x$라 할 때, $\cos x$의 값을 구하시오.

04

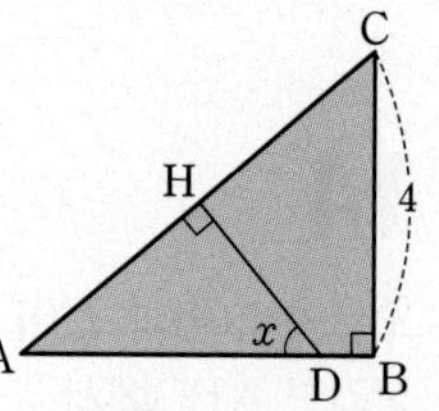

오른쪽 그림과 같이 $\angle B=90^\circ$이고 $\overline{BC}=4$인 직각삼각형 ABC가 있다. $\overline{AB}$ 위의 한 점 D에서 $\overline{AC}$에 내린 수선의 발을 H라 하고 $\angle ADH=\angle x$라 하자. $\cos x=\frac{2}{3}$일 때, $\overline{AC}$의 길이는?

① 5 ② $\sqrt{30}$ ③ 6
④ $\frac{13}{2}$ ⑤ 7

05

직선 $x\sin 30^\circ + y\cos 45^\circ = 1$의 그래프가 x축과 이루는 예각의 크기를 α라 할 때, $\cos\alpha$의 값은?

① $\frac{\sqrt{3}}{3}$ ② $\frac{\sqrt{6}}{3}$ ③ $\frac{\sqrt{10}}{5}$
④ $\frac{\sqrt{2}}{2}$ ⑤ $\frac{2\sqrt{5}}{5}$

06

오른쪽 그림은 일차방정식 $\sqrt{3}x - y + 3\sqrt{3} = 0$의 그래프이다. 원점 O에서 직선에 내린 수선의 발을 C라 할 때, $\overline{CO}$의 길이를 구하시오.

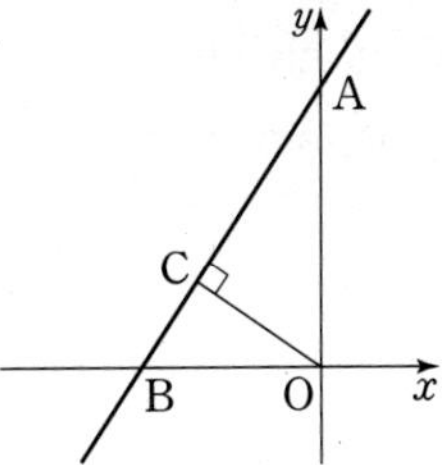

07

이차방정식 $3x^2 - 4\sqrt{3}x + 3 = 0$의 두 근이 $\tan A$, $\tan B$일 때, $\sin(A-B)$의 값은? (단, $B < A < 90^\circ$)

① $-2\sqrt{3}$ ② 0 ③ $\frac{1}{2}$
④ 1 ⑤ $2\sqrt{3}$

08

오른쪽 그림과 같이 $\angle C = 90^\circ$인 직각삼각형 ABC에서 $\overline{BD} = \overline{CD}$이고 $\overline{AB} = 8\text{ cm}$, $\angle B = 30^\circ$일 때, $\overline{AD}$의 길이를 구하시오.

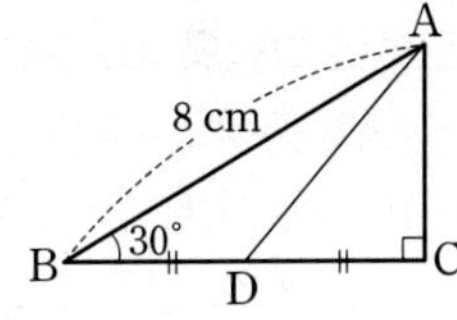

09

다음 그림과 같이 $\angle B=90°$인 직각삼각형 ABC에서 $\overline{AD}=\overline{CD}$, $\angle BDC=30°$, $\overline{BC}=1\,cm$일 때, $\tan 75°$의 값을 구하시오.

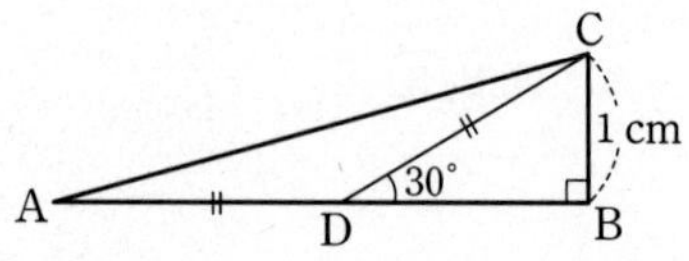

10

오른쪽 그림의 $\triangle ABC$에서 $\overline{AB}$는 원 O의 중심을 지나고 $\angle A=30°$, $\angle B=45°$, $\overline{BC}=4$일 때, $\overline{AC}\times\overline{AO}$의 값을 구하시오.

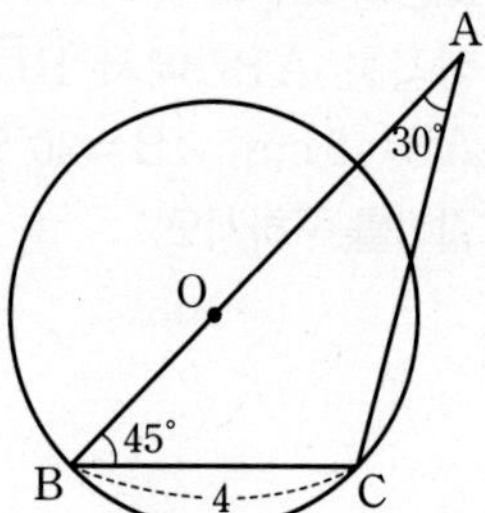

11

오른쪽 그림과 같이 반지름의 길이가 1인 사분원에서 $\angle AOB=60°$일 때, 사다리꼴 ABDC의 넓이를 구하시오.

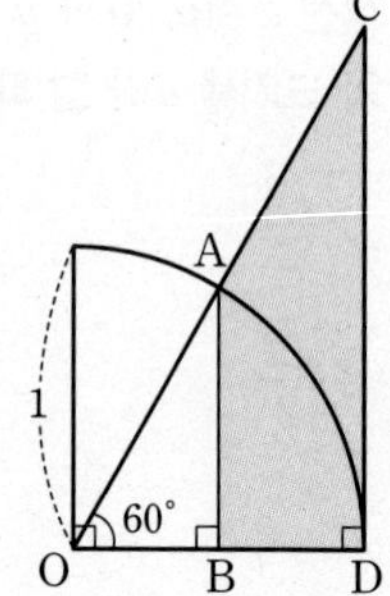

12

다음 삼각비의 값을 작은 것부터 차례대로 나열한 것은?

ㄱ. $\sin 45°$	ㄴ. $\cos 0°$	ㄷ. $\cos 35°$
ㄹ. $\sin 75°$	ㅁ. $\tan 50°$	ㅂ. $\tan 65°$

① ㄱ－ㄷ－ㄹ－ㄴ－ㅁ－ㅂ
② ㄱ－ㄷ－ㄹ－ㅁ－ㅂ－ㄴ
③ ㄱ－ㄷ－ㅁ－ㅂ－ㄹ－ㄴ
④ ㄴ－ㄷ－ㄱ－ㅁ－ㅂ－ㄹ
⑤ ㄴ－ㄷ－ㄹ－ㅁ－ㅂ－ㄱ

13

$0° < x < 45°$일 때,
$\sqrt{\left(\frac{1}{\sqrt{2}}+\cos x\right)^2}-\sqrt{\left(\frac{1}{\sqrt{2}}-\cos x\right)^2}$을 간단히 하시오.

14

오른쪽 그림과 같이 한 모서리의 길이가 2인 정사면체에서 점 H는 꼭짓점 A에서 면 BCD에 내린 수선의 발이고, 점 M은 $\overline{BC}$의 중점이다.
$\angle AMD = \angle x$라 할 때, $\tan x$의 값을 구하시오.

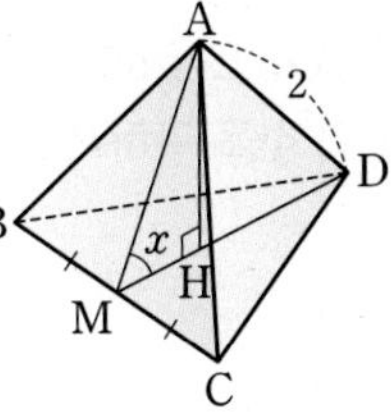

15

오른쪽 그림과 같이 한 모서리의 길이가 6인 정육면체의 한 꼭짓점 D에서 $\overline{BH}$에 내린 수선의 발을 N이라 하자. $\angle NDH = \angle x$라 할 때, $\sin x$의 값을 구하시오.

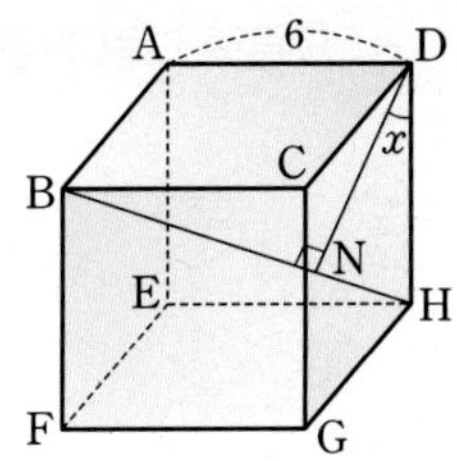

16

오른쪽 그림과 같은 직육면체에서 $\overline{AG}$, $\overline{EG}$를 그었을 때, $\angle AGE$의 크기와 가장 가까운 각도를 아래의 삼각비의 표에서 찾으시오.

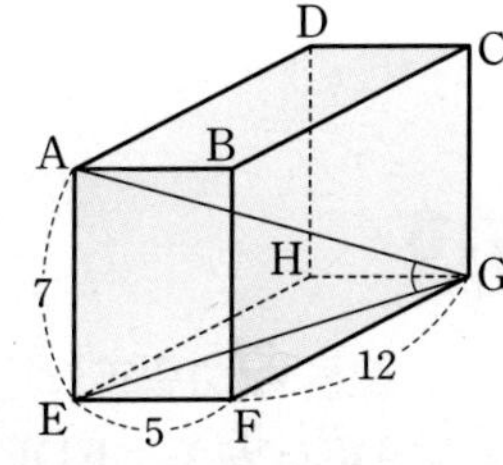

각도	sin	cos	tan
25°	0.4226	0.9063	0.4663
26°	0.4384	0.8988	0.4877
27°	0.4540	0.8910	0.5095
28°	0.4695	0.8829	0.5317
29°	0.4848	0.8746	0.5543
30°	0.5000	0.8660	0.5774

Level 3 삼각비의 뜻

01

오른쪽 그림과 같이 $\angle C=90^\circ$인 직각삼각형 ABC에서 $\tan 22.5^\circ$의 값을 구하시오.

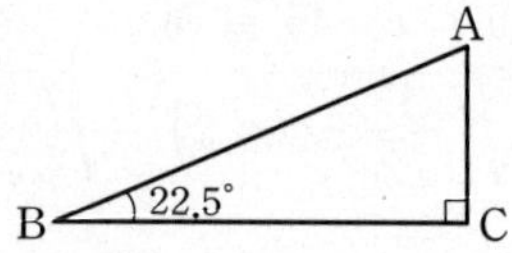

02

오른쪽 그림과 같이 $\angle B=90^\circ$인 직각삼각형 ABC에서 $\overline{AB}=\overline{BD}=\overline{DC}$이고 $\overline{AD}=\sqrt{2}$일 때, $\cos x$의 값을 구하시오.

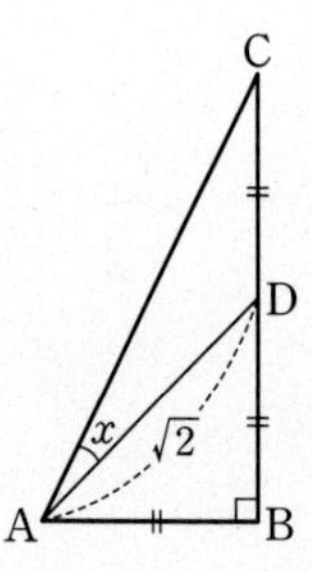

03

오른쪽 그림과 같은 직사각형 ABCD에서 삼각형 DEF는 $\angle DFE=90^\circ$인 직각삼각형이고 $\overline{DF}=2\sqrt{3}$, $\angle EDF=30^\circ$, $\angle BFE=45^\circ$일 때, $\sin 15^\circ+\cos 15^\circ$의 값을 구하시오.

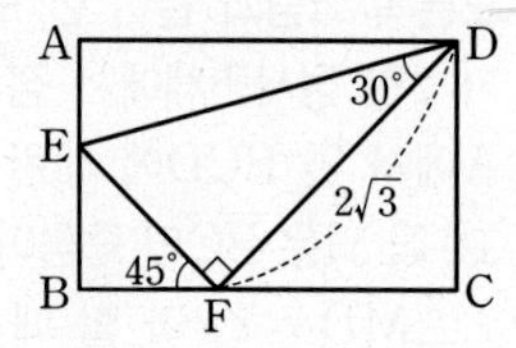

04

다음 그림과 같은 직각삼각형 ABC에서 $\overline{AC}=\overline{BD}=\overline{DE}=\overline{EC}$이고 $\angle ABC=\angle x$, $\angle ADC=\angle y$일 때, $\sin(x+y)$의 값을 구하시오.

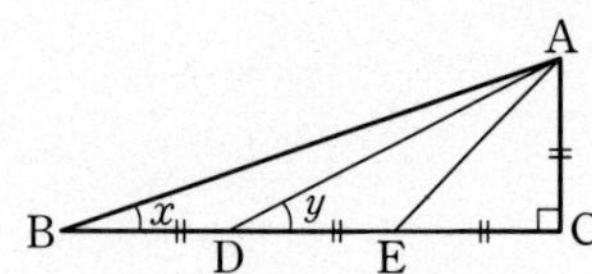

05

오른쪽 그림과 같이 좌표평면 위에 네 점 $\mathrm{A}(0,\ \sqrt{2})$, $\mathrm{O}(0,\ 0)$, $\mathrm{B}(\sqrt{2},\ 0)$, $\mathrm{C}(\sqrt{2},\ \sqrt{2})$를 꼭짓점으로 하는 □AOBC를 꼭짓점 O를 중심으로 30°만큼 회전시켜 □DOEF를 만들었다. $\overline{\mathrm{AC}}$와 $\overline{\mathrm{FE}}$의 교점을 H라 할 때, 점 H의 좌표를 구하시오.

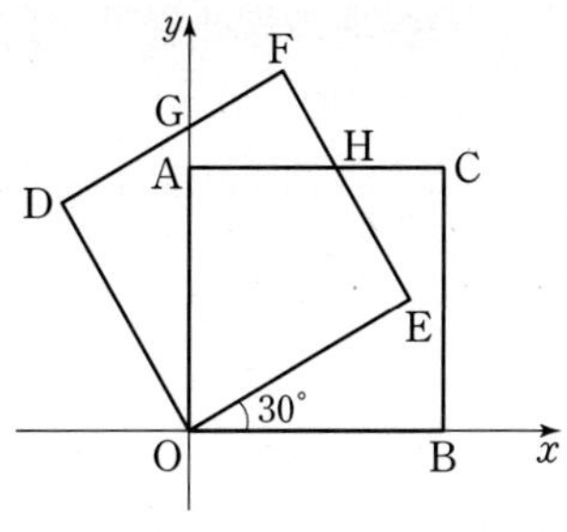

06

다음 그림과 같은 평행사변형 ABCD에서 $\overline{\mathrm{AB}}=3\sqrt{2}$, $\angle\mathrm{ABC}=45^\circ$, $\angle\mathrm{ACB}=60^\circ$, $\angle\mathrm{CBD}=\angle x$일 때, $\tan x$의 값은?

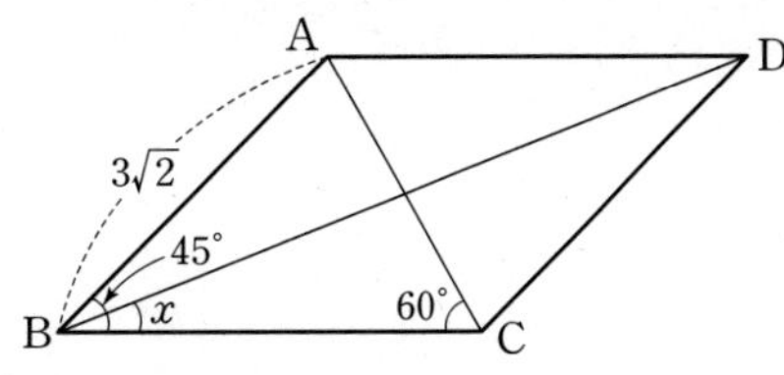

① $\dfrac{5-\sqrt{3}}{22}$　② $\dfrac{5-\sqrt{2}}{22}$　③ $\dfrac{6-\sqrt{3}}{11}$

④ $\dfrac{6-\sqrt{2}}{11}$　⑤ $\dfrac{7-\sqrt{2}}{11}$

07

다음 그림에서 $\angle\mathrm{CAB}=\angle\mathrm{DAC}=\angle\mathrm{EAD}=\angle\mathrm{FAE}=\angle\mathrm{GAF}=30^\circ$이고 $\overline{\mathrm{AG}}=a\ \mathrm{cm}$일 때, $\overline{\mathrm{AB}}$의 길이를 a에 관한 식으로 나타내시오.

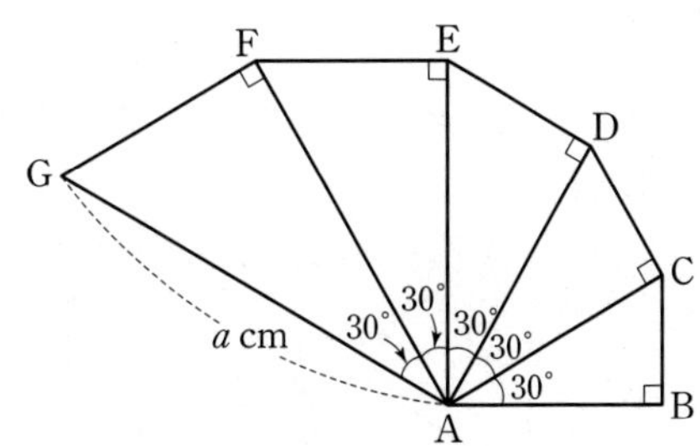

Level 4 삼각비의 뜻

01

오른쪽 그림과 같이 $\angle B=90^\circ$인 직각이등변삼각형 ABC의 내부와 외부에 있는 두 점 E, F에 대하여 $\overline{AE} /\!/ \overline{FC}$, $\overline{AE}=\overline{EF}=\overline{FC}$이다. 점 D는 $\overline{AC}$와 $\overline{EF}$의 교점이고 $0^\circ < \angle CDF \le 90^\circ$일 때, $\angle DCF$의 크기의 최댓값을 구하시오.

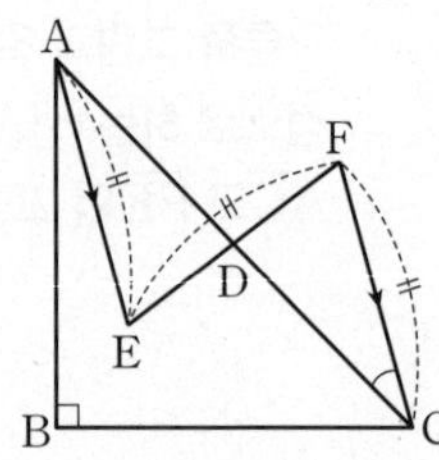

02

오른쪽 그림과 같은 좌표평면 위의 세 점 $A(-2, 6)$, $B(2, -2)$, $C(5, 2)$에 대하여 $\angle ABC=\angle x$일 때, $\sin x+\cos x$의 값을 구하시오.

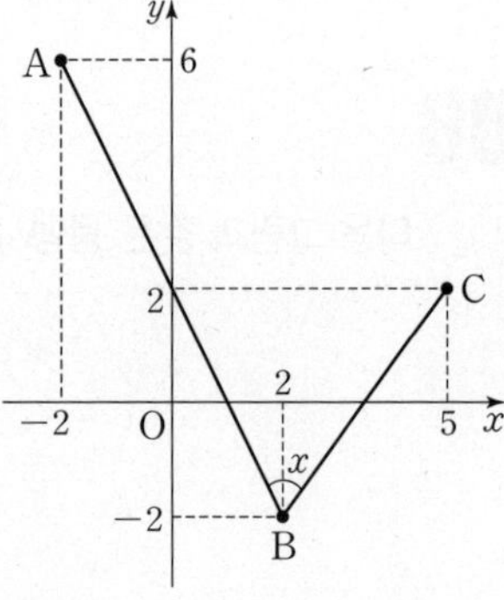

03

오른쪽 그림과 같이 $\overline{AB}=\overline{AC}=1$인 이등변삼각형 ABC에서 $\angle ABD=\angle DBC$, $\overline{BC}=\overline{BD}$일 때, $\sin 18^\circ$, $\cos 36^\circ$의 값을 각각 구하시오.

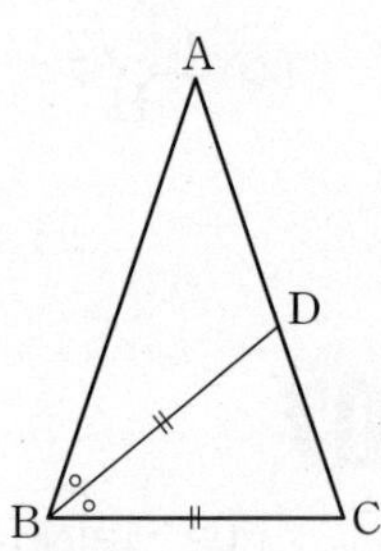

04

다음 그림과 같은 두 삼각형 ABC와 DBE에서 $\angle A=90^\circ$, $\angle BDE=90^\circ$이다. 점 D는 $\overline{AC}$ 위의 점이고 $\angle DBE=30^\circ$, $\overline{BD}=3$, $\overline{AD}=\overline{EC}$일 때 $\overline{DC}$의 길이를 구하시오.

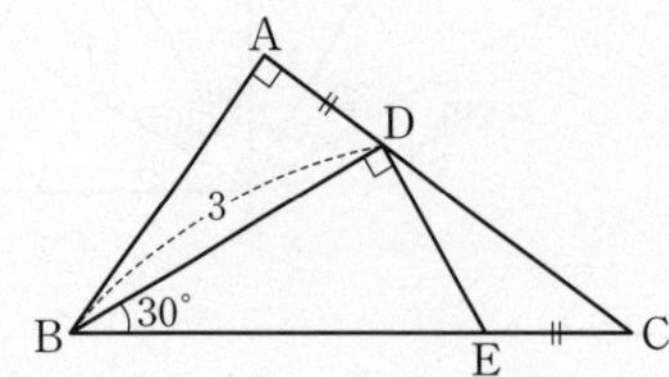

05

오른쪽 그림의 □ABCD에서 $\angle ABC=\angle ACD=90^\circ$, $\angle CAB=45^\circ$, $\angle CAD=30^\circ$이다. 꼭짓점 D에서 $\overline{AB}$에 내린 수선의 발을 E, 꼭짓점 C에서 $\overline{DE}$에 내린 수선의 발을 F라 하자. $\overline{AD}=6\,\text{cm}$일 때, $\tan 75^\circ$의 값을 구하시오.

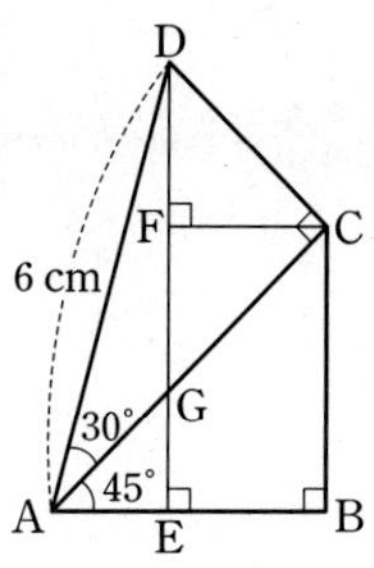

06

오른쪽 그림과 같이 좌표평면 위에 점 $A(0, 1)$과 x축 위의 점 P_1, P_2, P_3, $\cdots$, P_{88}, P_{89}에 대하여

$$\angle OAP_1=\angle P_1AP_2=\angle P_2AP_3=\cdots=\angle P_{88}AP_{89}=1^\circ$$

일 때, 다음 식의 값을 구하시오.

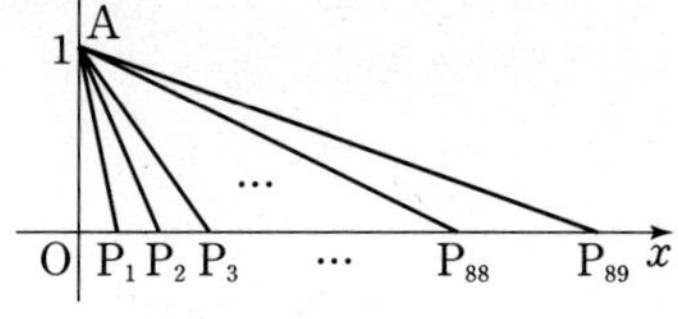

$$\tan 1^\circ\times\tan 2^\circ\times\tan 3^\circ\times\cdots\times\tan 88^\circ\times\tan 89^\circ$$

07

다음 그림은 직육면체 ABCD−EFGH의 꼭짓점 B에서 출발하여 표면을 따라 선분 FG 위의 점 P를 지나 내부를 통과하여 꼭짓점 D에 이르는 최단거리를 나타낸 것이다. $\angle DPG=\angle\alpha$라 할 때, $\sin\alpha$의 값을 구하시오.

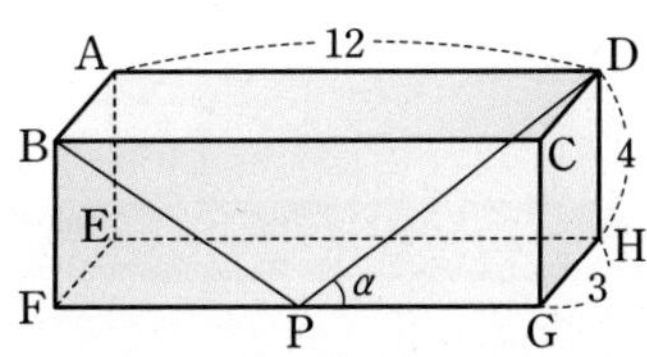

2 삼각비의 활용_길이 구하기

고난도 대표유형 · 핵심개념

유형 1 직각삼각형의 변의 길이

직각삼각형에서 한 예각의 크기와 한 변의 길이를 알면 삼각비를 이용하여 나머지 두 변의 길이를 구할 수 있다.
$\angle C=90°$인 직각삼각형 ABC에서

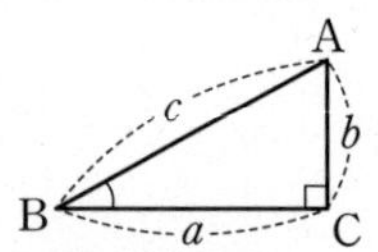

(1) $\angle$B의 크기와 c를 알 때

$\sin B=\frac{b}{c} \Rightarrow b=c\sin B$

$\cos B=\frac{a}{c} \Rightarrow a=c\cos B$

(2) $\angle$B의 크기와 a를 알 때

$\tan B=\frac{b}{a} \Rightarrow b=a\tan B$

$\cos B=\frac{a}{c} \Rightarrow c=\frac{a}{\cos B}$

(3) $\angle$B의 크기와 b를 알 때

$\sin B=\frac{b}{c} \Rightarrow c=\frac{b}{\sin B}$

$\tan B=\frac{b}{a} \Rightarrow a=\frac{b}{\tan B}$

예시

그림의 삼각형 ABC에서

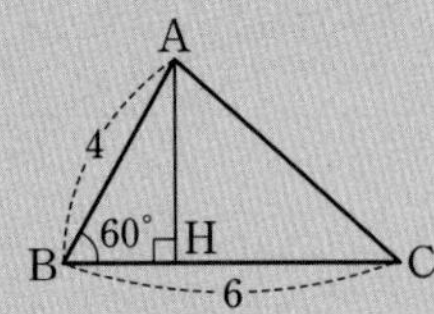

$\overline{AH}=4\sin 60°=2\sqrt{3}$

$\overline{BH}=4\cos 60°=2$

$\overline{CH}=6-2=4$

$\overline{AC}=\sqrt{(2\sqrt{3})^2+4^2}=2\sqrt{7}$

유형 2 일반 삼각형의 변의 길이 (1)

삼각형에서 두 변의 길이와 그 끼인각의 크기를 알면 삼각비를 이용하여 나머지 한 변의 길이를 구할 수 있다.
삼각형 ABC에서 두 변 AB, BC의 길이와 끼인각 $\angle$B의 크기를 알 때

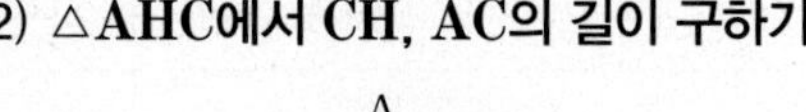

(1) $\triangle$ABH에서 $\overline{AH}$, $\overline{BH}$의 길이 구하기

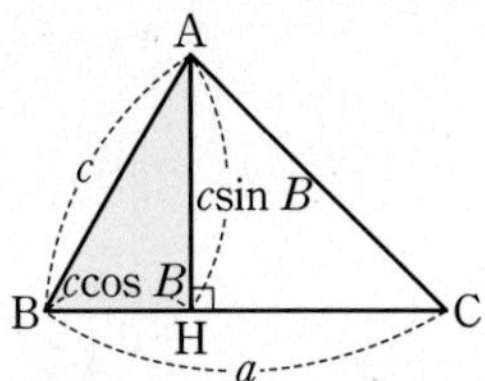

$\overline{AH}=c\sin B$

$\overline{BH}=c\cos B$

$\Rightarrow$

(2) $\triangle$AHC에서 $\overline{CH}$, $\overline{AC}$의 길이 구하기

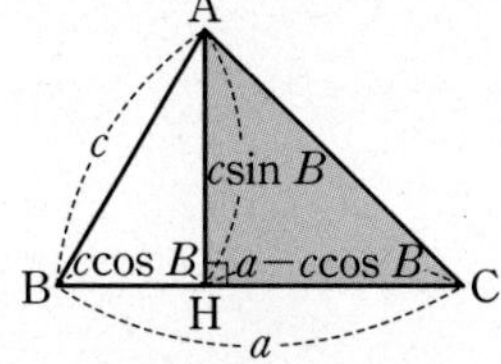

$\overline{CH}=a-c\cos B$

$\overline{AC}=\sqrt{\overline{AH}^2+\overline{CH}^2}$

$=\sqrt{(c\sin B)^2+(a-c\cos B)^2}$

TIP

그림과 같이 꼭짓점 B에서 $\overline{AC}$에 내린 수선의 발을 H라 하면 $\overline{AB}$의 길이도 구할 수 있다.

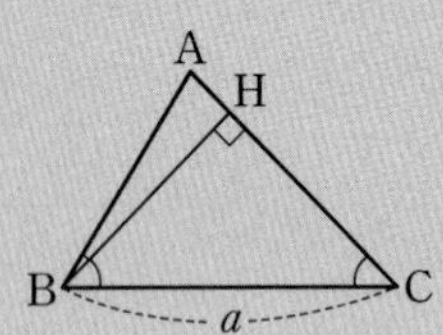

$\overline{AB}=\frac{a\sin C}{\sin A}$

유형 3 일반 삼각형의 변의 길이 (2)

삼각형에서 한 변의 길이와 그 양 끝 각의 크기를 알면 삼각비를 이용하여 나머지 두 변의 길이를 구할 수 있다.
삼각형 ABC에서 변 BC의 길이와 그 양 끝 각 $\angle$B와 $\angle$C의 크기를 알 때
$\triangle$BCH에서 $\overline{CH}=a\sin B$, $\triangle$ACH에서 $\overline{CH}=\overline{AC}\sin A$
$\overline{AC}\sin A=a\sin B$이므로 $\overline{AC}=\frac{a\sin B}{\sin A}$

삼각형의 높이 (1) 유형 4

난이도 ★★★

삼각형에서 한 변의 길이와 모두 예각인 양 끝 각의 크기를 알면 삼각비를 이용하여 삼각형의 높이를 구할 수 있다.

삼각형 ABC에서 변 BC의 길이와 그 양 끝 각 ∠B, ∠C의 크기를 알 때

△ABH에서 $\overline{BH}=h\tan x$, △ACH에서 $\overline{CH}=h\tan y$

$a=h\tan x+h\tan y$이므로 $h=\dfrac{a}{\tan x+\tan y}$

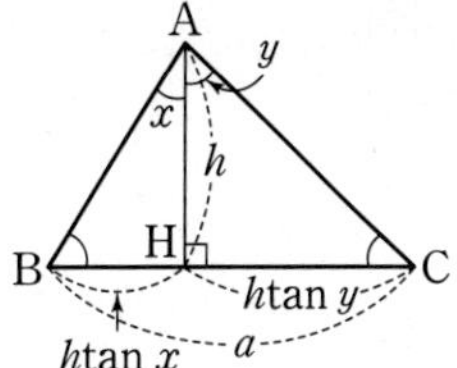

1등급 노트

TIP

높이 h의 값을 구하기 위하여 주어진 변의 길이 a를 h에 관한 식으로 나타낸다.

삼각형의 높이 (2) 유형 5

난이도 ★★★

삼각형에서 한 변의 길이와 한 각은 예각이고 다른 한 각은 둔각인 양 끝 각의 크기를 알면 삼각비를 이용하여 삼각형의 높이를 구할 수 있다.

삼각형 ABC에서 변 BC의 길이와 그 양 끝 각 ∠B, ∠C의 크기를 알 때

△ABH에서 $\overline{BH}=h\tan x$, △ACH에서 $\overline{CH}=h\tan y$

$a=h\tan x-h\tan y$이므로 $h=\dfrac{a}{\tan x-\tan y}$

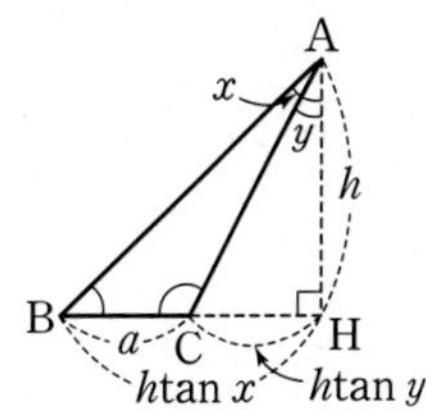

참고

공식을 외우기보다 구하는 과정을 이해하는 것이 중요하다.

실생활에서 삼각비의 활용 유형 6

난이도 ★★★

실생활에서 삼각비 활용 문제 푸는 방법

① 주어진 조건에 따라 그림을 그린다.

② 그림에서 직각삼각형을 찾거나 수선의 발을 그어 직각삼각형을 만든다.

③ 삼각비를 이용하여 구하는 변의 길이 또는 높이를 구한다.

④ 문제의 상황에 맞는 답을 구한다.

참고

주어진 각의 크기가 특수각이 아닌 경우는 삼각비의 표를 이용한다.

Level  삼각비의 활용_길이 구하기

01

오른쪽 그림과 같이 $\angle B=90°$인 직각삼각형 ABC에서 다음 중 옳지 <u>않은</u> 것은?

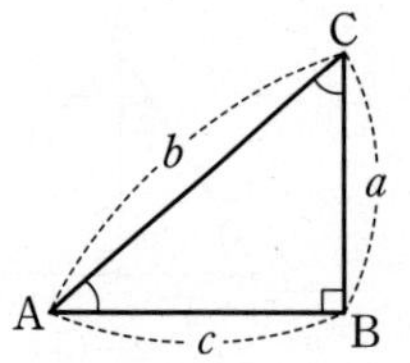

① $a=b\sin A$

② $a=b\cos C$

③ $b=\dfrac{c}{\sin C}$

④ $c=\dfrac{a}{\tan A}$

⑤ $c=\dfrac{a}{\tan C}$

02

오른쪽 그림과 같이 $\angle A=90°$인 직각삼각형 ABC에서 $\overline{BC}=5$일 때, $\overline{AB}$와 $\overline{AC}$의 길이를 각각 구하시오.
(단, $\sin 27°=0.45$, $\cos 27°=0.90$으로 계산한다.)

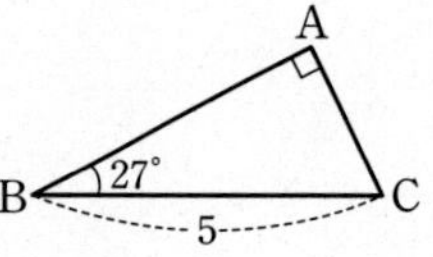

03

오른쪽 그림과 같이 모선의 길이가 6 cm인 원뿔의 모선과 높이가 이루는 각의 크기가 30°일 때, 이 원뿔의 부피를 구하시오.

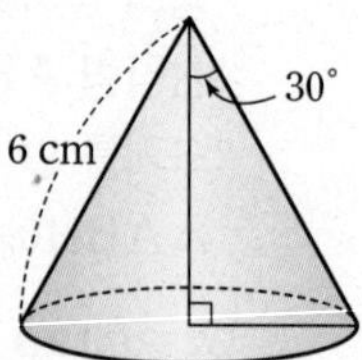

04

오른쪽 그림과 같이 간격이 50 m인 두 건물 A, B가 있다. A 건물 옥상에서 B 건물을 올려다본 각의 크기는 30°이고, 내려다본 각의 크기는 45°일 때, B 건물의 높이는?

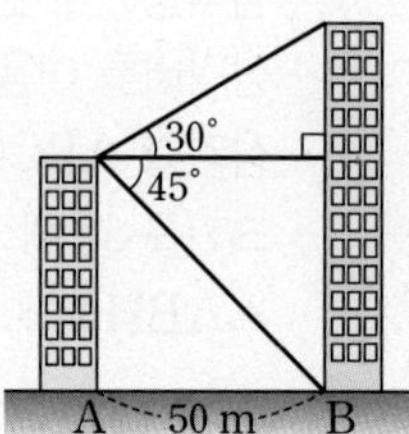

① 75 m

② $\dfrac{50(3+\sqrt{3})}{3}$ m

③ $\dfrac{50(2+\sqrt{2})}{2}$ m

④ $50(\sqrt{2}+1)$ m

⑤ $50(\sqrt{3}+1)$ m

05

오른쪽 그림과 같이 지면에 수직으로 서 있던 나무가 부러져서 꼭대기 부분이 16.4 m 떨어진 곳에서 지면과 35°의 각을 이루게 되었다. 원래 나무의 높이를 구하시오. (단, $\cos 35° = 0.82$, $\tan 35° = 0.70$으로 계산한다.)

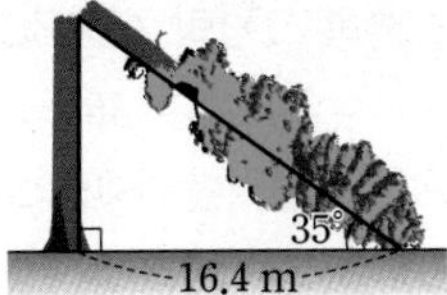

06

오른쪽 그림의 $\triangle ABC$에서 $\overline{AC}=4$, $\overline{AB}=6\sqrt{2}$, $\angle CAD=45°$일 때, 다음 중 옳은 것을 모두 고르면? (정답 2개)

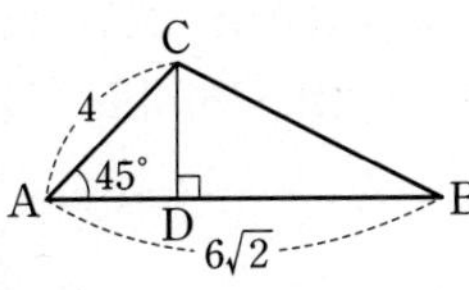

① $\overline{AD}=2$ ② $\overline{DC}=2$ ③ $\overline{BD}=4\sqrt{2}$
④ $\overline{BC}=2\sqrt{10}$ ⑤ $\angle ACB=105°$

07

오른쪽 그림의 $\triangle ABC$에서 $\overline{BC}=5$, $\overline{AC}=4$, $\cos C=\frac{1}{2}$일 때, $\overline{AB}$의 길이는?

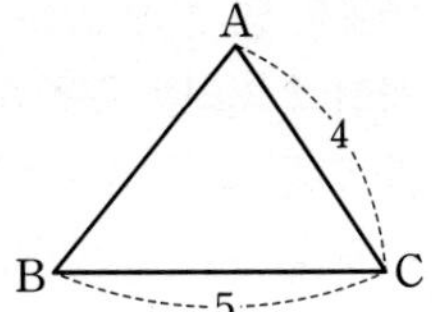

① $2\sqrt{3}$ ② $\sqrt{19}$
③ $\sqrt{21}$ ④ 6
⑤ $\sqrt{41}$

08

오른쪽 그림의 $\triangle ABC$에서 $\overline{AC}=4$, $\overline{BC}=3$, $\angle C=120°$일 때, 다음을 구하시오.

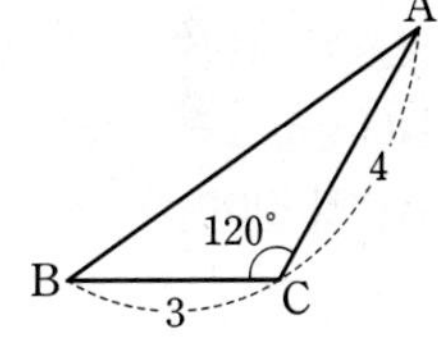

(1) $\overline{AB}$의 길이

(2) $\triangle ABC$의 넓이

Level 1 삼각비의 활용_길이 구하기

09

연못의 양 끝에 있는 두 지점 A, C 사이의 거리를 구하기 위하여 오른쪽 그림과 같이 측량하였다. 이때 두 지점 A, C 사이의 거리는?

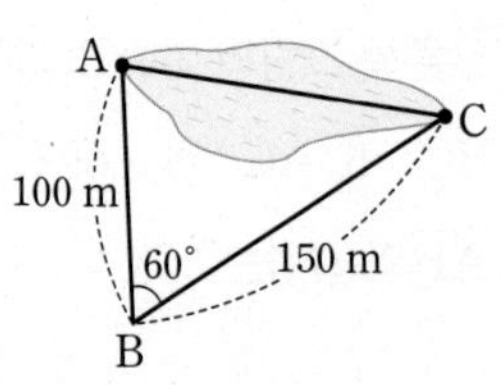

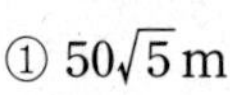

① $50\sqrt{5}$ m　　② 120 m　　③ $50\sqrt{6}$ m　　④ $50\sqrt{7}$ m　　⑤ 140 m

10

오른쪽 그림의 $\triangle$ABC에서 $\overline{BC}=6$, $\angle B=45°$, $\angle C=75°$일 때, $\overline{AC}$의 길이는?

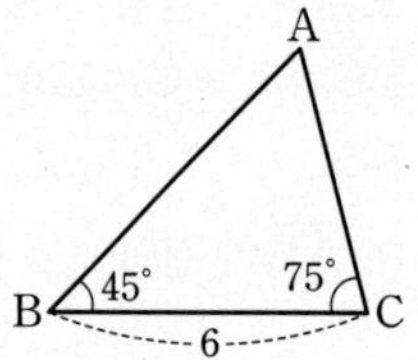

① 4　　② $2\sqrt{5}$　　③ $2\sqrt{6}$　　④ $2\sqrt{7}$　　⑤ $4\sqrt{2}$

11

오른쪽 그림의 $\triangle$ABC에서 $\overline{AB}=4$, $\angle B=30°$, $\angle C=45°$일 때, $\overline{AC}$의 길이를 구하시오.

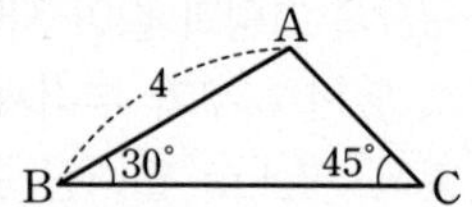

12

다음 그림은 해변의 섬 A와 바다에 있는 섬 C 사이의 거리를 구하기 위하여 측량한 결과를 나타낸 것이다. $\overline{AB}=100$ m, $\angle A=98°$, $\angle B=37°$일 때, 두 지점 A, C 사이의 거리를 구하시오. (단, $\sin 37°=0.60$으로 계산한다.)

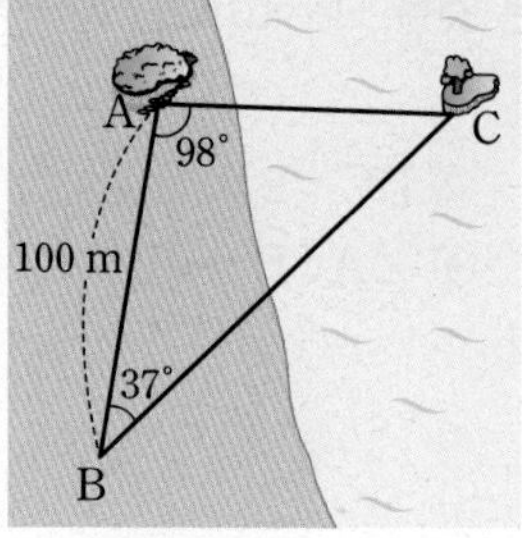

13

다음 그림과 같은 $\triangle ABC$에서 $\overline{BC}=10$, $\angle B=30°$, $\angle C=45°$일 때 $\overline{AH}$의 길이는?

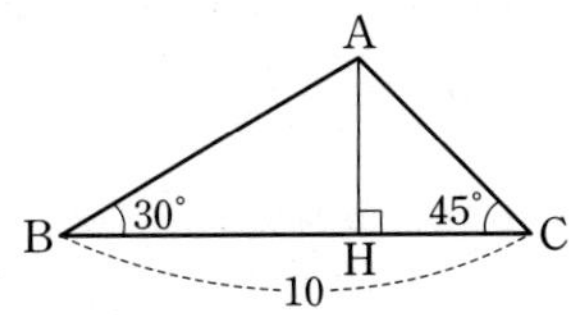

① 4　　② 5　　③ $5(\sqrt{3}-1)$
④ $5(\sqrt{3}+1)$　　⑤ $10(\sqrt{3}-1)$

14

다음 그림과 같이 두 지점 B, C에서 타워의 꼭대기 A지점을 올려다본 각의 크기가 각각 60°, 45°이고 $\overline{BC}=160\,\text{m}$일 때, 타워의 높이 $\overline{AH}$를 구하시오.

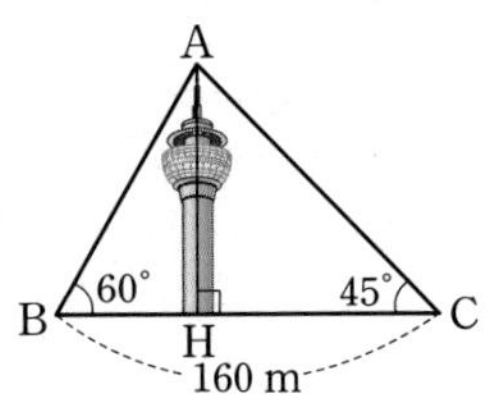

15

오른쪽 그림과 같은 $\triangle ABC$에서 $\overline{BC}=12$, $\angle B=59°$, $\angle ACH=75°$일 때 $\overline{AH}$의 길이는?

① $\dfrac{12}{\sin 31°-\sin 15°}$

② $\dfrac{12}{\cos 31°-\cos 15°}$

③ $\dfrac{12}{\tan 31°-\tan 15°}$

④ $\dfrac{\sin 31°-\sin 15°}{12}$

⑤ $\dfrac{\cos 31°-\cos 15°}{12}$

16

다음 그림은 산의 높이를 구하기 위하여 측량한 결과를 나타낸 것이다. $\angle CAD=30°$, $\angle CDB=45°$, $\overline{AD}=100\,\text{m}$일 때, 이 산의 높이 $\overline{BC}$를 구하시오.

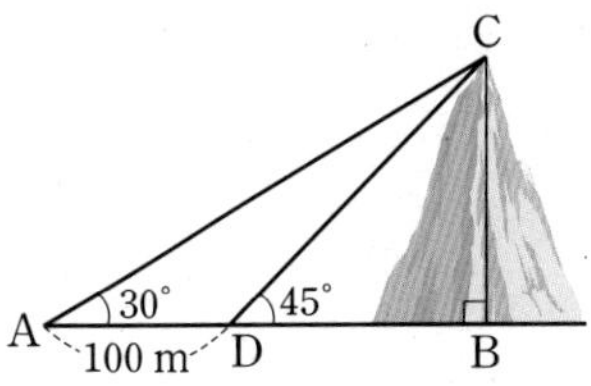

01

오른쪽 그림과 같은 직각삼각형 ABC에서 $\overline{AC}=9$, $\angle B=42^\circ$일 때, $\triangle ABC$의 넓이는? (단, $\tan 42^\circ=0.90$으로 계산한다.)

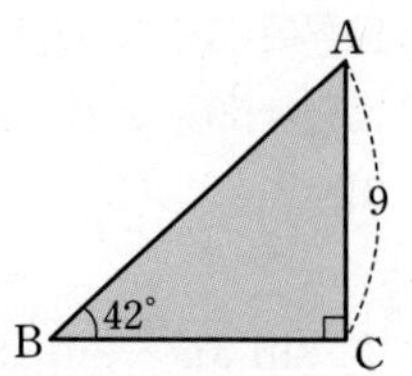

① $9\sqrt{2}$　② $\frac{45}{2}$　③ 45　④ $45\sqrt{2}$　⑤ 90

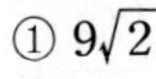

02

오른쪽 그림과 같은 직각삼각형 ABC에서 $\overline{AC}=8$, $\angle B=30^\circ$일 때, $\overline{DE}$의 길이는?

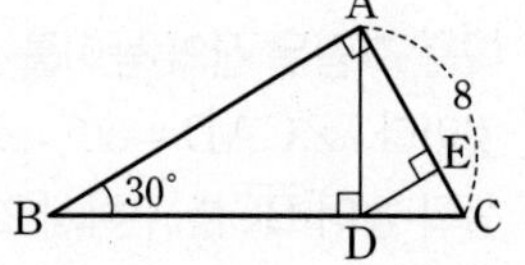

① $2\sqrt{2}$　② $2\sqrt{3}$　③ $3\sqrt{2}$　④ $3\sqrt{3}$　⑤ $4\sqrt{2}$

03

다음 그림과 같이 길이가 18 cm인 줄에 매달린 추가 A 지점에서 출발하여 좌우로 최대 45°의 각을 각각 이루며 일정하게 움직이고 있다. 추가 가장 높이 올라갔을 때, 추는 처음 높이보다 몇 cm 위에 있는지 구하시오. (단, 추의 크기는 무시한다.)

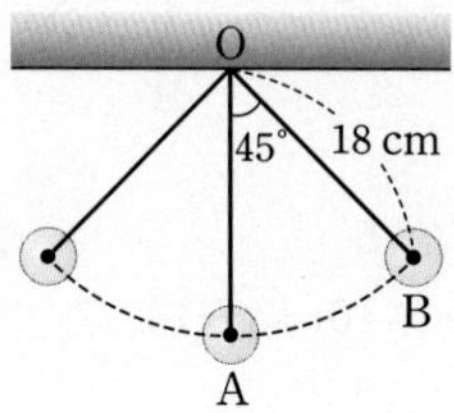

04

다음의 사다리꼴 ABCD에서 $\angle ABC=60^\circ$, $\angle DCB=30^\circ$, $\overline{AD}=6\sqrt{3}$, $\overline{CD}=12$일 때, 이 사각형의 넓이를 구하시오.

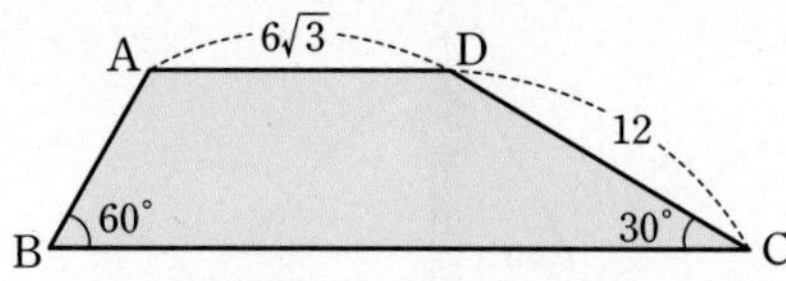

05

오른쪽 그림의 $\triangle ABC$에서 $\overline{BC}=6\,\text{cm}$, $\angle B=45°$, $\angle C=120°$일 때, $\triangle ABC$의 넓이는?

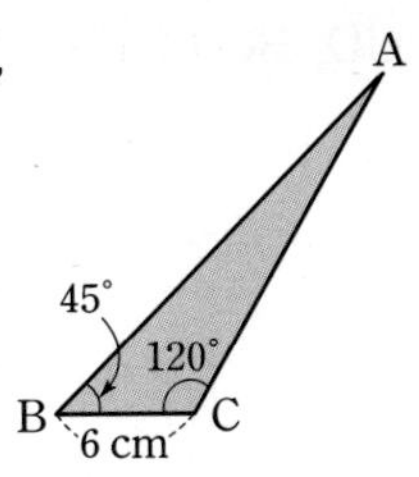

① $6(3-\sqrt{3})\,\text{cm}^2$
② $9(3-\sqrt{3})\,\text{cm}^2$
③ $\frac{9}{2}(3+\sqrt{3})\,\text{cm}^2$
④ $6(3+\sqrt{3})\,\text{cm}^2$
⑤ $9(3+\sqrt{3})\,\text{cm}^2$

06

다음 그림은 수평면인 들판에 수직으로 서 있는 나무의 높이를 구하기 위하여 측량한 결과를 나타낸 것이다. 두 지점 B, C 사이의 거리가 50 m일 때, 나무의 높이 $\overline{AD}$를 구하시오.

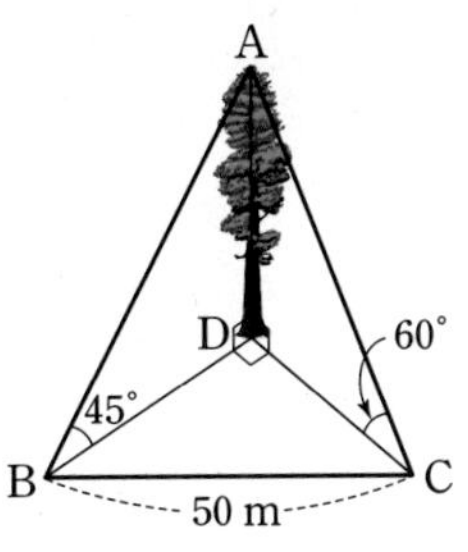

07

다음 그림과 같이 한 변의 길이가 4 cm인 정사각형 ABCD를 밑면으로 하는 정사각뿔의 꼭짓점 O에서 밑면에 내린 수선의 발을 H라 하자. $\angle OBH=45°$일 때, 이 정사각뿔의 부피를 구하시오.

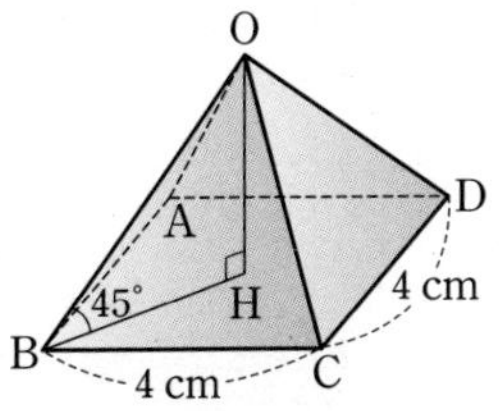

08

오른쪽 그림의 $\triangle ABC$에서 $\overline{AB}=5\sqrt{2}$, $\overline{BC}=7$, $\angle B=45°$일 때, $\triangle AHC$의 둘레의 길이는?

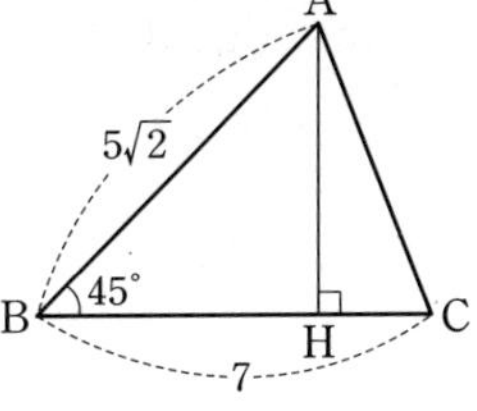

① $5+\sqrt{29}$
② $7+\sqrt{29}$
③ $7+\sqrt{34}$
④ $10+\sqrt{29}$
⑤ $10+\sqrt{34}$

Level  삼각비의 활용_길이 구하기

01

오른쪽 그림과 같이 $\angle C=90°$인 직각삼각형 ABC에서 $\overline{AB}\perp\overline{CD}$, $\overline{BC}\perp\overline{DE}$, $\angle A=30°$, $\overline{AB}=12$일 때, $\triangle DEC$의 넓이를 구하시오.

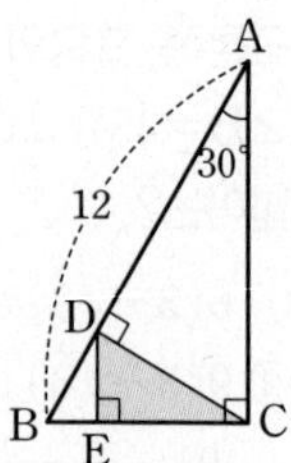

02

오른쪽 그림의 평행사변형 ABCD에서 $\overline{AB}=4$, $\overline{AD}=6$, $\angle A=120°$일 때, $\overline{BD}$의 길이를 구하시오.

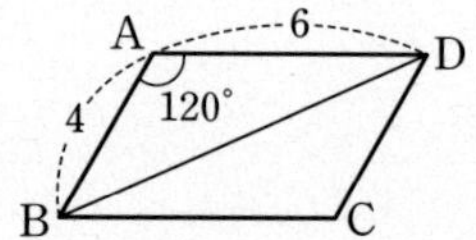

03

오른쪽 그림의 $\triangle ABC$에서 $\overline{BC}=a$라 할 때, 다음 중 $\overline{AB}$의 길이를 나타내는 것은?

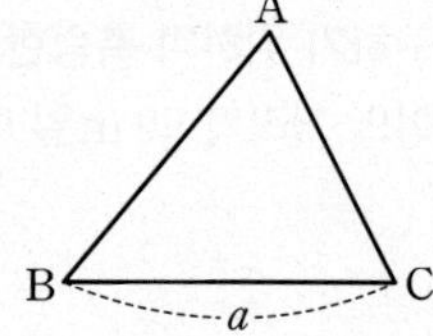

① $\dfrac{a\sin B}{\sin A}$　② $\dfrac{a\sin A}{\sin B}$　③ $\dfrac{a\cos B}{\cos A}$

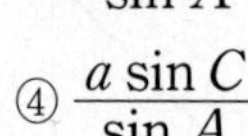
④ $\dfrac{a\sin C}{\sin A}$　⑤ $\dfrac{a\sin A}{\sin C}$

04

오른쪽 그림의 $\triangle ABD$에서 $\overline{BC}=6$, $\angle B=30°$, $\angle D=60°$, $\angle ACD=45°$일 때, $\overline{AD}$의 길이를 구하시오.

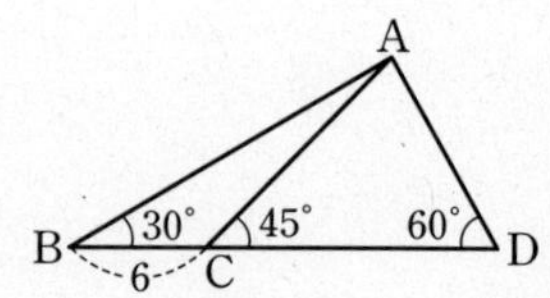

05

오른쪽 그림의 두 직각삼각형 ABC, DBC에서 $\overline{AB}=4$, $\angle A=60°$, $\angle DBC=45°$일 때, 삼각비를 이용하여 $\overline{EF}$의 길이를 구하시오.

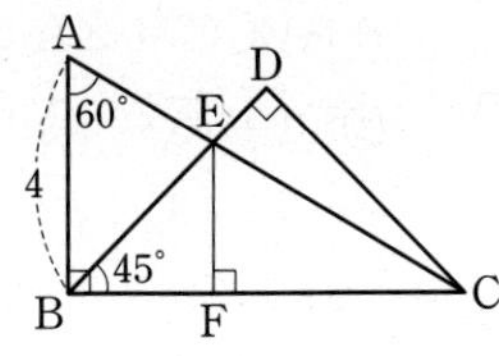

06

오른쪽 그림과 같은 $\triangle ABC$에서 $\overline{BC}=4$, $\angle B=45°$, $\angle C=30°$, $\overline{AH}\perp\overline{BC}$이고 점 M은 $\overline{BC}$의 중점일 때, $\triangle AHM$의 넓이는?

① $2(3\sqrt{3}-5)$ ② $4(3\sqrt{3}-5)$ ③ $2(3\sqrt{2}+5)$
④ $2(3\sqrt{3}+5)$ ⑤ $4(3\sqrt{2}+5)$

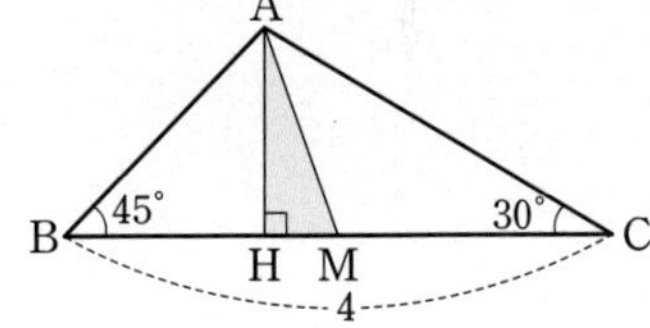

07

오른쪽 그림과 같이 둑 위에 세워진 원기둥 모양의 등대에 대하여 $\overline{BD}=6\text{ m}$, $\overline{CD}=16\text{ m}$, $\angle C=45°$, $\angle BDE=60°$일 때, 등대의 높이 $\overline{AB}$를 구하시오.

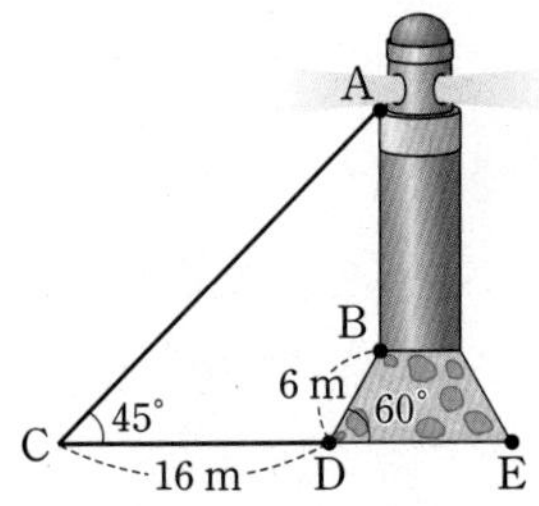

삼각비의 활용_길이 구하기

01

$\triangle$ABC에서 $\angle A : \angle B : \angle C = 3 : 4 : 5$일 때, $\overline{AB} : \overline{BC} : \overline{CA}$는?

① $(1+\sqrt{3}) : \sqrt{3} : 2$　　② $(1+\sqrt{3}) : 2 : \sqrt{6}$　　③ $(1+\sqrt{3}) : 2\sqrt{3} : \sqrt{6}$
④ $(2+\sqrt{3}) : \sqrt{2} : \sqrt{6}$　　⑤ $(2+\sqrt{3}) : \sqrt{3} : \sqrt{2}$

02

오른쪽 그림에서 $\angle B = 75°$, $\angle ACB = 60°$, $\angle ADB = 45°$일 때, $\overline{BC} : \overline{BD}$를 가장 간단한 자연수의 비로 나타내시오.

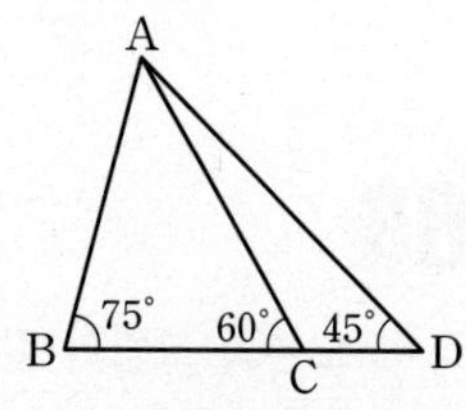

03

오른쪽 그림과 같은 □ABCD에서 $\overline{AB} = 12\sqrt{2}$, $\overline{AD} = 8$, $\angle A = 105°$, $\angle B = 30°$, $\angle C = 90°$일 때, $\overline{CD}$의 길이를 구하시오.

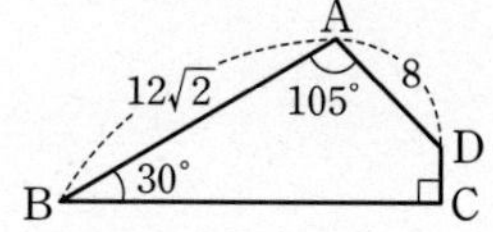

04

오른쪽 그림과 같이 $\angle C = 90°$인 직각삼각형 ABC에서 $\angle BEA = 105°$, $\angle BDA = 120°$, $\angle BAD = 15°$, $\overline{AE} = 6$일 때, $\overline{BD}$의 길이를 구하시오. (단, $\tan 75° = 2+\sqrt{3}$으로 계산한다.)

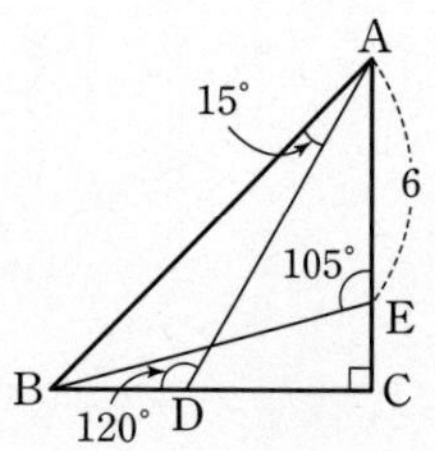

05

오른쪽 그림과 같은 □ABCD에서 $\overline{AB}=15$, $\overline{BC}=10\sqrt{2}$, $\angle B=45°$, $\angle DAC=60°$, $\angle ACD=75°$일 때, $\overline{CD}$의 길이는?

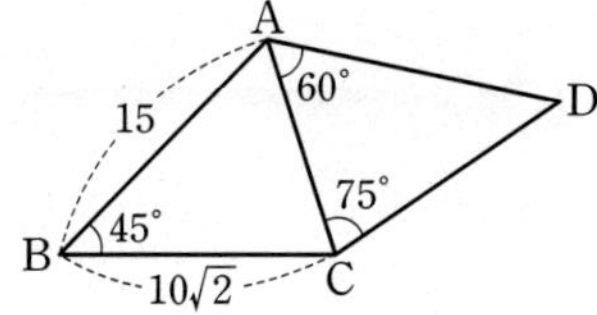

① $\frac{5\sqrt{2}}{2}$　② $\sqrt{30}$　③ $\frac{5\sqrt{15}}{2}$
④ $5\sqrt{5}$　⑤ $\frac{5\sqrt{30}}{2}$

06

오른쪽 그림과 같이 한 변의 길이가 a인 정사각형 ABCD와 정삼각형 EBC에서 △FBC의 넓이를 a에 관한 식으로 나타내시오.

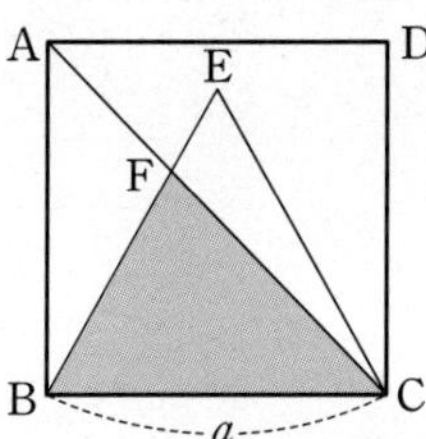

07

오른쪽 그림과 같이 수면으로부터 높이가 30 m인 등대에서 처음 배를 내려다본 각의 크기가 30°이고, 5분 후에 같은 배를 내려다본 각의 크기가 60°이었다. 이 배가 등대의 중심으로부터 $2\sqrt{3}$ m 떨어져 있는 선착장 D 지점에 도착하는 것은 처음 배를 내려다본 후 몇 분 후인가? (단, 배는 등대를 향해 일정한 속력으로 일직선으로 움직이고, 그 일직선 위에 선착장 D 지점이 있다.)

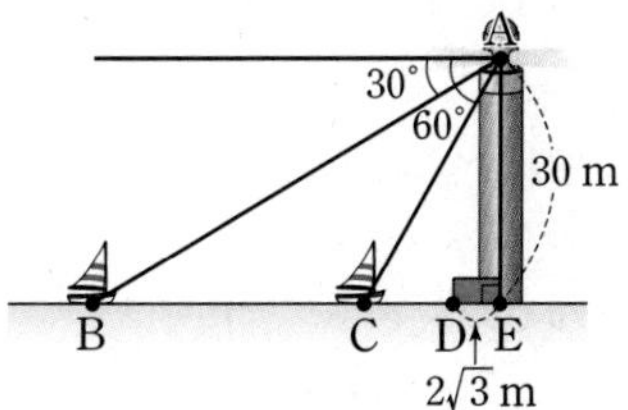

① 6분　② 7분　③ 8분
④ 9분　⑤ 10분

3 삼각비의 활용_넓이 구하기

고난도 대표유형 · 핵심개념

참고

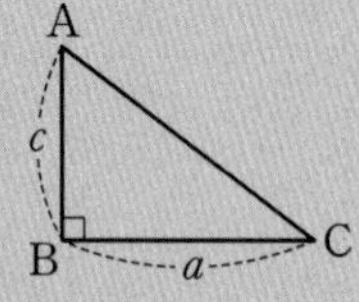

$\angle B=90^\circ$이면
$\sin B=\sin 90^\circ=1$이므로
$\triangle ABC=\frac{1}{2}ac\sin B$
$=\frac{1}{2}ac$

유형 1 삼각형의 넓이

삼각형에서 두 변의 길이와 그 끼인각의 크기를 알면 삼각비를 이용하여 삼각형의 넓이를 구할 수 있다.

삼각형 ABC에서 두 변 AB, BC의 길이와 끼인각 $\angle B$의 크기를 알 때

(1) $\angle B$가 예각인 경우

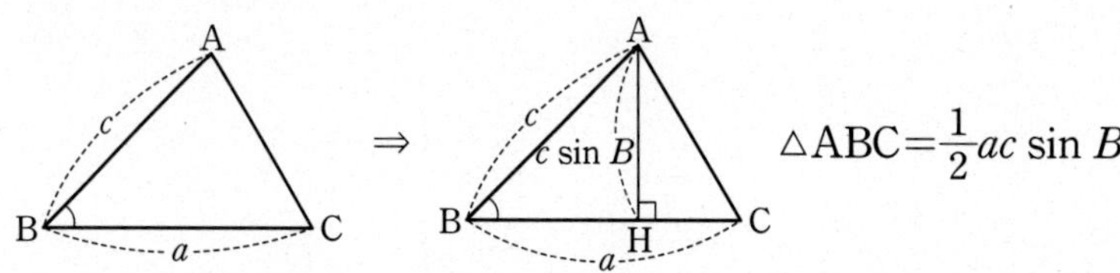

$\triangle ABC=\frac{1}{2}ac\sin B$

(2) $\angle B$가 둔각인 경우

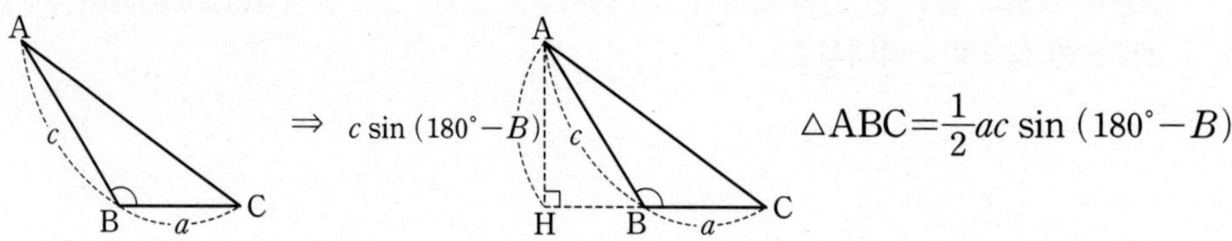

$\triangle ABC=\frac{1}{2}ac\sin(180^\circ-B)$

유형 2 평행사변형의 넓이

평행사변형에서 이웃하는 두 변의 길이와 그 끼인각의 크기를 알면 삼각비를 이용하여 평행사변형의 넓이를 구할 수 있다.

평행사변형 ABCD에서 이웃하는 두 변 AB, BC의 길이와 끼인각 $\angle B$의 크기를 알 때

(1) $\angle B$가 예각인 경우

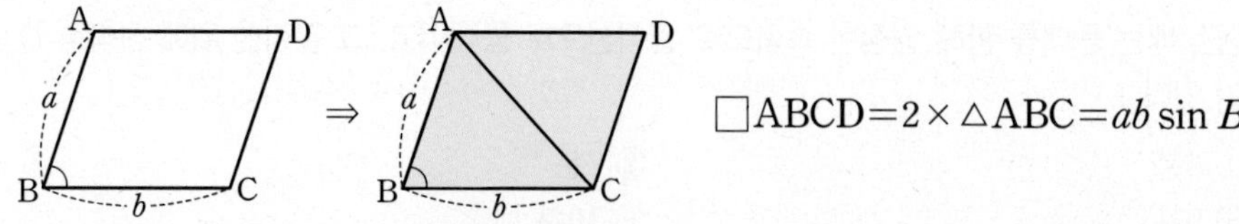

$\square ABCD=2\times\triangle ABC=ab\sin B$

(2) $\angle B$가 둔각인 경우

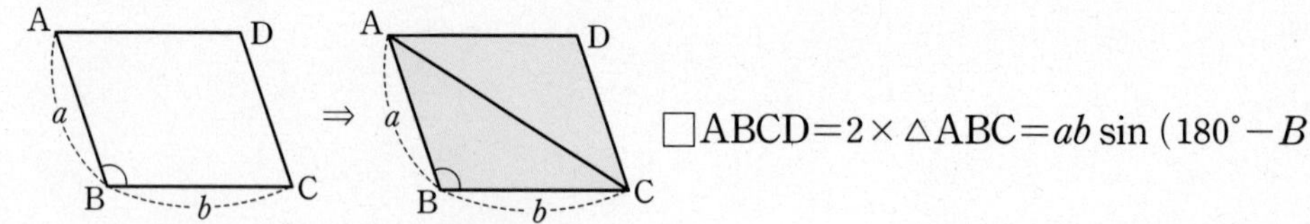

$\square ABCD=2\times\triangle ABC=ab\sin(180^\circ-B)$

참고

오른쪽 그림의 평행사변형 ABCD에서
$\triangle ABC\equiv\triangle CDA$ (SAS 합동)
이므로
$\square ABCD=2\times\triangle ABC$

다른 설명

오른쪽 그림의 평행사변형 ABCD에서
$\square ABCD$
$=$(밑변의 길이)$\times$(높이)
$=\overline{BC}\times a\sin B$
$=ab\sin B$

난이도 ★★

사각형의 넓이 (1) 유형 3

사각형에서 두 대각선의 길이와 두 대각선이 이루는 각의 크기를 알면 삼각비를 이용하여 사각형의 넓이를 구할 수 있다.
사각형 ABCD에서 두 대각선 AC, BD의 길이와 두 대각선이 이루는 각 $\angle x$의 크기를 알 때

(1) $\angle x$가 예각인 경우

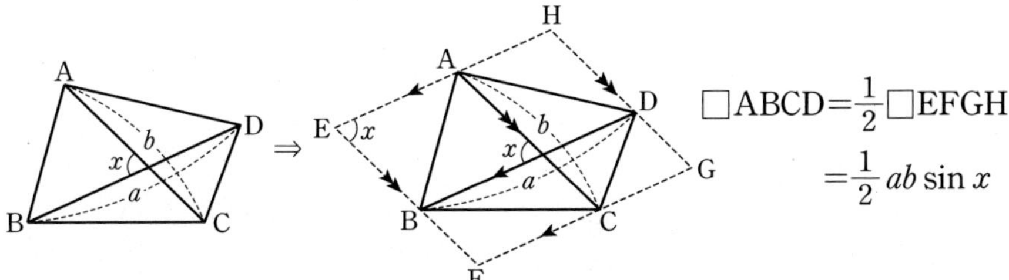

$\square ABCD=\frac{1}{2}\square EFGH$
$=\frac{1}{2}ab\sin x$

(2) $\angle x$가 둔각인 경우

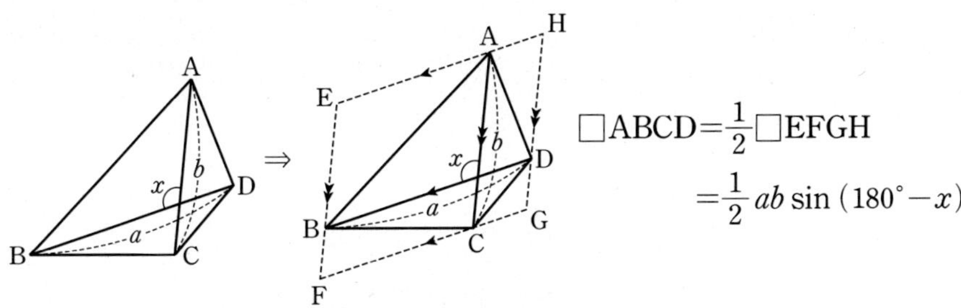

$\square ABCD=\frac{1}{2}\square EFGH$
$=\frac{1}{2}ab\sin(180^\circ-x)$

TIP

왼쪽 그림에서 □EFGH는 평행사변형이고 $\overline{EH}=a$, $\overline{EF}=b$, $\angle E=\angle x$이므로
$\square EFGH=ab\sin x$

난이도 ★★

사각형의 넓이 (2) 유형 4

사각형의 넓이는 두 삼각형의 넓이의 합으로 구할 수 있다.
사각형 ABCD에서 네 변의 길이와 한 쌍의 대각의 크기를 알 때

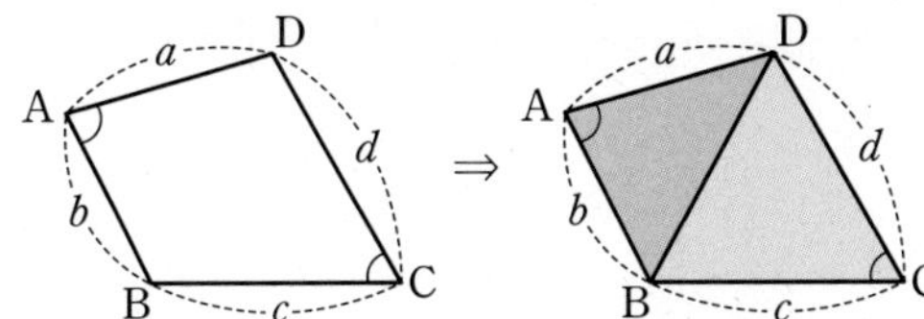

$\square ABCD=\triangle ABD+\triangle DBC$
$=\frac{1}{2}ab\sin A+\frac{1}{2}cd\sin C$

참고 $\angle A$, $\angle C$가 둔각인 경우 $\sin A$는 $\sin(180^\circ-A)$를, $\sin C$는 $\sin(180^\circ-C)$를 이용한다.

1 등급 노트

참고

오각형, 육각형 등 n각형의 넓이도 삼각형의 넓이의 합으로 구할 수 있다.

Level 1 삼각비의 활용_넓이 구하기

01

오른쪽 그림과 같이 $\overline{AB}=3\sqrt{3}$, $\overline{BC}=12$인 $\triangle ABC$의 넓이가 27일 때, $\angle B$의 크기를 구하시오. (단, $0° < \angle B < 90°$)

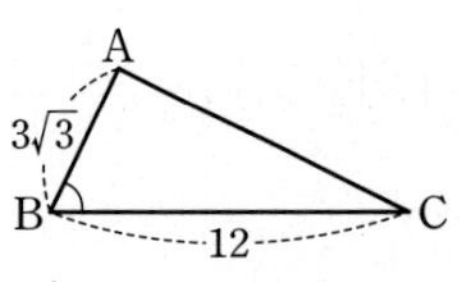

02

오른쪽 그림에서 점 O는 $\triangle ABC$의 외심이고 $\angle A=60°$, $\overline{BO}=4$일 때, $\triangle OBC$의 넓이는?

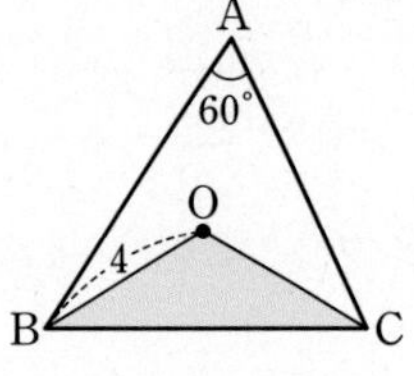

① $2\sqrt{3}$ ② $3\sqrt{2}$
③ $3\sqrt{3}$ ④ $4\sqrt{2}$
⑤ $4\sqrt{3}$

03

오른쪽 그림과 같이 사분원에서 $\overline{OA}$의 중점을 M이라 하고 $\overline{OA}\perp\overline{BM}$일 때, 색칠한 부분의 넓이를 구하시오.

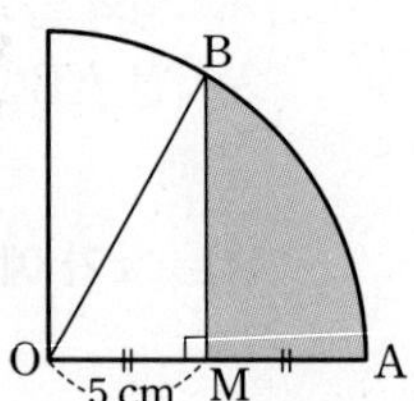

04

오른쪽 그림과 같은 $\triangle ABC$에서 $\angle A=120°$, $\overline{AB}=7\text{ cm}$, $\overline{AC}=10\text{ cm}$일 때, $\triangle ABC$의 넓이는?

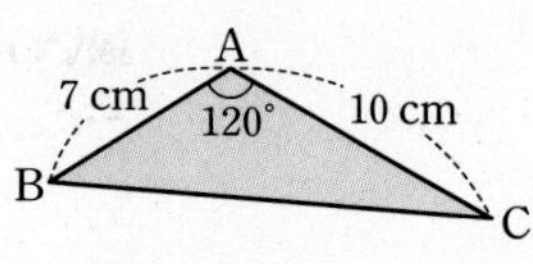

① $\frac{23\sqrt{2}}{2}\text{ cm}^2$ ② $\frac{23\sqrt{3}}{2}\text{ cm}^2$ ③ $\frac{35\sqrt{2}}{2}\text{ cm}^2$
④ $\frac{35\sqrt{3}}{2}\text{ cm}^2$ ⑤ $35\sqrt{3}\text{ cm}^2$

05

다음 그림과 같이 $\angle C=150^{\circ}$, $\overline{BC}=8\,cm$인 $\triangle ABC$의 넓이가 $10\sqrt{3}\,cm^2$일 때, $\overline{AC}$의 길이는?

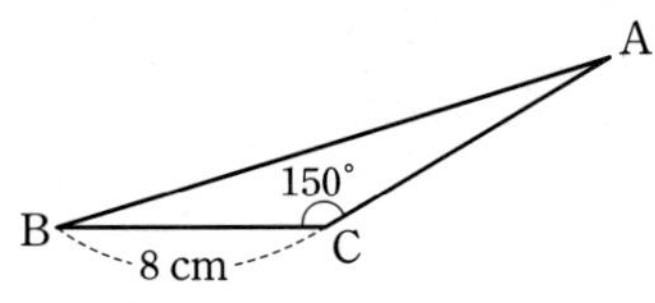

① $\frac{5\sqrt{3}}{2}\,cm$ ② $3\sqrt{3}\,cm$ ③ $4\sqrt{3}\,cm$
④ $5\sqrt{2}\,cm$ ⑤ $5\sqrt{3}\,cm$

06

다음 그림과 같이 $\overline{AB}=\overline{AC}=2\sqrt{2}$인 이등변삼각형 ABC에서 $\angle B=15^{\circ}$일 때, $\triangle ABC$의 넓이를 구하시오.

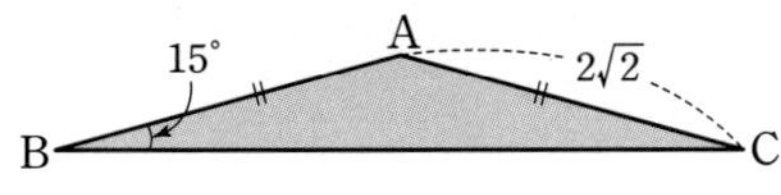

07

오른쪽 그림에서 $\triangle ABC$는 $\angle A=90^{\circ}$인 직각삼각형이고 $\square BDEC$는 $\overline{BC}$를 한 변으로 하는 정사각형이다.
$\overline{CE}=6\,cm$일 때, $\triangle ABD$의 넓이를 구하시오.

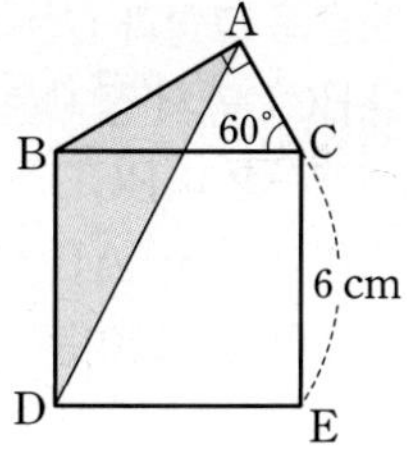

08

오른쪽 그림과 같은 평행사변형 ABCD에서 $\overline{BC}=8\,cm$, $\overline{DC}=6\,cm$, $\angle B=60^{\circ}$일 때, $\square ABCD$의 넓이는?

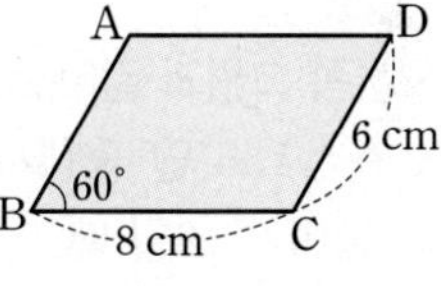

① $24\,cm^2$ ② $24\sqrt{2}\,cm^2$ ③ $24\sqrt{3}\,cm^2$
④ $36\sqrt{3}\,cm^2$ ⑤ $48\sqrt{3}\,cm^2$

09

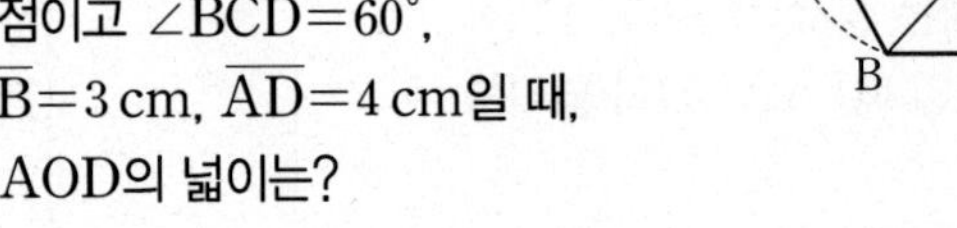

오른쪽 그림과 같은 평행사변형 ABCD에서 점 O는 두 대각선의 교점이고 $\angle BCD=60^\circ$, $\overline{AB}=3\text{ cm}$, $\overline{AD}=4\text{ cm}$일 때, $\triangle AOD$의 넓이는?

① $\dfrac{3\sqrt{3}}{2}\text{ cm}^2$ ② $\dfrac{7\sqrt{3}}{2}\text{ cm}^2$ ③ $4\sqrt{3}\text{ cm}^2$
④ $6\sqrt{3}\text{ cm}^2$ ⑤ $12\sqrt{3}\text{ cm}^2$

10

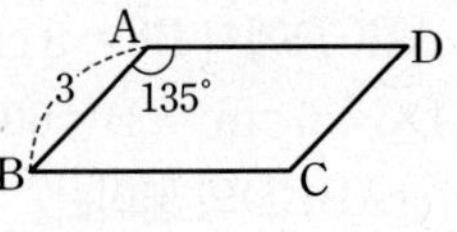

오른쪽 그림과 같이 $\overline{AB}=3$, $\angle A=135^\circ$인 평행사변형 ABCD의 넓이가 18일 때, □ABCD의 둘레의 길이를 구하시오.

11

한 변의 길이가 6 cm이고 한 내각의 크기가 150°인 마름모의 넓이는?

① 12 cm^2 ② 14 cm^2 ③ 16 cm^2
④ 18 cm^2 ⑤ 20 cm^2

12

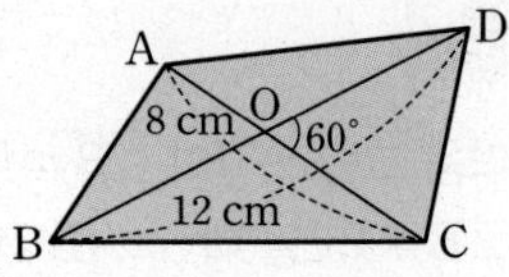

오른쪽 그림과 같은 □ABCD에서 $\overline{BD}=12\text{ cm}$, $\overline{AC}=8\text{ cm}$, $\angle DOC=60^\circ$일 때, □ABCD의 넓이를 구하시오.

13

오른쪽 그림과 같이 두 대각선의 길이가 9, 12이고 $\angle AOD=\angle x$인 사각형 ABCD의 넓이는 $27\sqrt{3}$일 때, $\cos x$의 값은?
(단, $0^\circ<\angle x<90^\circ$이고, O는 두 대각선의 교점이다.)

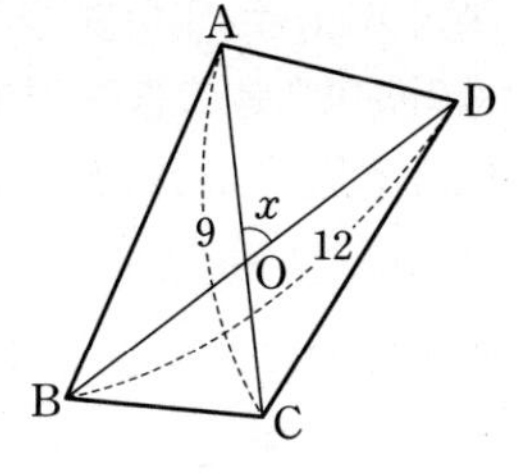

① $\frac{\sqrt{2}}{3}$　② $\frac{1}{2}$　③ $\frac{\sqrt{3}}{3}$
④ $\frac{\sqrt{2}}{2}$　⑤ $\frac{\sqrt{3}}{2}$

14

다음 그림에서 $\angle DOC=45^\circ$, $\overline{AC}:\overline{BD}=5:4$이고 $\square ABCD=20\sqrt{2}\,cm^2$일 때, $\overline{AC}$의 길이를 구하시오.

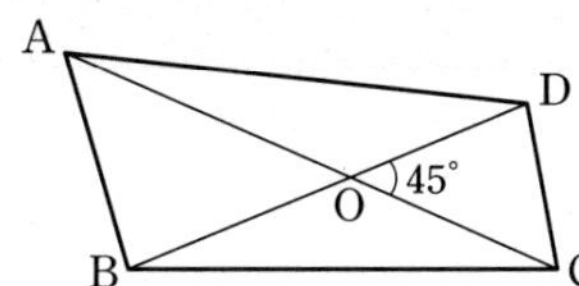

15

오른쪽 그림의 $\square ABCD$에서 $\overline{AB}=4\,cm$, $\overline{CD}=6\,cm$, $\angle ADC=90^\circ$, $\angle BAC=90^\circ$, $\angle ACD=30^\circ$일 때, $\square ABCD$의 넓이는?

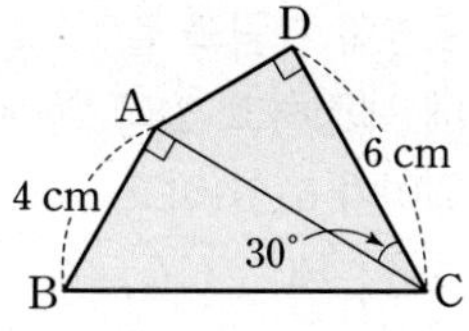

① $12\,cm^2$　② $12\sqrt{3}\,cm^2$　③ $14\sqrt{3}\,cm^2$
④ $18\,cm^2$　⑤ $24\,cm^2$

16

다음 그림과 같이 $\square ABCD$에서 $\overline{AB}=\overline{AD}=4$, $\overline{BC}=\overline{CD}=4\sqrt{3}$, $\angle DAB=120^\circ$, $\angle BCD=60^\circ$이다. $\square ABCD$의 넓이를 구하시오.

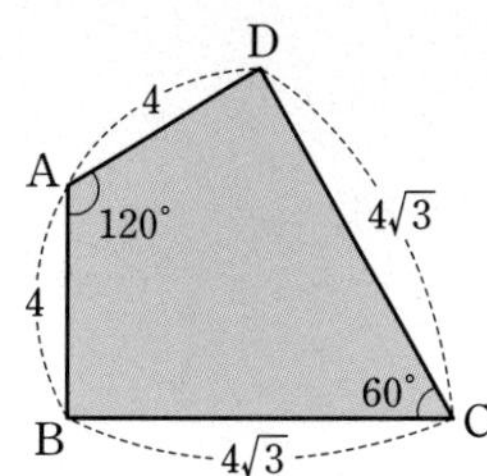

01

오른쪽 그림과 같이 $\triangle ABC$가 원 O에 내접하고 있다. 원 O의 반지름의 길이가 6 cm이고, $\widehat{AB}:\widehat{BC}:\widehat{CA}=4:5:3$일 때, $\triangle AOB$의 넓이를 구하시오.

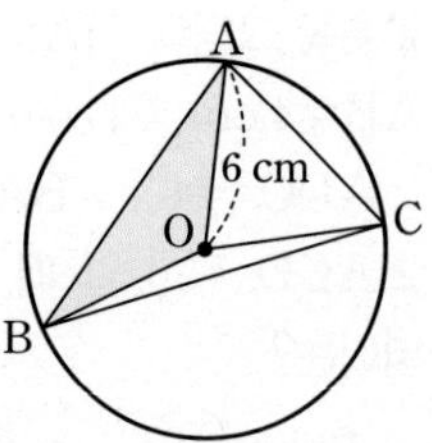

02

오른쪽 그림과 같은 $\triangle ABC$에서 $\overline{AB}=9$, $\overline{AC}=6$, $\tan A=2$일 때, $\triangle ABC$의 넓이는?

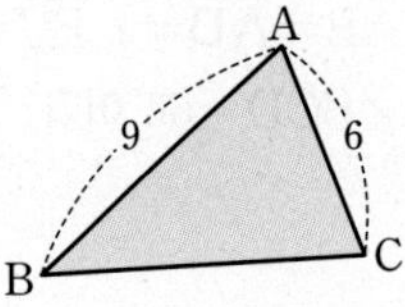

① $27\sqrt{2}$ ② $18\sqrt{3}$ ③ $\frac{54\sqrt{5}}{5}$ ④ $54\sqrt{3}$ ⑤ $54\sqrt{5}$

03

폭이 6 cm로 일정한 직사각형 모양의 종이테이프를 그림과 같이 선분 AB를 따라 접었다. $\angle ACB=45°$일 때, $\triangle ABC$의 넓이는?

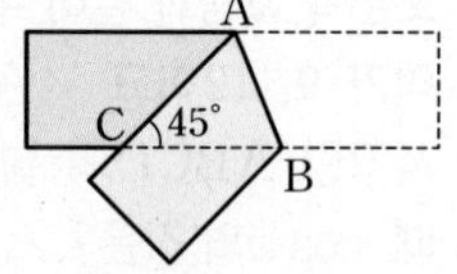

① $9\sqrt{2}\text{ cm}^2$ ② $9\sqrt{3}\text{ cm}^2$ ③ $9\sqrt{6}\text{ cm}^2$ ④ $18\sqrt{2}\text{ cm}^2$ ⑤ $18\sqrt{3}\text{ cm}^2$

04

다음 그림과 같이 지름 AB의 길이가 4인 원 O에서 $\angle CAB=30°$일 때, 색칠한 부분의 넓이를 구하시오.

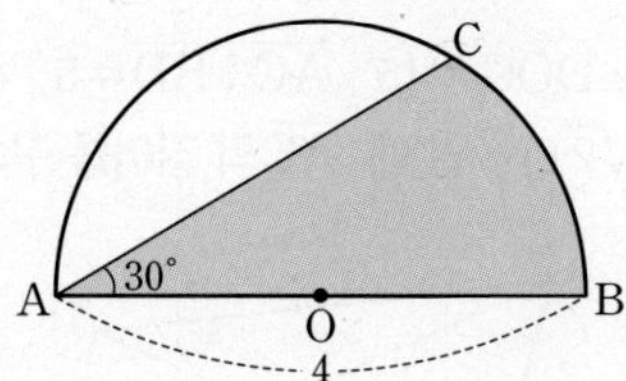

05

폭이 각각 10 cm, 12 cm인 두 종이 테이프가 오른쪽 그림과 같이 겹쳐져 있고 겹쳐진 부분의 넓이가 $80\sqrt{3}\text{ cm}^2$일 때, $\angle x$의 크기를 구하시오. (단, $0^\circ < \angle x < 90^\circ$)

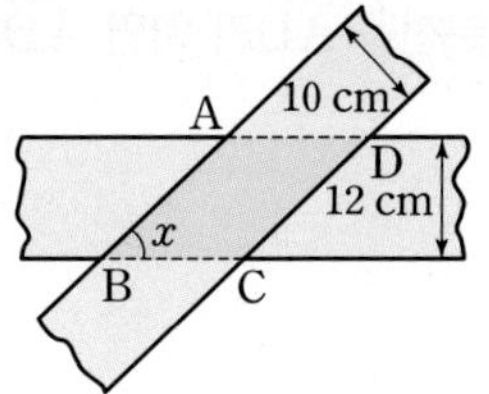

06

오른쪽 그림과 같이 $\overline{AD} /\!/ \overline{BC}$인 사다리꼴 ABCD에서 $\angle ABC = \angle DCB$, $\overline{AB} = \overline{CD}$, $\overline{BD} = 4\sqrt{3}$, $\angle DBC = 30^\circ$일 때, □ABCD의 넓이는? (단, 점 O는 두 대각선의 교점이다.)

① 12　② $12\sqrt{2}$　③ $12\sqrt{3}$
④ 24　⑤ $12\sqrt{5}$

07

두 대각선의 길이가 각각 6 cm, 8 cm인 사각형의 넓이의 최댓값은?

① 24 cm^2　② $24\sqrt{2}\text{ cm}^2$　③ $24\sqrt{3}\text{ cm}^2$
④ 48 cm^2　⑤ $24\sqrt{5}\text{ cm}^2$

08

지름의 길이가 12 cm인 원에 내접하는 정육각형의 넓이를 구하시오.

01

오른쪽 그림과 같이 $\triangle ABC$에서 $\angle A=60^\circ$일 때, $\angle A$의 이등분선을 $\overline{AD}$라 하면 $\overline{AD}$의 길이를 구하시오.

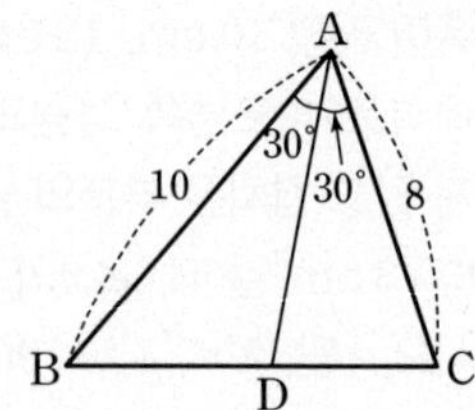

02

오른쪽 그림과 같이 $\overline{AB}=\overline{AC}=4$, $\angle B=30^\circ$인 이등변삼각형 ABC에서 내접원 I의 반지름의 길이를 구하시오. (단, 점 D는 선분 BC의 중점이다.)

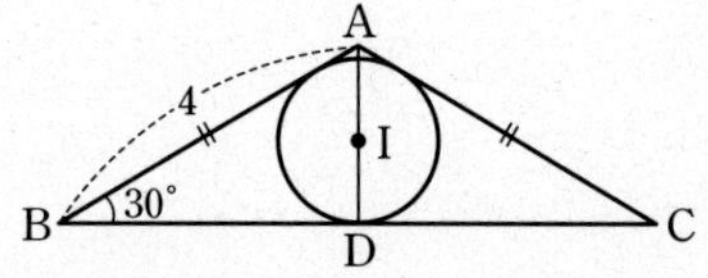

03

오른쪽 그림의 $\triangle ABC$와 $\triangle EBD$에 대하여 $\overline{BE}=\frac{1}{2}\overline{AB}$, $\overline{BC}:\overline{BD}=5:7$일 때, $\triangle EBD$의 넓이는 $\triangle ABC$의 넓이의 몇 배인가?

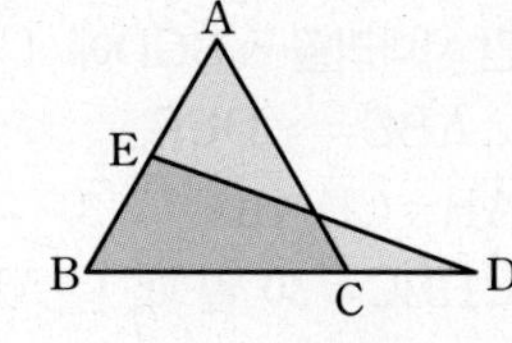

① $\frac{3}{5}$배 ② $\frac{7}{10}$배 ③ $\frac{4}{5}$배

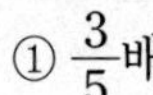 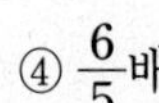
④ $\frac{6}{5}$배 ⑤ $\frac{10}{7}$배

04

오른쪽 그림과 같은 $\triangle ABC$에서 $\overline{AB}=4\sqrt{3}$ cm, $\overline{AC}=4$ cm, $\overline{BC}=8$ cm, $\angle B=\angle ACD=30^\circ$일 때, $\triangle BCD$의 넓이를 구하시오.

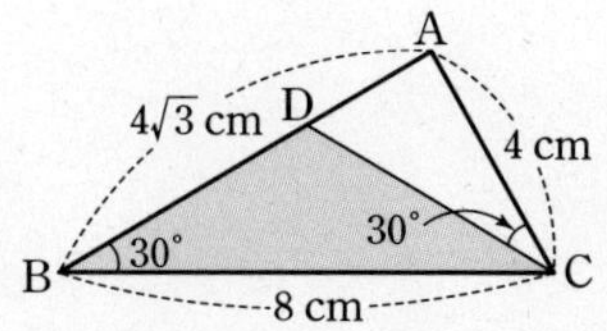

05

오른쪽 그림과 같은 정사각형 ABCD에서 두 점 M, N은 각각 $\overline{AD}$, $\overline{CD}$의 중점이고 $\angle MBN=x$일 때, $\sin x$의 값을 구하시오.

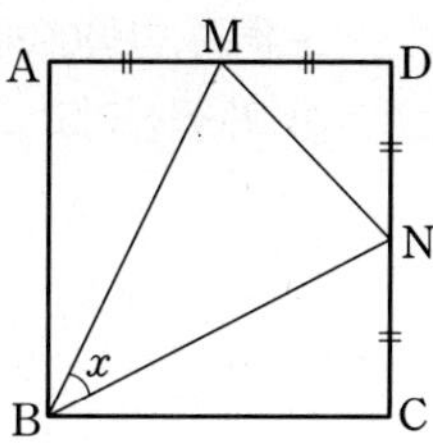

06

오른쪽 그림과 같이 □ABCD에서 $\overline{AC} /\!/ \overline{DE}$가 되도록 $\overline{BC}$의 연장선 위에 점 E를 잡자. $\overline{AB}=\overline{BE}=5$, $\angle B=60^\circ$일 때, □ABCD의 넓이는?

① $\frac{25}{4}$
② $\frac{25\sqrt{3}}{6}$
③ $\frac{25\sqrt{2}}{4}$
④ $\frac{25\sqrt{3}}{4}$
⑤ $\frac{25\sqrt{3}}{2}$

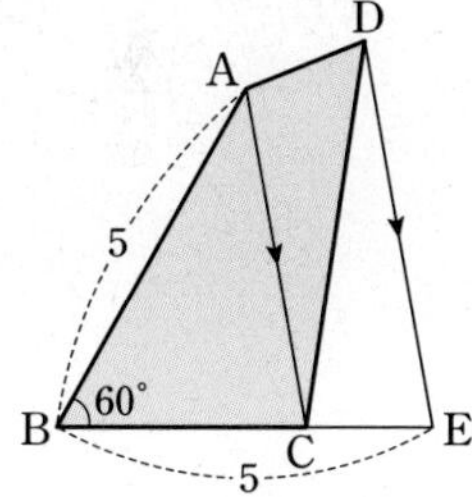

07

오른쪽 그림의 □ABCD에서 $\overline{AB}=8$, $\overline{BC}=8\sqrt{2}$, $\overline{CD}=6$, $\angle B=45^\circ$, $\angle ACD=30^\circ$일 때, □ABCD의 넓이를 구하시오.

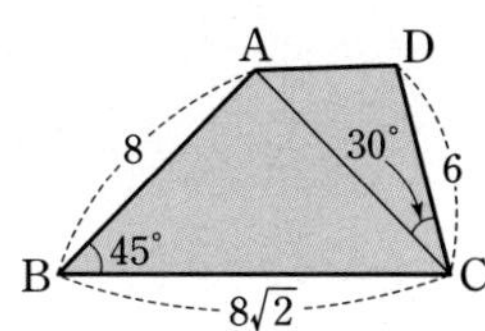

08

지름의 길이가 6 cm인 원에 내접하는 정사각형과 정팔각형의 넓이의 차를 구하시오.

Level 4 삼각비의 활용_넓이 구하기

01

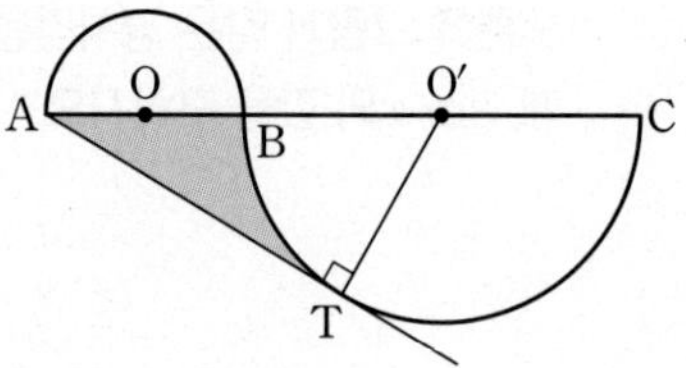

오른쪽 그림에서 두 반원 O, O′의 반지름의 길이는 각각 3 cm, 6 cm이다. $\overline{AT}$가 반원 O′의 접선이고 $\angle ATO'=90°$일 때, 다음을 구하시오.

(1) $\cos(\angle AO'T)$

(2) 색칠한 부분의 넓이

02

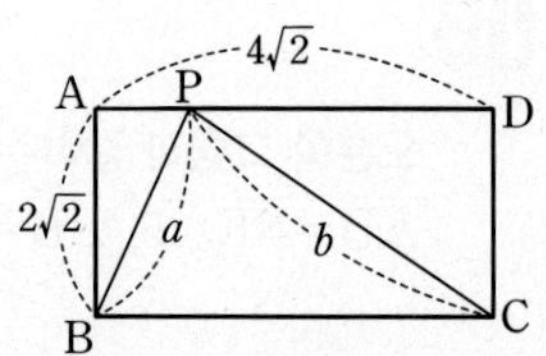

오른쪽 그림과 같이 $\overline{AD}=4\sqrt{2}$, $\overline{AB}=2\sqrt{2}$인 직사각형 ABCD에서 변 AD 위의 점 P에 대하여 $\overline{PB}=a$, $\overline{PC}=b$일 때, ab의 최솟값을 구하시오.

03

다음 그림의 세 평행사변형의 넓이가 모두 같을 때, $a : b : c$는?

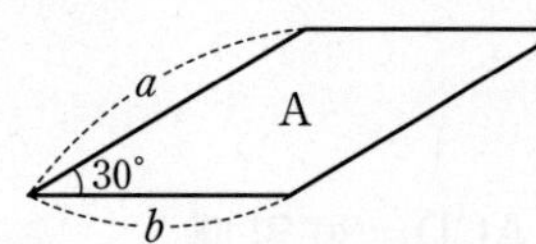

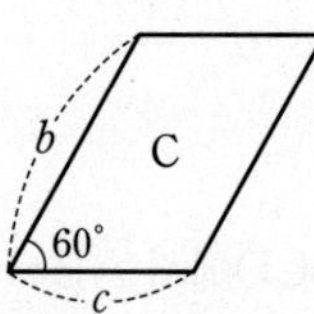

① $\sqrt{3} : 1 : \sqrt{2}$　② $\sqrt{3} : \sqrt{2} : 1$　③ $2 : \sqrt{2} : 1$
④ $2 : \sqrt{3} : 1$　⑤ $2 : \sqrt{3} : \sqrt{2}$

04

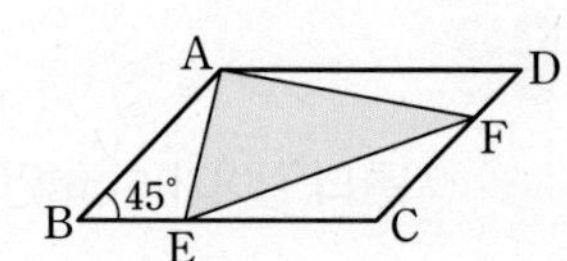

오른쪽 그림과 같이 $\angle B=45°$인 평행사변형 ABCD에서 $\overline{BE}=\frac{1}{2}\overline{CE}$, $\overline{CF}=3\overline{DF}$, $\square ABCD=48\text{ cm}^2$일 때, $\triangle AEF$의 넓이를 구하시오.

05

다음 그림과 같이 지름이 24 mm인 4개의 원 모양의 동전이 서로 외접할 때 생기는 색칠한 부분의 넓이의 최댓값과 최솟값을 각각 구하시오. (단, 점 A, B, C, D는 각 원의 중심이다.)

06

오른쪽 그림과 같은 평행사변형 ABCD에서 $\overline{AJ}=\overline{JK}=\overline{KD}$, $\overline{BH}=\overline{HI}=\overline{IC}$, $\overline{AE}=\overline{EF}=\overline{FG}=\overline{GC}$일 때, 색칠한 부분의 넓이는 □ABCD의 넓이의 몇 배인가?

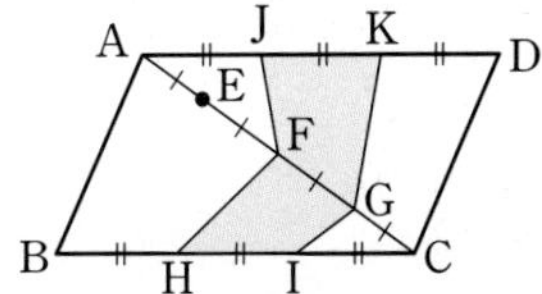

① $\frac{5}{24}$배 ② $\frac{1}{4}$배 ③ $\frac{7}{24}$배

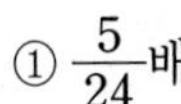

④ $\frac{1}{3}$배 ⑤ $\frac{3}{8}$배

07

오른쪽 그림과 같이 $\angle B=90°$, $\overline{AB}=5$, $\overline{BC}=5\sqrt{3}$인 직각삼각형 ABC의 내부의 점 P에서 세 변 AB, BC, CA에 내린 수선의 발을 각각 D, E, F라고 하자. $\overline{PD}=x$, $\overline{PE}=y$, $\overline{PF}=z$일 때, △DEF의 넓이를 x, y, z에 관한 식으로 나타내시오.

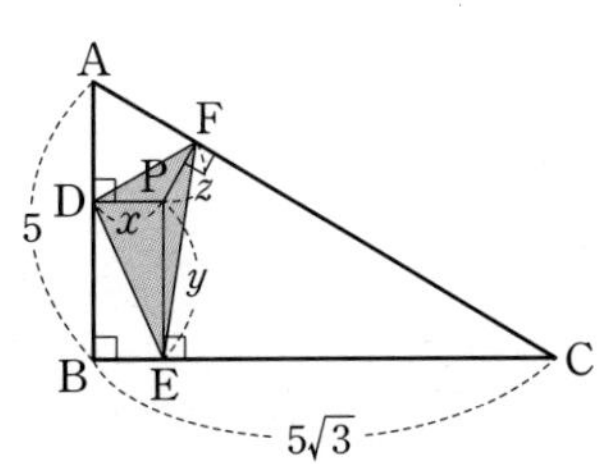

대단원 마무리 Level 종합

01

도로의 경사각이 A일 때, 도로의 경사도는

(도로의 경사도)$=\tan A\times 100(\%)$

와 같이 계산한다. 오른쪽 그림과 같은 표지판은 경사도가 20%인 오르막 도로를 뜻하는 것이다. 어떤 자동차가 해발 $400\,\mathrm{m}$인 지점에서 출발하여 도로의 경사로가 20%인 오르막 도로를 $1300\,\mathrm{m}$ 움직인다면 높이는 몇 m 높아지겠는가?

① $50\sqrt{13}\,\mathrm{m}$ ② $50\sqrt{15}\,\mathrm{m}$ ③ $250\,\mathrm{m}$
④ $50\sqrt{26}\,\mathrm{m}$ ⑤ $150\sqrt{3}\,\mathrm{m}$

02

$\angle\mathrm{A}:\angle\mathrm{B}:\angle\mathrm{C}=1:2:3$인 삼각형 ABC에서

$\dfrac{\tan B+1}{\tan B-1}+\dfrac{\sin A-1}{\cos A+1}$을 구하시오.

03

오른쪽 그림과 같은 두 직각삼각형 ABC, ADE에서 점 B는 변 BE 위의 점이고 $\overline{\mathrm{BC}}=\overline{\mathrm{CE}}=3$,

$\angle\mathrm{B}=\angle\mathrm{D}=90°$, $\angle\mathrm{BAC}=\angle x$,

$\angle\mathrm{DAE}=\angle y$, $\sin x=\dfrac{1}{3}$일 때, $\cos y$의 값을 구하시오.

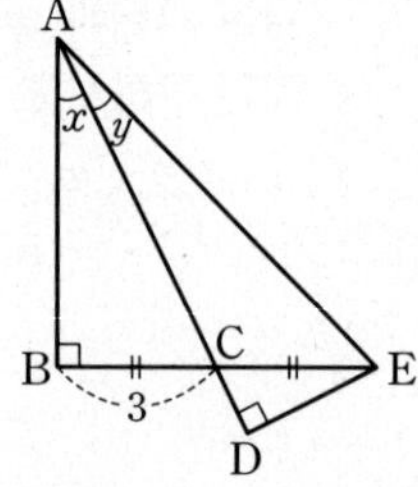

04

$45° < \angle a < 90°$일 때, 다음을 간단히 하시오.

$$2\sqrt{(\cos a-\sin a)^2}+\sqrt{(\sin a-\tan a)^2}$$

05

오른쪽 그림과 같이 한 변의 길이가 8인 정삼각형 ABC에서 $\overline{AF}=\overline{BD}=\overline{CE}=3$이고 $\overline{FB}=\overline{DC}=\overline{EA}=5$일 때, △DEF는 정삼각형이다. △DEF의 한 변의 길이는?

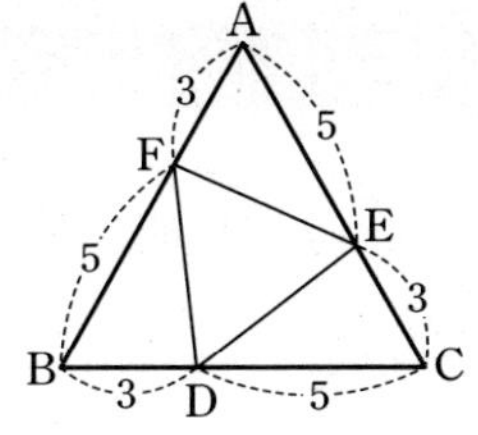

① 4　② $\sqrt{17}$　③ $3\sqrt{2}$
④ $\sqrt{19}$　⑤ $2\sqrt{5}$

06

오른쪽 그림과 같이 시냇물 위로 두 지점 B, C를 잇는 다리를 만들려고 한다. 두 지점 A, B 사이의 거리는 100 m이고 $\angle A=40°$, $\angle B=76°$일 때, 두 지점 B, C 사이의 거리를 구하시오.
(단, $\sin 40°=0.64$, $\sin 76°=0.97$, $\sin 64°=0.90$으로 계산하고 두 지점 B, C 사이의 거리는 소수점 아래 첫째 자리에서 반올림한다.)

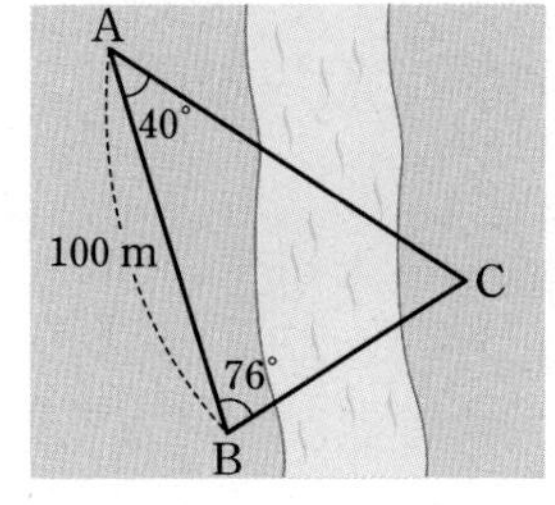

07

오른쪽 그림과 같은 □ABCD에서 $\overline{AC}=4$, $\overline{BD}=6$이고, $\overline{AC}$와 $\overline{BD}$가 이루는 각의 크기가 120°일 때, □ABCD의 넓이를 구하시오.

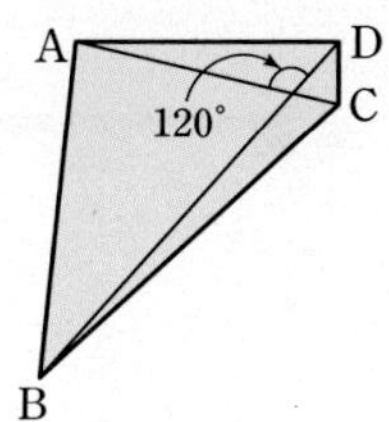

08

오른쪽 그림에서 $\overline{AB}=10\text{ cm}$, $\overline{BC}=20\text{ cm}$, $\angle B=60°$, $\overline{AC}=\overline{DC}$, $\overline{AB}\perp\overline{AC}$, $\overline{DC}\perp\overline{BC}$일 때, □ABCD의 넓이를 구하시오.

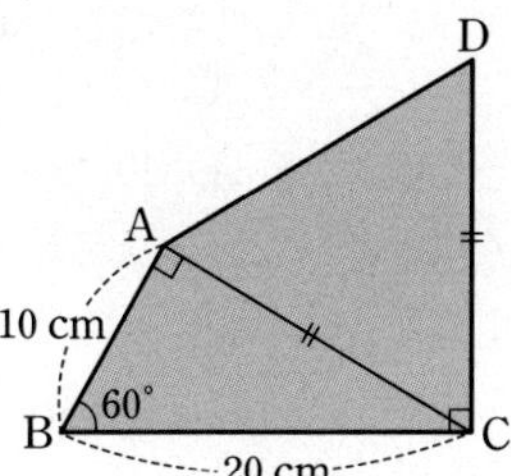

원과 현

고난도 대표유형 · 핵심개념

유형 1 원의 중심과 현의 수직이등분선 (1)

난이도 ★

원의 중심 O에서 현 AB에 내린 수선은 그 현을 이등분한다.
즉, $\overline{AB}\perp\overline{OM}$이면 $\overline{AM}=\overline{BM}$이다.

참고 한 원의 반지름의 길이는 같으므로
$\overline{OA}=\overline{OB}$
따라서 $\triangle OAB$는 이등변삼각형이고
이등변삼각형의 성질(꼭짓점에서 밑변에 내린 수선은 밑변을 이등분한다.) 에 의해
$\overline{AM}=\overline{BM}$

참고

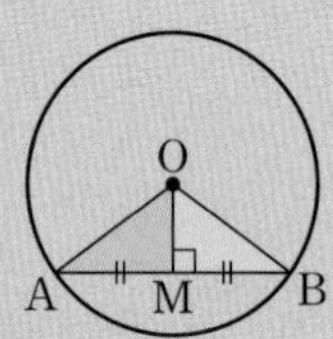

$\overline{AB}\perp\overline{OM}$이면
$\triangle OAM\equiv\triangle OBM$ (RHS 합동)
따라서 $\overline{AM}=\overline{BM}$

유형 2 원의 중심과 현의 수직이등분선 (2)

난이도 ★★

원 O에서 $\overline{AB}\perp\overline{OM}$이면
(1) $\triangle OBM$은 직각삼각형이므로 $\overline{OB}^2=\overline{OM}^2+\overline{MB}^2$
(2) $\overline{AB}=2\overline{BM}$
(1), (2)를 이용하여 현 AB의 길이를 구할 수 있다.

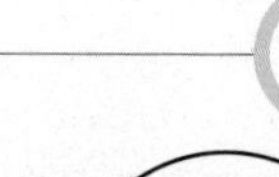

예시

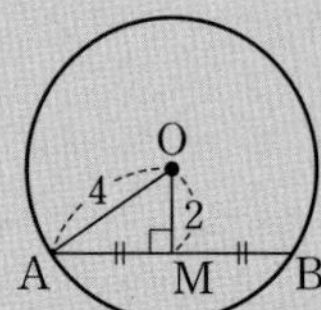

원 O에서 $\overline{AB}\perp\overline{OM}$이면
$\overline{AM}=\sqrt{4^2-2^2}=2\sqrt{3}$
따라서 $\overline{AB}=4\sqrt{3}$

예시

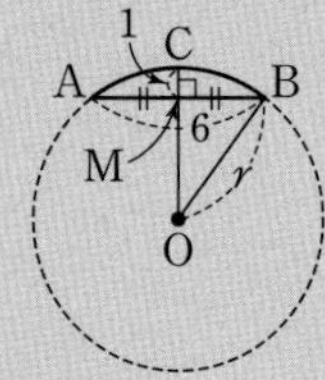

$\overline{AB}\perp\overline{CM}$이므로
$\overline{MB}=\frac{1}{2}\overline{AB}=3$
$\overline{OM}=\overline{OC}-\overline{MC}=r-1$
$\triangle OBM$은 직각삼각형이므로
$r^2=(r-1)^2+3^2$
따라서 $r=5$

유형 3 원의 중심과 현의 수직이등분선 (3)

난이도 ★★

오른쪽 그림의 원 O에서
$\overline{AB}\perp\overline{OM}$이므로 $\overline{MB}=\frac{1}{2}\overline{AB}=\frac{a}{2}$
$\overline{OC}=\overline{OB}=r$이므로
$\overline{OM}=r-b$
$\triangle OBM$은 직각삼각형이므로
$r^2=(r-b)^2+\left(\frac{a}{2}\right)^2$

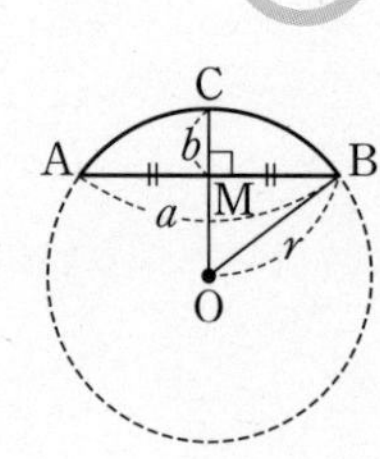

난이도 ★★

원의 중심과 현의 수직이등분선 (4) 유형 4

원에서 현의 수직이등분선은 그 원의 중심을 지난다.

참고 선분 AB의 양 끝 점 A, B로부터 같은 거리에 있는 점들은 모두 선분 AB의 수직이등분선 l 위에 있다.
한 원에서 반지름의 길이는 같으므로 $\overline{OA}=\overline{OB}$
즉, 점 O도 직선 l 위에 있다.
따라서 현 AB의 수직이등분선 l은 그 원의 중심 O를 지난다.

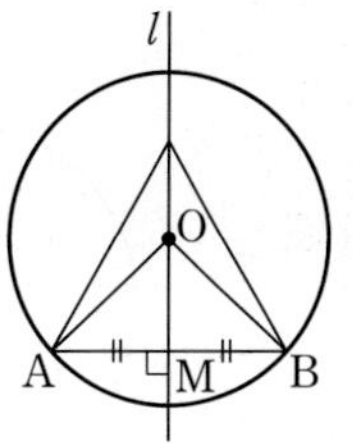

참고

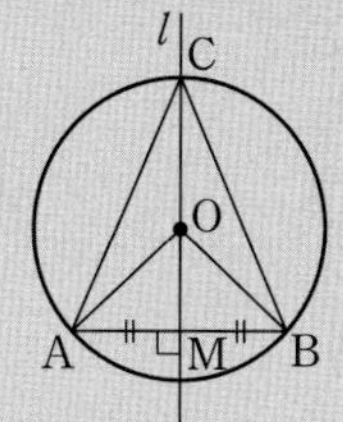

그림에서 점 O는 △ABC의 외심이다. 즉, 점 O는 △ABC의 세 변의 수직이등분선의 교점이므로 $\overline{AB}$의 수직이등분선은 원의 중심을 지난다.

난이도 ★

현의 길이 (1) 유형 5

한 원 또는 합동인 두 원의 중심에서 같은 거리에 있는 현의 길이는 같다.
즉, $\overline{OM}=\overline{ON}$이면 $\overline{AB}=\overline{CD}$

참고 △OAM과 △ODN에서
$\angle OMA=\angle OND=90^\circ$
반지름의 길이는 같으므로 $\overline{OA}=\overline{OD}$
$\overline{OM}=\overline{ON}$
∴ △OAM≡△ODN (RHS 합동)
따라서 $\overline{AM}=\overline{DN}$
$\overline{AB}=2\overline{AM}=2\overline{DN}=\overline{CD}$이므로
$\overline{AB}=\overline{CD}$

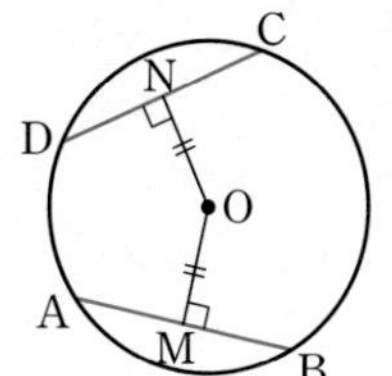

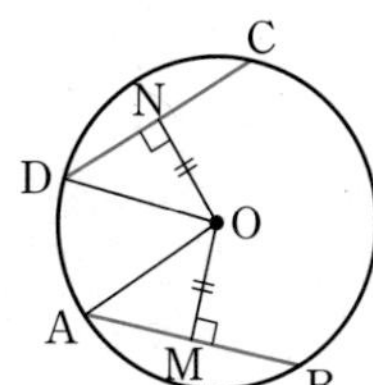

참고

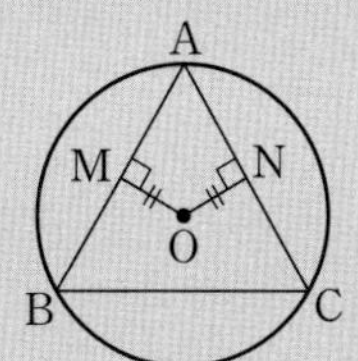

그림에서 $\overline{OM}=\overline{ON}$이면 $\overline{AB}=\overline{AC}$이므로 △ABC는 이등변삼각형이 된다.

현의 길이 (2) 유형 6

한 원 또는 합동인 두 원에서 길이가 같은 두 현은 원의 중심으로부터 같은 거리에 있다.
즉, $\overline{AB}=\overline{CD}$이면 $\overline{OM}=\overline{ON}$이다.

참고 원의 중심 O에서 현에 내린 수선은 그 현을 이등분하고, $\overline{AB}=\overline{CD}$이므로 $\overline{AM}=\overline{DN}$이다.
△OAM과 △ODN에서
$\angle OMA=\angle OND=90^\circ$
$\overline{OA}=\overline{OD}$ (반지름)
$\overline{AM}=\overline{DN}$
∴ △OAM≡△ODN (RHS 합동)
따라서 $\overline{OM}=\overline{ON}$이다.

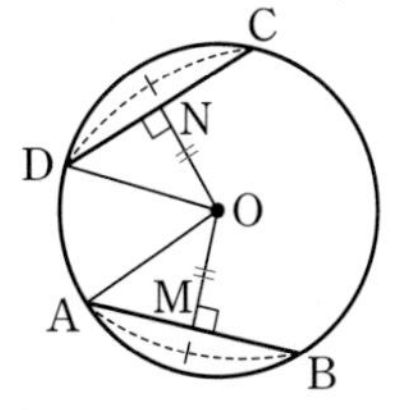

참고

원의 중심으로부터 거리가 가까울수록 현의 길이는 길어지고 가장 길이가 긴 현은 원의 중심을 지나는 지름이다.

Level 1 원과 현

01

오른쪽 그림과 같은 원 O에서 $\overline{AB}\perp\overline{OC}$이고 $\overline{OD}=4$, $\overline{AD}=4$일 때, r의 값은?

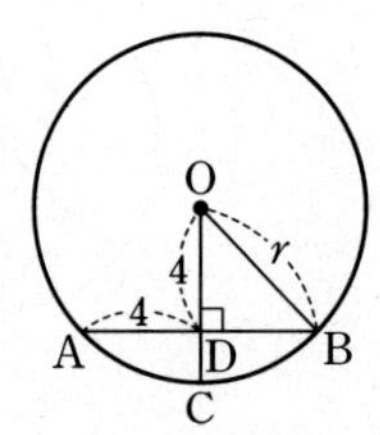

① $3\sqrt{2}$　② $4\sqrt{2}$　③ $3\sqrt{3}$　④ $4\sqrt{3}$　⑤ 5

02

오른쪽 그림과 같은 원 O에서 $\overline{AB}\perp\overline{OC}$, $\overline{BC}=6$이고 원의 둘레의 길이가 20π일 때, $x+y$의 값을 구하시오.

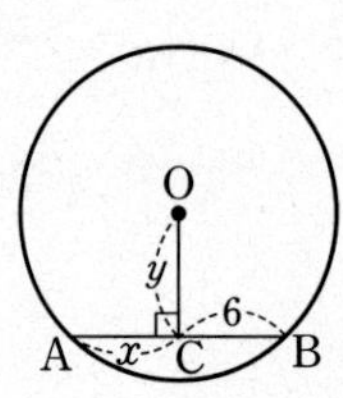

03

반지름의 길이가 6 cm인 원의 중심에서 2 cm 떨어진 현의 길이는?

① $4\sqrt{2}$ cm　② $6\sqrt{2}$ cm　③ $8\sqrt{2}$ cm　④ $10\sqrt{2}$ cm　⑤ $12\sqrt{2}$ cm

04

오른쪽 그림과 같은 원 O의 중심에서 세 현 AB, BC, CA에 내린 수선의 발을 각각 D, E, F라 하자. △ABC의 둘레의 길이가 22일 때, △DEF의 둘레의 길이를 구하시오.

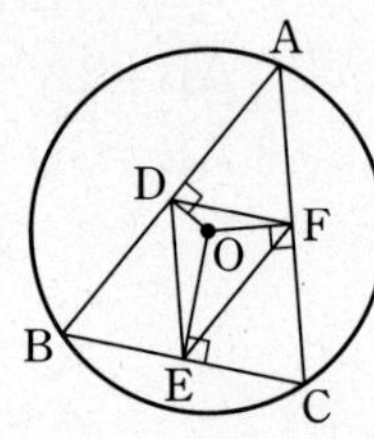

05

오른쪽 그림과 같은 원 O에서 $\overline{AB}\perp\overline{OC}$이고 반지름의 길이가 16, $\overline{OD}=6$일 때, $\overline{AC}$의 길이를 구하시오.

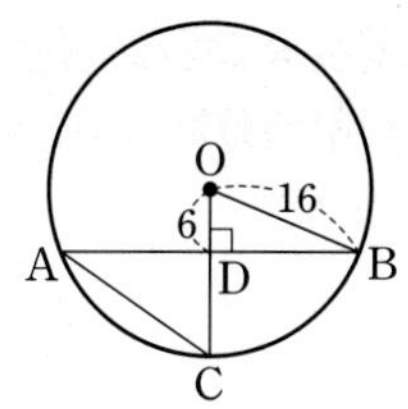

06

오른쪽 그림과 같이 반지름의 길이가 12인 원 O에서 $\overline{AB}\perp\overline{OC}$, $\overline{OD}=\overline{CD}$일 때, $\overline{BD}$의 길이는?

① 6 ② $3\sqrt{6}$
③ $6\sqrt{2}$ ④ $6\sqrt{3}$
⑤ $6\sqrt{6}$

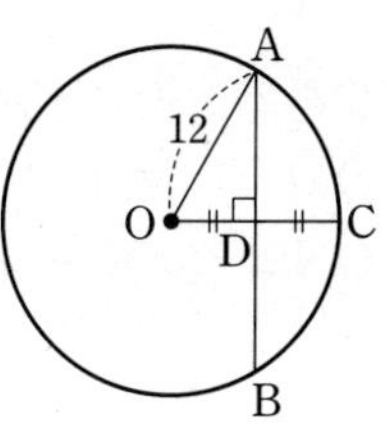

07

오른쪽 그림과 같은 원 O에서 $\overline{AB}\perp\overline{CD}$이고 $\overline{OC}=8$, $\overline{CD}=12$일 때, 현 AB의 길이를 구하시오.

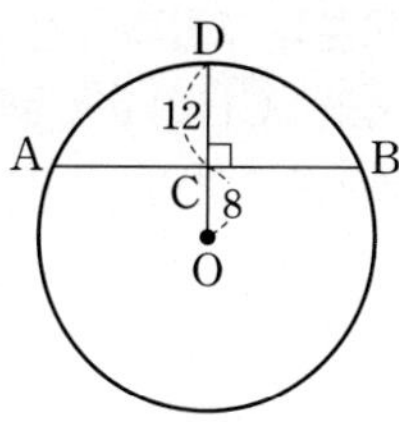

08

오른쪽 그림과 같이 중심이 같은 두 원에서 $\overline{CD}=6$이고 $\overline{AB}=\frac{5}{3}\overline{CD}$일 때, $\overline{AC}$의 길이를 구하시오.

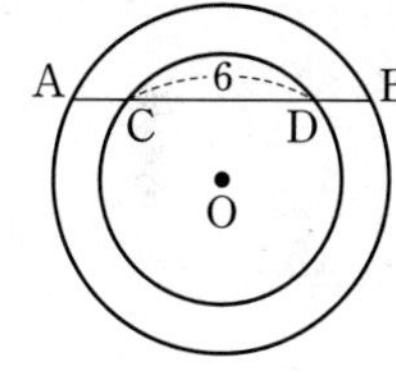

09

오른쪽 그림과 같은 원 O에서 $\overline{AB} \perp \overline{CD}$이고 $\overline{CM}=10$, $\overline{MD}=2$일 때, 현 AB의 길이를 구하시오.

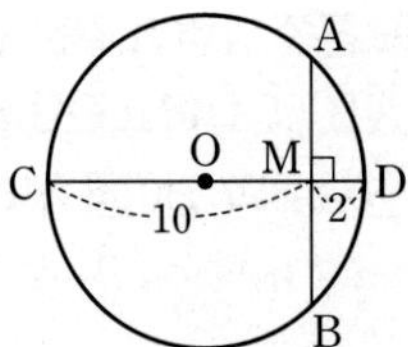

10

오른쪽 그림과 같은 원 O에서 $\overline{AB} \perp \overline{OC}$이고 $\overline{CD}=3$, $\overline{AD}=6$일 때, 원 O의 반지름의 길이는?

① $3\sqrt{3}$　② $3\sqrt{5}$　③ $\frac{15}{2}$　④ 8　⑤ $6\sqrt{2}$

11

오른쪽 그림과 같은 원 O에서 $\overline{OM}=\overline{ON}$, $\overline{MB}=5$일 때, 현 CD의 길이를 구하시오.

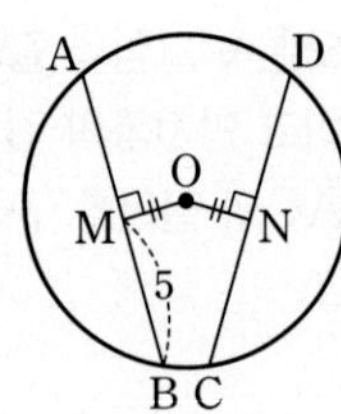

12

오른쪽 그림에서 $\overline{AB} \perp \overline{OM}$, $\overline{CD} \perp \overline{ON}$, $\overline{OM}=7$, $\overline{MB}=12$, $\overline{CD}=24$일 때, $\overline{ON}$의 길이를 구하시오.

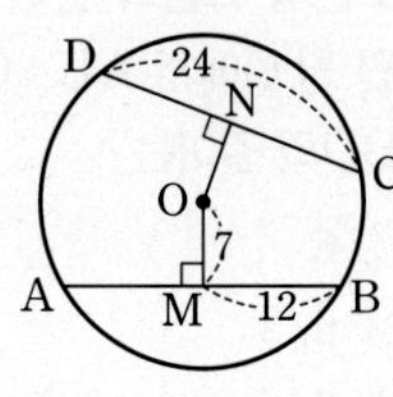

13

오른쪽 그림과 같은 원 O에서 $\overline{AB}\perp\overline{OM}$, $\overline{CD}\perp\overline{ON}$이고 $\overline{OM}=\overline{ON}=5\,\text{cm}$, $\overline{OA}=8\,\text{cm}$일 때, $\overline{CD}$의 길이는?

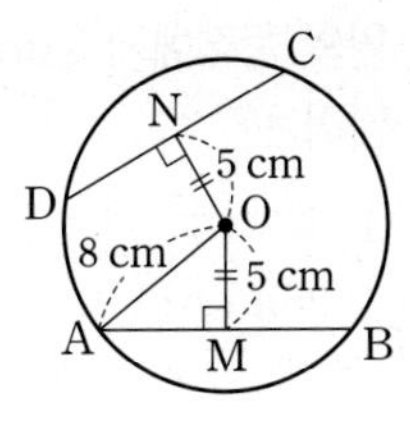

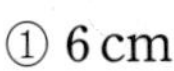

① $6\,\text{cm}$ ② $\sqrt{39}\,\text{cm}$
③ $\sqrt{41}\,\text{cm}$ ④ $2\sqrt{39}\,\text{cm}$
⑤ $2\sqrt{41}\,\text{cm}$

14

오른쪽 그림과 같은 원 O에서 $\overline{AB}\perp\overline{OM}$, $\overline{CD}\perp\overline{ON}$이고, $\overline{OM}=\overline{ON}$, $\overline{AB}=6$, $\angle OCN=45^\circ$일 때, 원 O의 반지름의 길이를 구하시오.

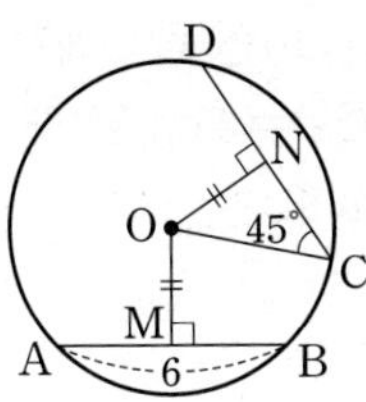

15

오른쪽 그림과 같은 $\triangle ABC$의 외접원 O에서 $\overline{OM}=\overline{ON}$이고, $\angle B=55^\circ$일 때, $\angle A$의 크기를 구하시오.

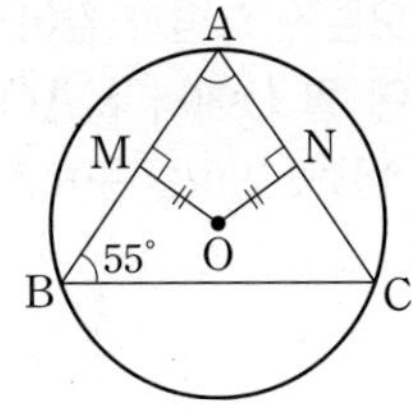

16

오른쪽 그림과 같은 $\triangle ABC$의 외접원 O에서 $\overline{OM}=\overline{ON}$, $\angle NOH=115^\circ$일 때, $\angle A$의 크기를 구하시오.

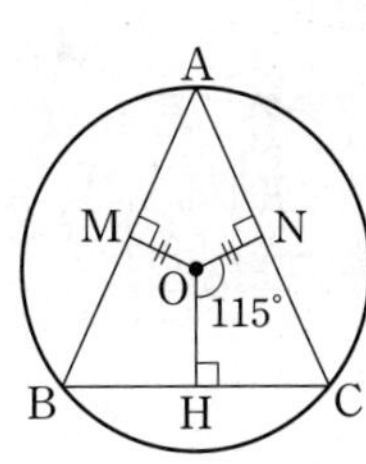

01

오른쪽 그림과 같이 반지름의 길이가 8인 원 O에서 $\angle AOB = 120°$일 때, 현 AB의 길이를 구하시오.

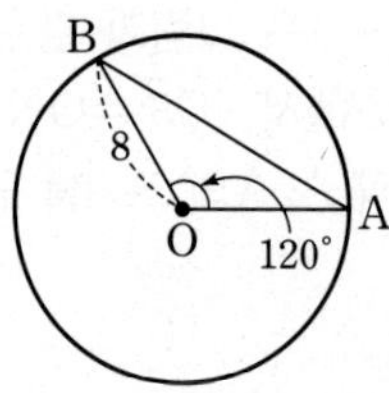

02

오른쪽 그림과 같이 반지름의 길이가 12인 원 O에서 $\overline{AB}=8$일 때, $\triangle OAB$의 넓이를 구하시오.

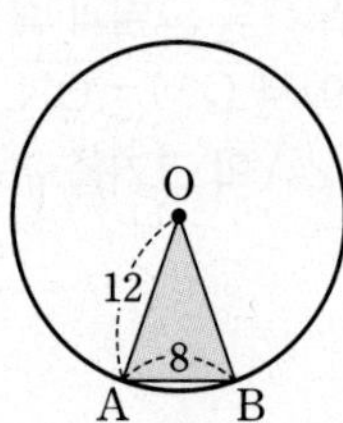

03

원의 중심에서 4 cm 떨어진 현의 길이가 6 cm일 때, 이 원의 넓이는?

① 9π cm^2 ② 16π cm^2 ③ 20π cm^2
④ 25π cm^2 ⑤ 36π cm^2

04

오른쪽 그림과 같이 반지름의 길이가 5 cm인 원 O에서 $\overline{AB} \perp \overline{CD}$이고 $\overline{CD}=6$ cm일 때, $\overline{BM}$의 길이를 구하시오.

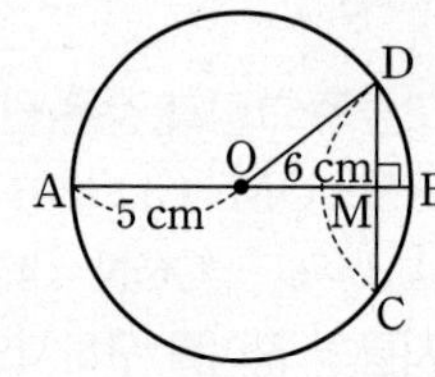

05

다음 그림은 원의 일부이다. $\overline{AB}=8$, $\overline{PC}=2$이고 $\overline{AC}=\overline{BC}$일 때, 이 원의 반지름의 길이를 구하시오.

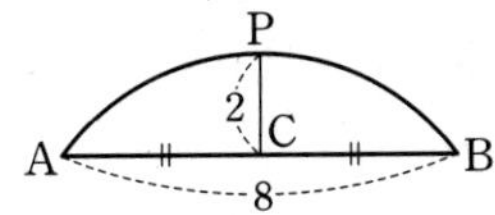

06

오른쪽 그림과 같이 반지름의 길이가 4 cm인 원 O 위의 점 P를 원의 중심 O와 겹치도록 접었을 때, 접은 선 $\overline{AB}$의 길이를 구하시오.

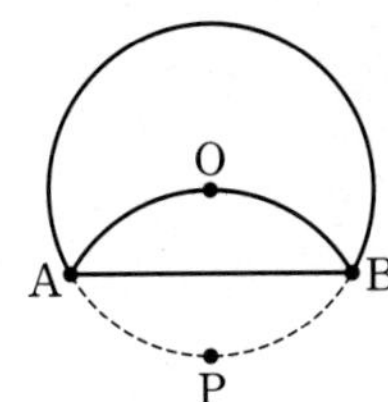

07

오른쪽 그림과 같은 $\triangle ABC$의 외접원 O에서 $\overline{OM}=\overline{ON}$, $\overline{AN}=5$, $\angle BAC=30°$일 때, $\triangle ABC$의 넓이를 구하시오.

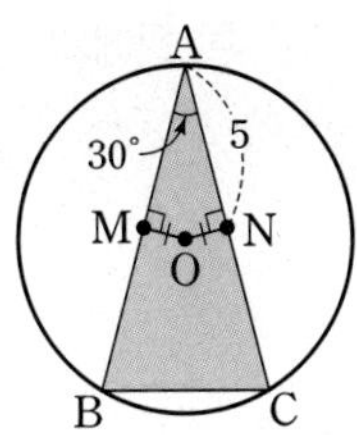

08

오른쪽 그림과 같이 원 O에서 $\overline{OH}\perp\overline{CD}$, $\overline{AB}=\overline{CD}$, $\overline{OA}=\sqrt{3}$, $\overline{OH}=\sqrt{2}$일 때, $\triangle OAB$의 넓이를 구하시오.

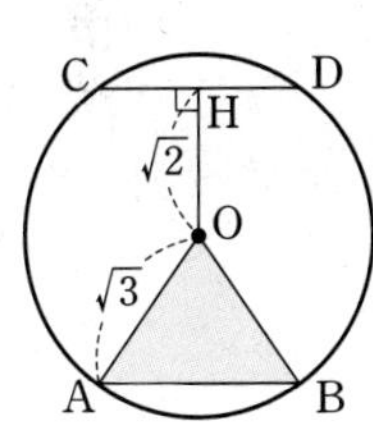

Level 3 원과 현

01

한 원에서 가장 긴 현의 길이가 20 cm일 때, 이 원의 중심에서 길이가 16 cm인 현까지의 거리를 구하시오.

02

오른쪽 그림과 같은 $\triangle ABC$의 외접원 O에서 $\overline{AB}=\overline{AC}=\sqrt{13}$이고 $\overline{BC}=6$일 때, 이 원의 반지름의 길이를 구하시오.

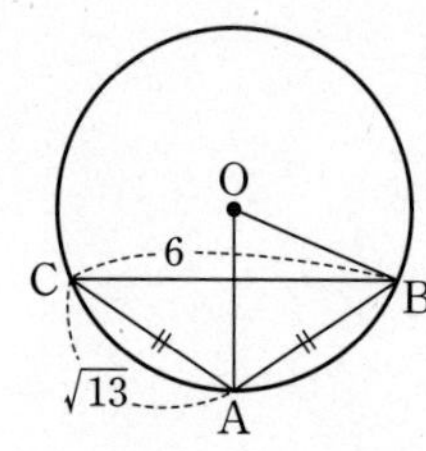

03

오른쪽 그림과 같은 원 O에서 서로 수직인 두 현 AB, CD의 교점이 점 E이고, $\overline{AE}=5$, $\overline{BE}=3$, $\overline{CD}=10$일 때, 이 원의 넓이를 구하시오.

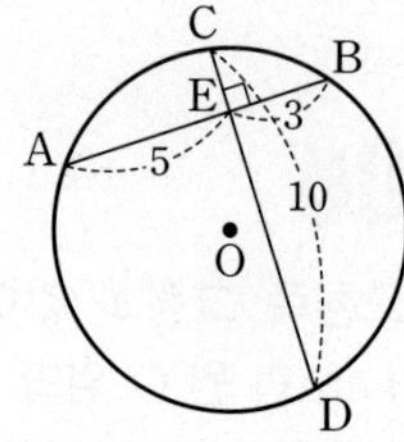

04

오른쪽 그림과 같이 반지름의 길이가 8인 원 O에서 $\overline{AB}=12$이다. 원 O 위를 움직이는 점 P에 대하여 $\triangle ABP$의 넓이의 최댓값을 구하시오.

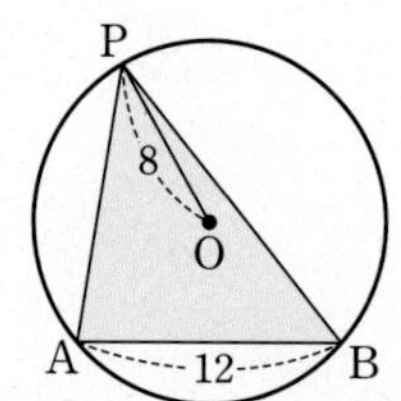

05

오른쪽 그림의 원 O에서 $\overline{AB} \perp \overline{OC}$, $\overline{AB}=8$, $\overline{AC}=5$일 때, 원의 둘레의 길이를 구하시오.

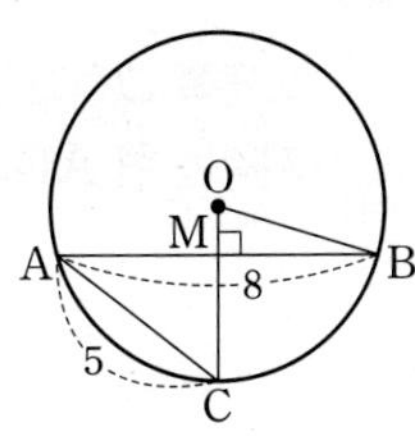

06

오른쪽 그림에서 원 O는 $\overline{AB}=\overline{AC}$인 이등변삼각형 ABC의 외접원이다. 원 O의 반지름의 길이가 5이고 $\overline{BC}=8$일 때, $\overline{AC}$의 길이를 구하시오.

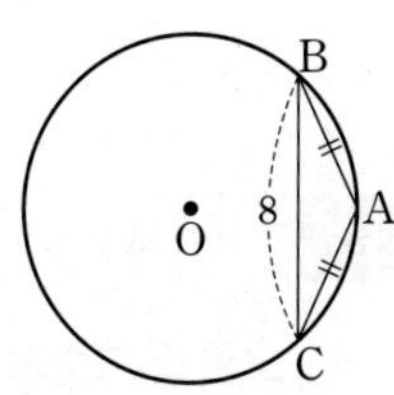

07

오른쪽 그림과 같이 지름의 길이가 52 cm인 원 O에서 $\overline{AB}=\overline{CD}$, $\overline{AB} /\!/ \overline{CD}$이다. $\overline{AB}$와 $\overline{CD}$ 사이의 간격이 12 cm일 때, 현 AB의 길이를 구하시오.

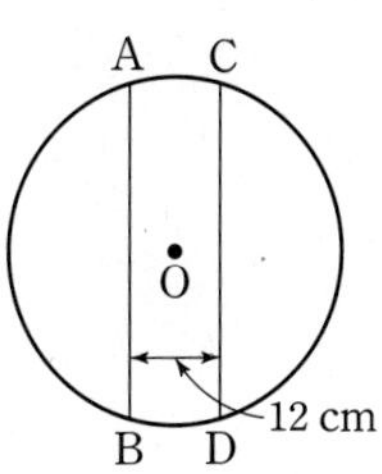

08

오른쪽 그림과 같은 △ABC의 외접원 O의 중심에서 세 변까지의 거리가 같고 $\overline{AF}=2$일 때, 원 O의 넓이를 구하시오.

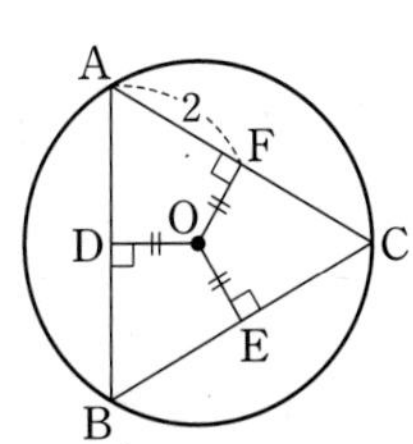

Level 4 원과 현

01

오른쪽 그림과 같이 원의 중심이 O로 같고 반지름의 길이가 각각 10, 8인 두 원이 있다. 원 O의 중심을 지나는 현 AD에 대하여 $\overline{AD}\perp\overline{BC}$이고 점 F는 작은 원과 $\overline{AB}$와의 접점일 때, $\overline{BC}$의 길이를 구하시오.

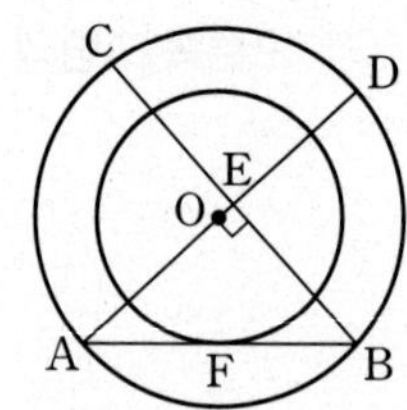

02

오른쪽 그림과 같이 크기가 같은 두 원 O, O′에서 $\overline{OO'}:\overline{AB}$는?

① $1:\sqrt{2}$ ② $1:\sqrt{3}$ ③ $\sqrt{2}:\sqrt{3}$
④ $\sqrt{2}:3$ ⑤ $\sqrt{3}:2$

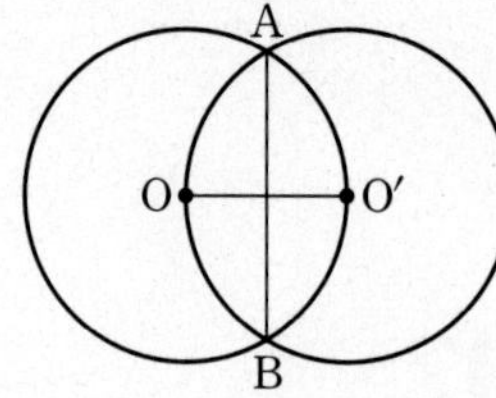

03

오른쪽 그림에서 네 점 A, B, C, D는 두 원 O, O′의 중심 사이의 거리 $\overline{OO'}$을 5등분한 점이고 두 점 P, Q는 두 원의 교점이다. $\overline{OA}=a$라 할 때, $\overline{PQ}$의 길이를 a에 관한 식으로 나타내시오.

(단, 두 점 A, C는 각각 두 원 O′, O 위의 점이다.)

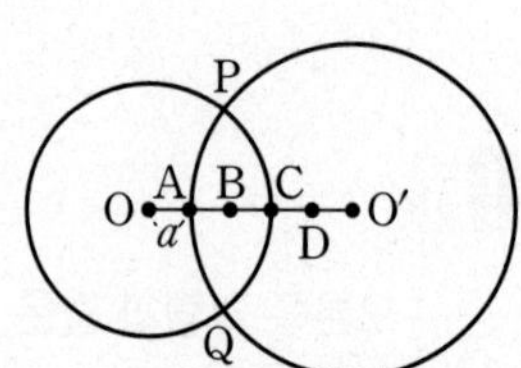

04

오른쪽 그림은 원 O에서 길이가 4 cm인 현을 8개 그린 것이다. 길이가 4 cm인 현을 무수히 많이 그렸을 때, 현이 그려진 부분의 넓이를 구하시오.

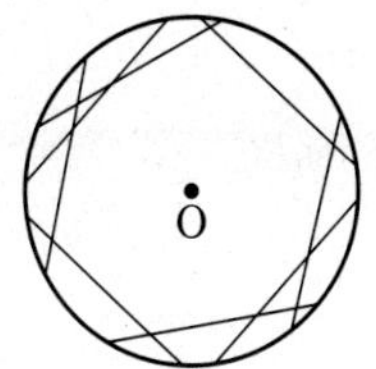

05

오른쪽 그림과 같이 반지름의 길이가 10인 원 O에서 원 내부의 한 점 P에 대해 $\overline{OP}=8$일 때, 점 P를 지나는 가장 긴 현과 가장 짧은 현의 길이를 각각 구하시오.

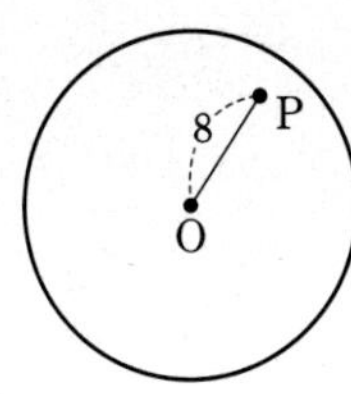

06

오른쪽 그림과 같이 반지름의 길이가 2인 원 O에서 $\overline{AB}/\!/\overline{CD}$이다. 두 현 AB, CD 사이의 간격이 2일 때, $\overline{AB}^2+\overline{CD}^2$의 최댓값을 구하시오.

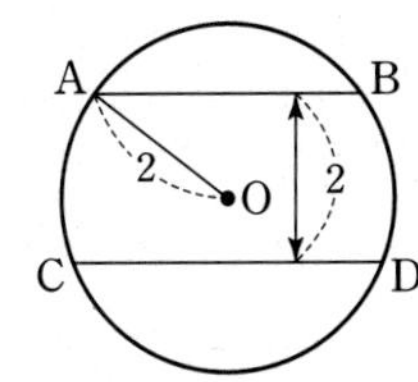

원의 접선

고난도 대표유형 · 핵심개념

유형 1 접선의 길이

난이도 ★

플러스 개념

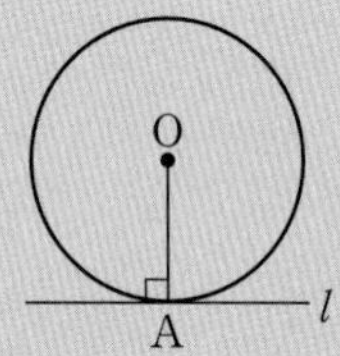

원의 접선은 그 접점을 한 끝으로 하는 반지름과 서로 수직이다. 즉, $\overline{OA}\perp l$

(1) **접선의 길이 :** 원 O 밖의 한 점 P에서 이 원에 그을 수 있는 접선은 2개이고, 점 P에서 두 접점 A, B까지의 거리를 각각 점 P에서 원 O에 그은 접선의 길이라 한다.

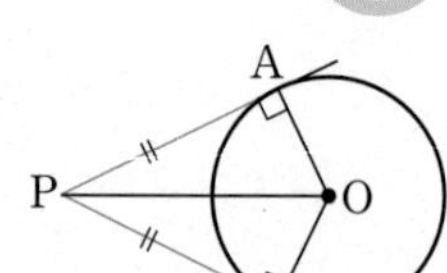

(2) 원 밖의 한 점에서 그 원에 그은 두 접선의 길이는 같다.
즉, $\overline{PA}=\overline{PB}$

참고 $\triangle PAO\equiv\triangle PBO$ (RHS 합동)
(i) $\angle PAO=\angle PBO=90^\circ$
(ii) $\overline{PO}$는 공통
(iii) $\overline{OA}=\overline{OB}$ (반지름)
이므로 $\overline{PA}=\overline{PB}$

(3) $\overline{PA}$와 $\overline{AO}$가 수직으로 만나므로 피타고라스 정리를 이용하면 길이를 구할 수 있다.
$\overline{PA}^2+\overline{AO}^2=\overline{PO}^2$

유형 2 삼각형의 내접원

난이도 ★

TIP

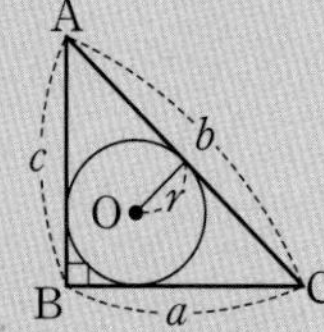

직각삼각형 ABC에서
$\triangle ABC=\frac{1}{2}ac$
$=\frac{1}{2}r(a+b+c)$

원 O가 $\triangle ABC$의 내접원이고 세 점 D, E, F가 접점일 때

(1) $\overline{AD}=\overline{AF}$, $\overline{BD}=\overline{BE}$, $\overline{CE}=\overline{CF}$

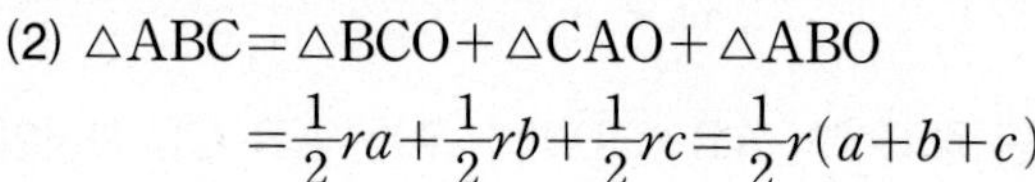

(2) $\triangle ABC=\triangle BCO+\triangle CAO+\triangle ABO$
$=\frac{1}{2}ra+\frac{1}{2}rb+\frac{1}{2}rc=\frac{1}{2}r(a+b+c)$

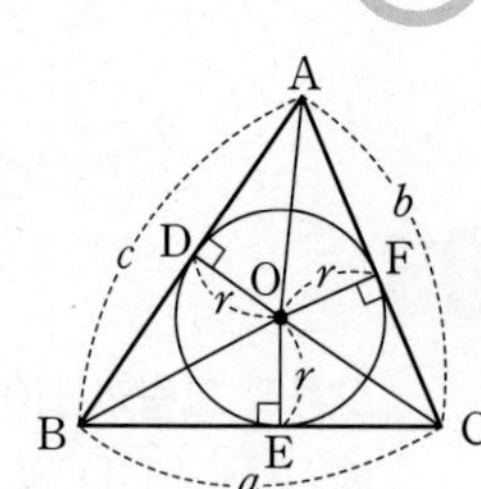

유형 3 외접하는 두 원

난이도 ★★

풀이전략

보조선을 그어 직각삼각형을 만든 다음 피타고라스 정리를 이용한다.

외접하는 두 원의 중심을 이은 선은 두 원의 접점을 지난다.
두 원 O, O′의 반지름의 길이를 각각 x, y $(x<y)$라 하면
$\triangle O'OH$에서 $\overline{OO'}=x+y$, $\overline{O'H}=y-x$

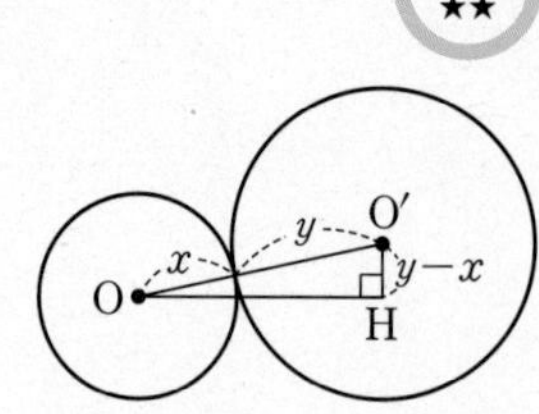

접선의 성질 유형 4

난이도 ★★

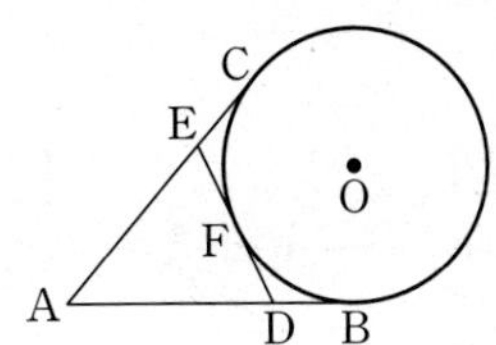

$\overline{AB}$, $\overline{AC}$, $\overline{ED}$는 원 O의 접선이고 점 B, C, F는 각각의 접점일 때, 삼각형 ADE의 둘레의 길이는 $\overline{AB}+\overline{AC}=2\overline{AB}$

참고 점 E에서 그은 접선은 $\overline{EC}=\overline{EF}$, 점 D에서 그은 접선은 $\overline{DF}=\overline{DB}$이므로

($\triangle$ADE의 둘레의 길이)
$=\overline{AD}+\overline{AE}+\overline{ED}=\overline{AD}+\overline{AE}+(\overline{EF}+\overline{FD})$
$=\overline{AD}+\overline{AE}+(\overline{EC}+\overline{DB})$
$=(\overline{AD}+\overline{DB})+(\overline{AE}+\overline{EC})$
$=\overline{AB}+\overline{AC}=2\overline{AB}$

1 등급 노트

반원과 사각형 유형 5

난이도 ★★

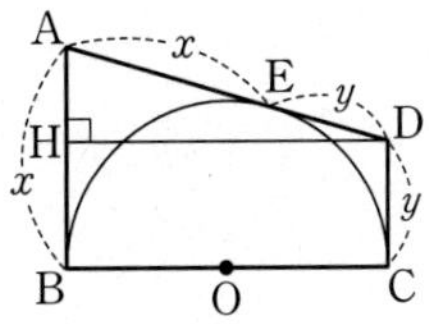

$\overline{AB}$, $\overline{DC}$, $\overline{AD}$가 반원 O의 접선일 때,

(1) $\overline{AB}=\overline{AE}=x$, $\overline{DC}=\overline{DE}=y$이므로
$\overline{AD}=\overline{AB}+\overline{DC}=x+y$, $\overline{AH}=\overline{AB}-\overline{BH}=x-y$

(2) 점 D에서 $\overline{AB}$에 내린 수선의 발을 H라 하면
직각삼각형 AHD에서
$\overline{AD}^2=\overline{AH}^2+\overline{DH}^2$이므로 $(x+y)^2=(x-y)^2+($반원 O의 지름$)^2$

풀이전략

반원 O의 반지름의 길이를 구하기 위해 원의 지름을 한 변으로 하는 직각삼각형을 만들어 피타고라스 정리를 이용한다.

원에 외접하는 사각형의 성질 유형 6

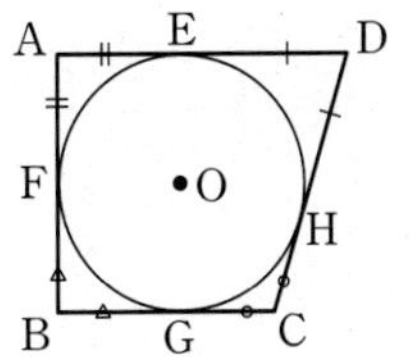

(1) 원에 외접하는 사각형의 두 쌍의 대변의 길이의 합은 서로 같다.

$\overline{AB}+\overline{CD}=(\overline{AF}+\overline{FB})+(\overline{CH}+\overline{HD})$
$=(\overline{AE}+\overline{GB})+(\overline{CG}+\overline{ED})$
$=(\overline{AE}+\overline{ED})+(\overline{CG}+\overline{GB})$
$=\overline{AD}+\overline{CB}$

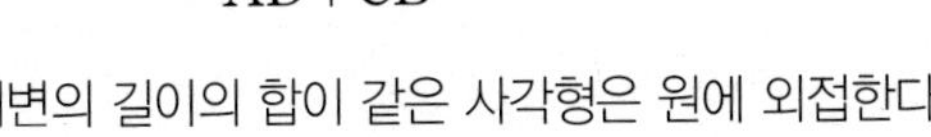

(2) 대변의 길이의 합이 같은 사각형은 원에 외접한다.

TIP

같은 원리를 육각형, 팔각형 등에도 적용할 수 있다.

플러스 개념

다각형에서 한 변이나 한 각과 마주 보는 변을 대변이라 한다.

Level 1 원의 접선

01

오른쪽 그림과 같이 중심각의 크기가 $60°$이고 반지름의 길이가 $6\,\text{cm}$인 부채꼴 DOC와 원 O′이 세 점 A, B, E에서 접할 때, 색칠한 부분의 넓이를 구하시오.

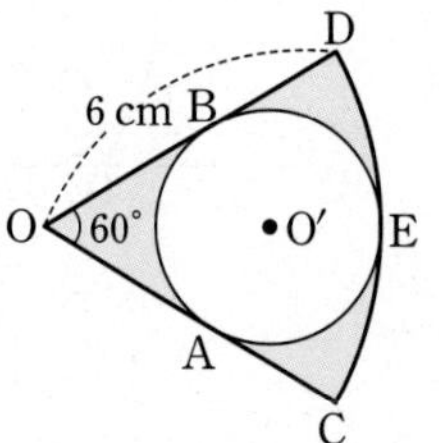

02

오른쪽 그림과 같이 $\overline{PA}$, $\overline{PB}$는 원 O의 접선이고 $\angle APB=60°$, $\overline{PA}=6\,\text{cm}$일 때, 부채꼴 AOB의 넓이를 구하시오.

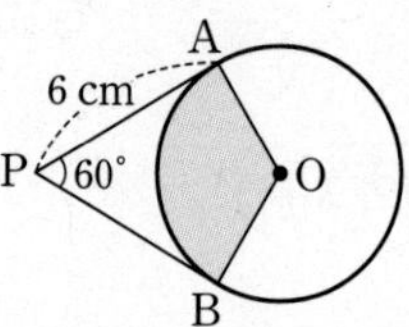

03

오른쪽 그림과 같이 두 점 A, B는 점 P에서 반지름의 길이가 $4\,\text{cm}$인 원 O에 그은 두 접선의 접점이다. $\angle APB=60°$일 때, 색칠한 도형의 넓이를 구하시오.

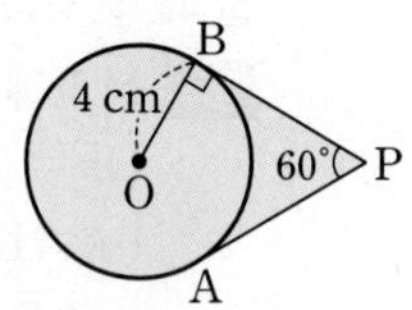

04

오른쪽 그림과 같이 중심이 같은 두 원에서 작은 원의 접선과 큰 원의 교점을 A, B라 하자. $\overline{AB}=2\sqrt{3}\,\text{cm}$일 때, 색칠한 부분의 넓이를 구하시오.

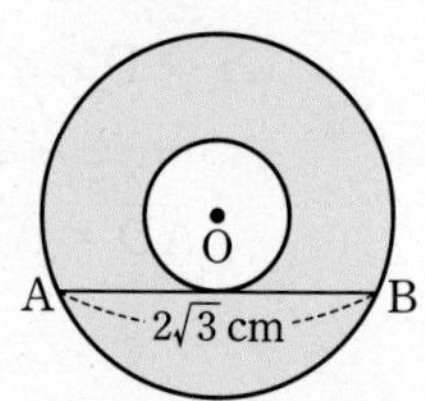

05

오른쪽 그림과 같이 $\overline{PA}$는 원 O와 점 A에서 접하고 $\overline{PB}=4\text{ cm}$, $\overline{PA}=12\text{ cm}$일 때, 원 O의 반지름의 길이를 구하시오.

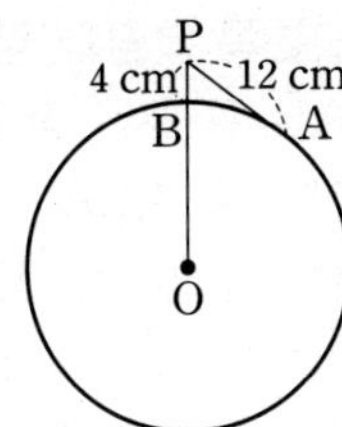

06

오른쪽 그림과 같이 중심이 O로 같은 두 원에서 큰 원의 현 AB는 작은 원의 접선이고, 점 C는 그 접점이다. $\overline{OD}=4\text{ cm}$, $\overline{AD}=6\text{ cm}$일 때, $\overline{AB}$의 길이를 구하시오.

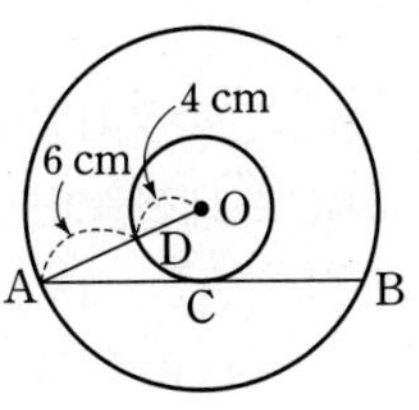

07

오른쪽 그림에서 원 O는 $\angle B=90°$인 직각삼각형 ABC의 내접원이고, 세 점 D, E, F는 그 접점이다. $\overline{AF}=12\text{ cm}$, $\overline{CF}=5\text{ cm}$일 때, 원 O의 넓이를 구하시오.

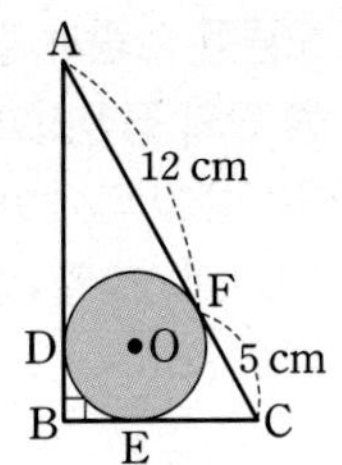

08

다음 그림과 같이 원 O와 원 O′가 서로 접하고, 점 A에서 만나는 두 반직선 m, n은 두 원에 모두 접한다. 반직선 n과 두 원 O, O′의 접점을 각각 B, C라 하자. 원 O′의 반지름의 길이가 6 cm이고 $\overline{AC}=8\text{ cm}$일 때, 원 O의 둘레의 길이를 구하시오.

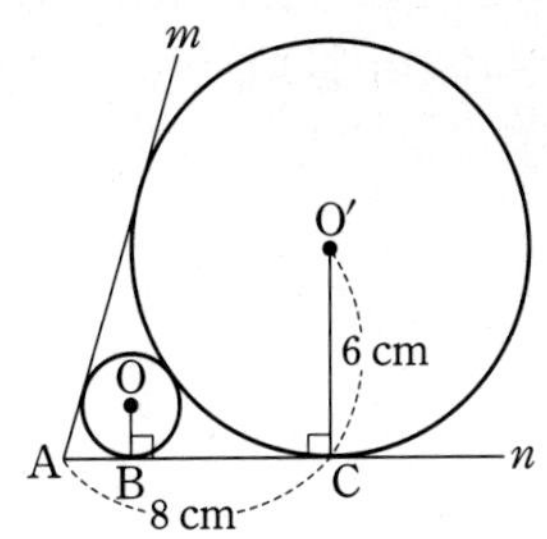

Level 1 원의 접선

09

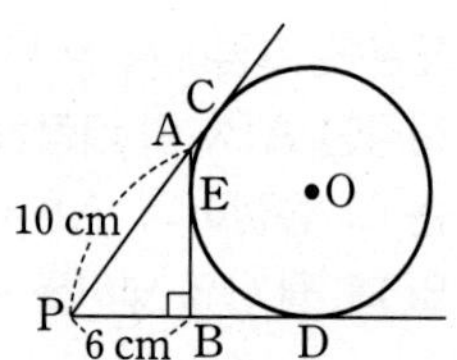

오른쪽 그림과 같이 $\overline{PC}$, $\overline{PD}$, $\overline{AB}$는 원 O의 접선이고 점 C, D, E는 각각의 접점이다. $\overline{PA}=10\,\text{cm}$, $\overline{PB}=6\,\text{cm}$일 때, $\overline{BD}$의 길이를 구하시오.

10

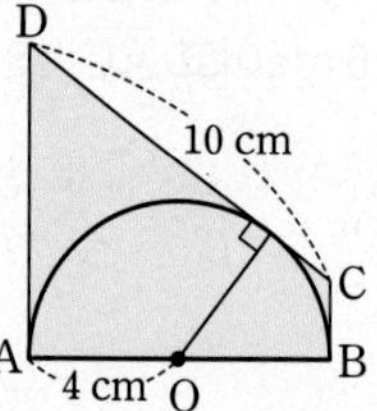

오른쪽 그림에서 $\overline{AB}$는 반원 O의 지름이고 $\overline{AD}$, $\overline{BC}$, $\overline{CD}$는 반원의 접선이다. $\overline{AO}=4\,\text{cm}$, $\overline{CD}=10\,\text{cm}$ 일 때, □ABCD의 넓이를 구하시오.

11

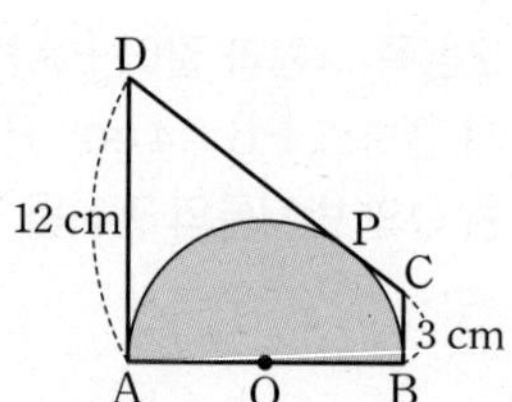

오른쪽 그림과 같이 반원 O의 호 AB 위의 한 점 P를 지나는 접선이 지름 AB의 양 끝 점에서 그은 접선과 만나는 점을 각각 C, D라 할 때, $\overline{BC}=3\,\text{cm}$, $\overline{AD}=12\,\text{cm}$이다. 이때 반원 O의 넓이를 구하시오.

12

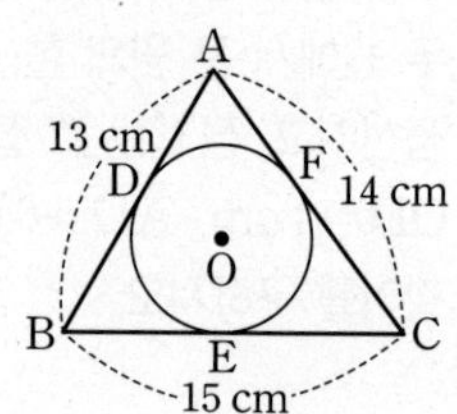

오른쪽 그림에서 원 O는 삼각형 ABC의 내접원이고 점 D, E, F는 접점이다. $\overline{AB}=13\,\text{cm}$, $\overline{BC}=15\,\text{cm}$, $\overline{AC}=14\,\text{cm}$일 때, $\overline{AD}$의 길이를 구하시오.

13

오른쪽 그림에서 □ABCD는 원 O에 외접하고 원 O가 $\overline{CD}$와 접하는 점을 E, $\overline{AB}$와 접하는 점을 F라 할 때, $\overline{EF}$는 원 O의 지름이다. $\overline{BC}=13\,cm$, $\overline{BF}=9\,cm$일 때, 원 O의 넓이를 구하시오.

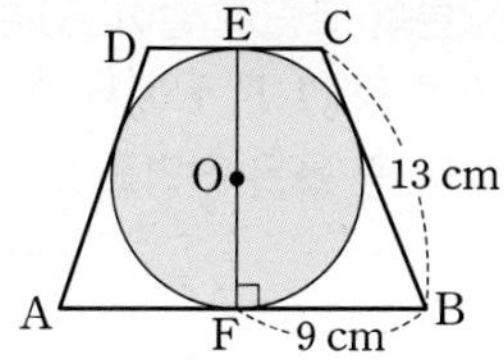

14

오른쪽 그림과 같이 원 O는 $\angle C=90°$인 직각삼각형 ABC에 내접하고 점 D, E, F는 각각의 접점이다. 원 O의 반지름의 길이가 3 cm이고 $\overline{BD}=5\,cm$일 때, △ABC의 넓이를 구하시오.

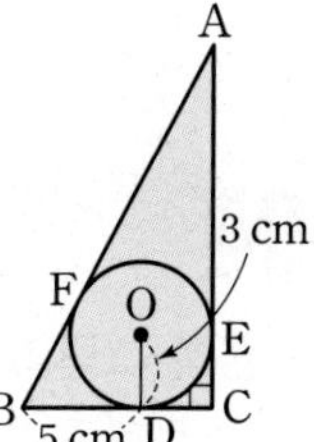

15

오른쪽 그림과 같이 □ABCD는 반지름의 길이가 2 cm인 원 O에 외접한다.
$\overline{AB}=5\,cm$, $\overline{CD}=3\,cm$일 때, □ABCD의 넓이를 구하시오.

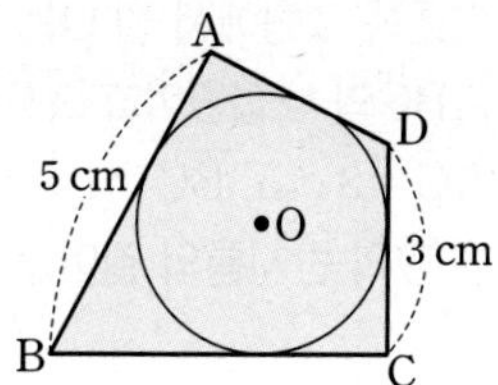

16

오른쪽 그림과 같이 원 O가 육각형 ABCDEF의 각 변과 접할 때, $\overline{AB}$의 길이를 구하시오.

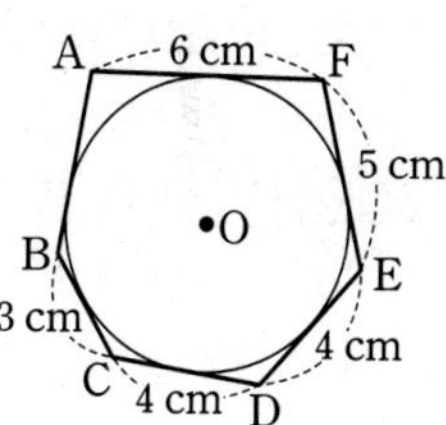

Level 2 원의 접선

01

오른쪽 그림에서 원 O는 삼각형 ABC의 내접원이고 $\overline{AB}=4\sqrt{5}$ cm, $\overline{AC}=8$ cm, $\overline{BC}=12$ cm일 때, 원 O의 반지름의 길이를 구하시오.

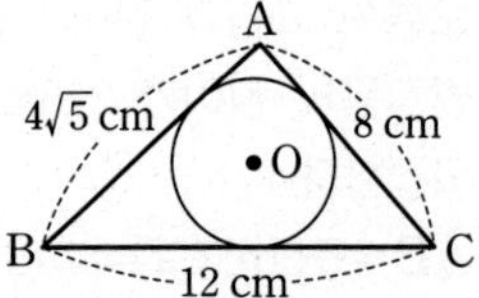

02

오른쪽 그림에서 원 O는 ∠A=90°인 직각삼각형 ABC의 내접원이고 점 D, E, F가 접점이다. $\overline{AE}=2$ cm, $\overline{CE}=4$ cm 일 때, $\overline{AB}$의 길이를 구하시오.

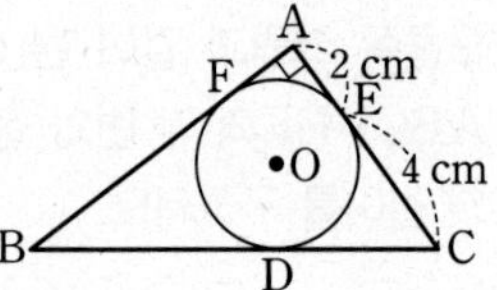

03

오른쪽 그림과 같이 $\overline{AD}$, $\overline{AE}$, $\overline{BC}$는 각각 점 D, E, F에서 원 O에 접할 때, 다음 중 옳은 설명을 모두 고른 것은? (단, $\overline{CF}\neq\overline{BF}$)

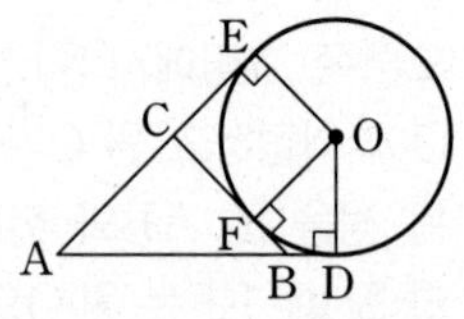

보기

ㄱ. $\overline{AC}=\overline{AB}$이다.
ㄴ. $\overline{BD}=\overline{BF}$이다.
ㄷ. □OFBD와 □OECF의 넓이는 같다.
ㄹ. △ABC의 둘레의 길이는 $\overline{AD}$의 길이의 2배이다.

① ㄱ, ㄴ ② ㄱ, ㄷ ③ ㄴ, ㄷ
④ ㄴ, ㄹ ⑤ ㄷ, ㄹ

04

오른쪽 그림과 같이 원 O와 반원 O′이 접하고 원 O가 반원 A 내부에 접하고 있다. 반원 A의 반지름의 길이가 30 cm일 때, 반원 O′의 반지름의 길이를 구하시오.

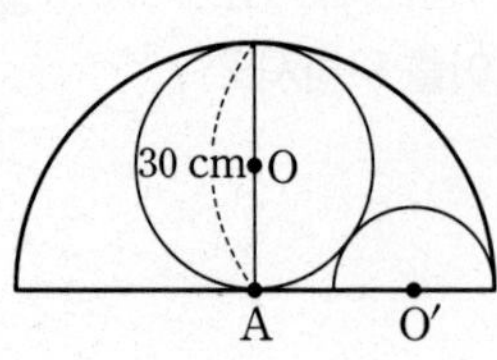

05

오른쪽 그림과 같은 정사각형 ABCD의 점 A에서 $\overline{BC}$를 지름으로 하는 반원에 그은 접선이 $\overline{CD}$와 만나는 점을 E라 하자. 점 F는 $\overline{AE}$와 반원의 접점이고 $\overline{EF}=2\,\text{cm}$일 때, $\overline{AB}$의 길이를 구하시오.

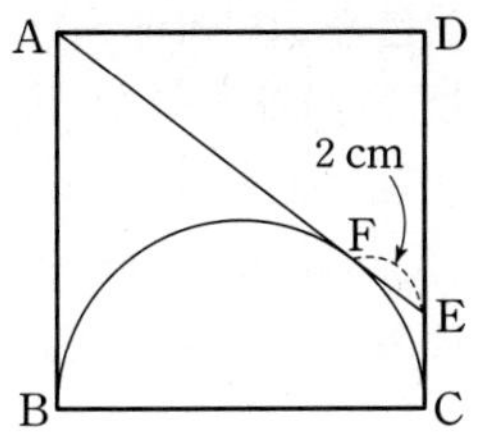

06

다음 그림과 같이 한 변의 길이가 $(8+4\sqrt{3})\,\text{cm}$인 정삼각형 ABC 안에 합동인 원 6개가 서로 외접하고, 각 원은 삼각형의 변에 접하고 있다. 6개의 원의 넓이의 합을 구하시오.

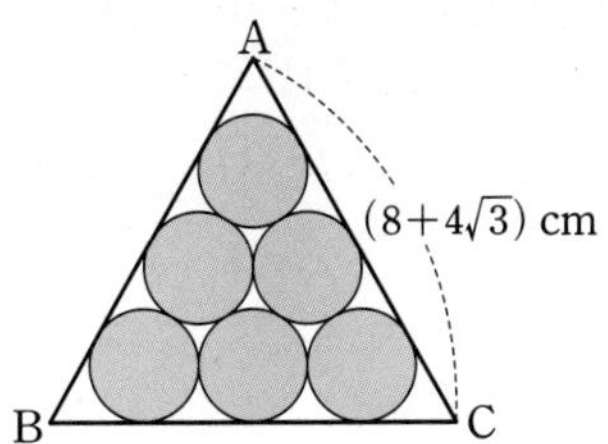

07

오른쪽 그림에서 $\overline{AD}$, $\overline{BC}$, $\overline{CD}$는 $\overline{AB}$가 지름인 반원 O에 접하고, 점 E는 $\overline{CD}$와 반원의 접점이다.

$\overline{AD}=4\,\text{cm}$, $\overline{BC}=16\,\text{cm}$일 때, $\overline{AC}$의 길이를 구하시오.

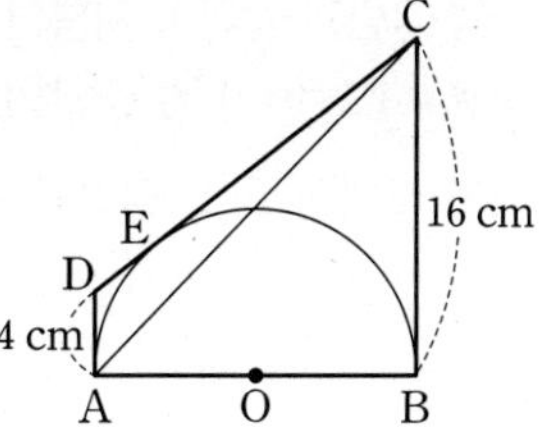

08

다음 그림과 같이 두 점 P, Q는 점 A에서 원 O에 그은 두 접선의 접점이고, 점 B와 점 C는 각각 $\overline{AP}$, $\overline{AQ}$ 위의 점이다. $\overline{AO}$와 $\overline{BC}$의 교점 D는 $\overline{BC}$와 원 O의 접점이다. $\overline{AB}=15\,\text{cm}$, $\overline{BP}=12\,\text{cm}$일 때 원 O의 둘레의 길이를 구하시오.

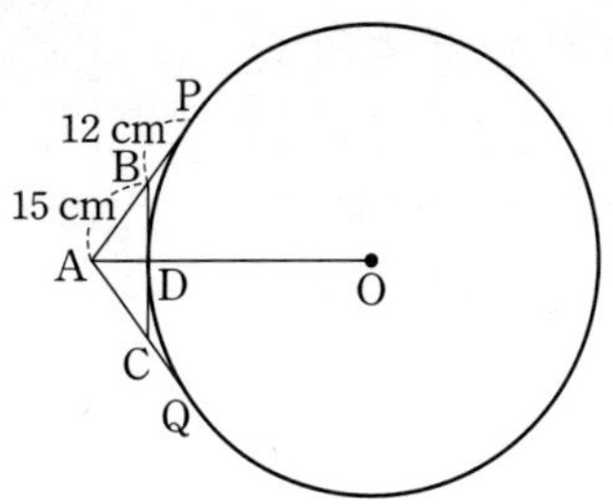

Level 2 원의 접선

09

다음 그림과 같이 반지름의 길이가 각각 3 cm, 5 cm이고 $\overline{OO'}=12$ cm인 원 모양의 두 바퀴에 벨트를 걸 때, 색칠한 도형의 둘레의 최소 길이를 구하시오. $\left(\text{단, } \cos 80^\circ=\frac{1}{6}\text{로 계산한다.}\right)$

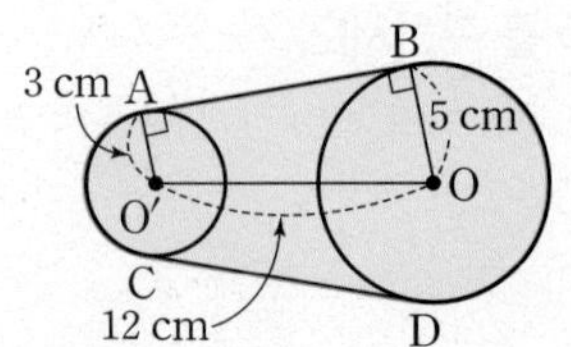

10

오른쪽 그림과 같이 $\overline{AB}=6$ cm, $\overline{BC}=10$ cm인 직사각형 ABCD에서 꼭짓점 C가 변 AD 위의 점 E에 오도록 접었다. △ABE에 내접하는 원 O의 넓이를 구하시오.

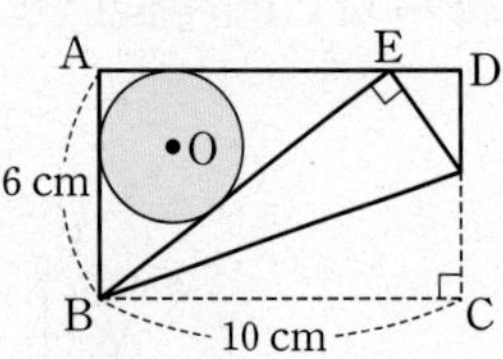

11

오른쪽 그림에서 $\overline{AD}$, $\overline{AE}$, $\overline{BC}$는 원 O와 각각 D, E, F에서 접한다. $\overline{AB}=\overline{AC}=10$ cm이고 $\overline{BC}=16$ cm일 때, 원 O의 반지름의 길이를 구하시오.

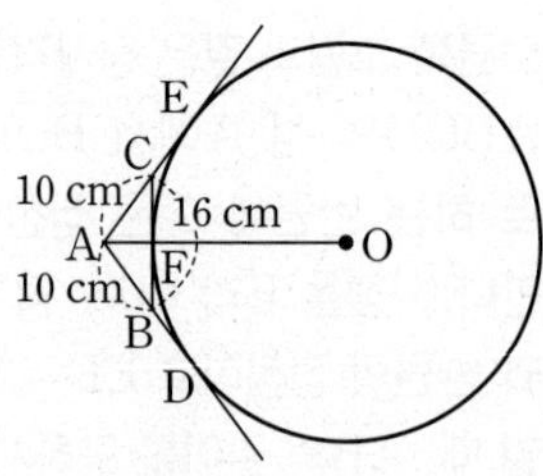

12

오른쪽 그림에서 원 O는 직사각형 ABCD의 세 변 AB, BC, AD와 접한다. $\overline{AB}=8$ cm, $\overline{BC}=12$ cm이고 $\overline{IC}$가 원 O의 접선일 때, $\overline{ID}$의 길이를 구하시오. (단, E, F, G, H는 접점이다.)

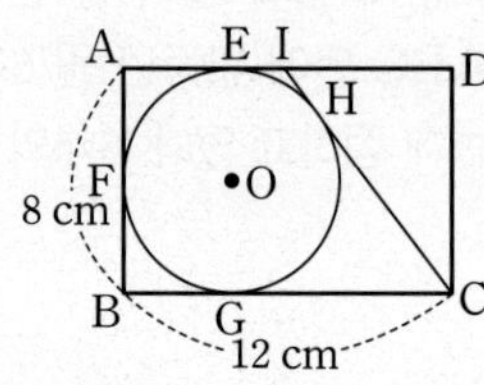

13

오른쪽 그림과 같이 $\angle A=\angle B=90°$인 사다리꼴 ABCD가 원 O에 외접한다. $\overline{AD}=6\text{ cm}$, $\overline{BC}=12\text{ cm}$일 때, $\overline{AB}$의 길이를 구하시오.

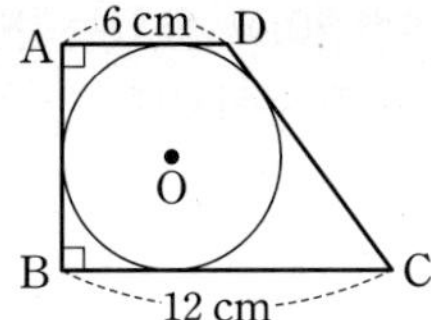

14

다음 그림과 같이 $\angle D=90°$인 □ABCD가 원 O에 외접할 때, 사각형의 각 변과 원의 접점을 각각 E, F, G, H라 하자. $\overline{AE}=1\text{ cm}$, $\overline{AB}=8\text{ cm}$, $\overline{BC}=10\text{ cm}$, $\overline{CD}=5\text{ cm}$일 때, 원 O의 넓이를 구하시오.

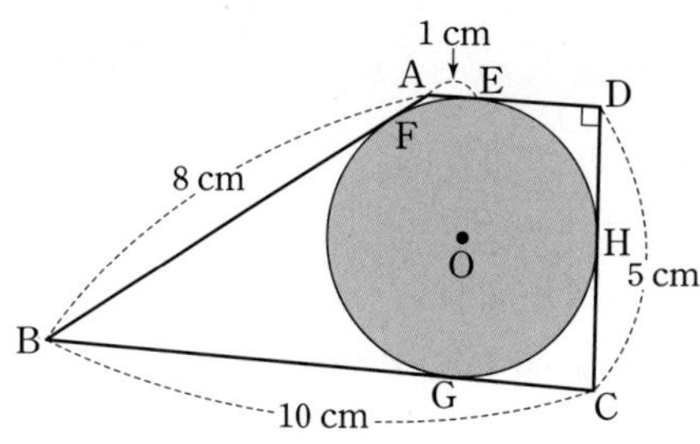

15

오른쪽 그림과 같이 $\overline{AB}=6\text{ cm}$, $\overline{AD}=8\text{ cm}$인 직사각형 ABCD가 있다. 점 A에서 $\overline{CD}$를 지름으로 하는 반원에 그은 접선이 $\overline{BC}$와 만나는 점을 E라 할 때, $\overline{CE}$의 길이를 구하시오.

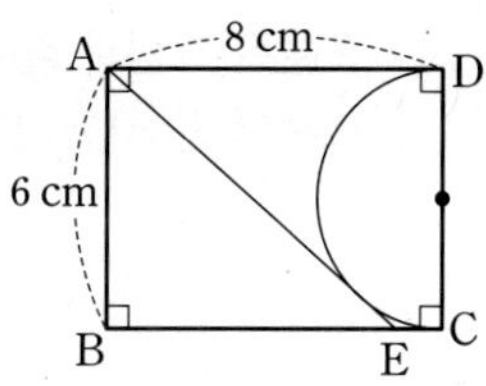

16

오른쪽 그림에서 두 원 O, O′은 각각 △ABC와 △ACD의 내접원이고, 두 원은 $\overline{AC}$ 위의 한 점 E에서 만난다. $\overline{AB}=32\text{ cm}$, $\overline{BC}=24\text{ cm}$, $\overline{CD}=20\text{ cm}$일 때, $\overline{AD}$의 길이를 구하시오.

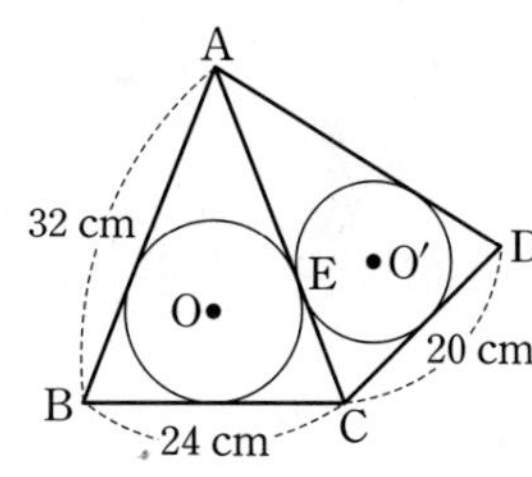

Level 3 원의 접선

01

오른쪽 그림과 같이 원 O는 $\angle A=90°$인 직각삼각형 ABC의 내접원이고 점 D는 변 BC와 원 O의 접점이다. $\overline{BD}=10\text{ cm}$, $\overline{CD}=15\text{ cm}$일 때, $\triangle OBC$의 둘레의 길이를 구하시오.

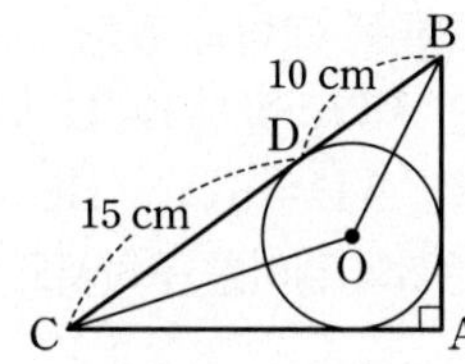

02

오른쪽 그림과 같이 $\overline{CD}=3\text{ cm}$, $\overline{BC}=5\text{ cm}$인 직사각형 ABCD 내부에 점 C를 중심으로 하고 점 D를 지나는 사분원이 놓여 있다. 점 B에서 이 사분원에 접선을 그어 사분원과의 접점을 E, $\overline{AD}$와 만나는 점을 F라 할 때, $\overline{AF}$의 길이를 구하시오.

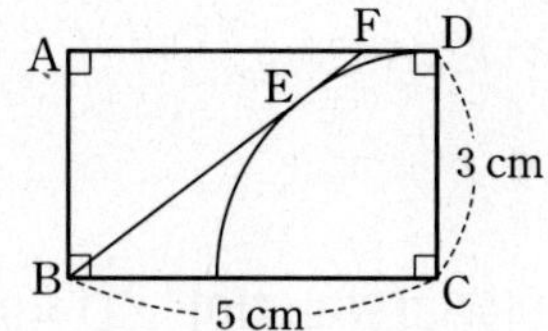

03

오른쪽 그림과 같이 반지름의 길이가 8 cm인 사분원 AOB에 원 O′이 내접할 때, 원 O′의 반지름의 길이를 구하시오.

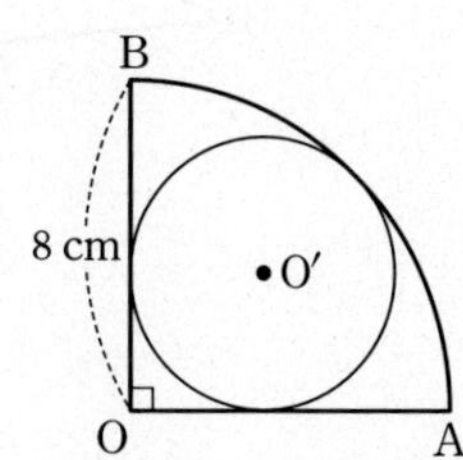

04

오른쪽 그림과 같이 원 O는 △ABC의 내접원이고 $\overline{PQ}$는 원 O에 접한다.
$\overline{AB}=15\,cm$, $\overline{BC}=14\,cm$, $\overline{AC}=13\,cm$일 때, △PQC의 둘레의 길이를 구하시오.

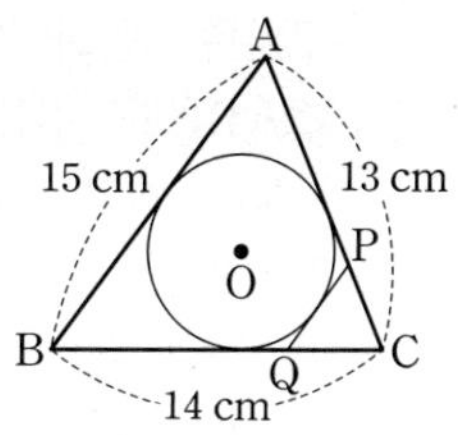

05

다음 그림과 같이 직육면체 모양의 상자 안에 밑면의 지름의 길이가 10인 두 원기둥이 놓여 있다. 두 원기둥이 움직이지 못하도록 두 원기둥 사이에 직사각형 모양의 얇은 철판을 끼워 넣으려고 한다. 이 철판의 길이 x를 구하시오. (단, 철판의 두께는 생각하지 않는다.)

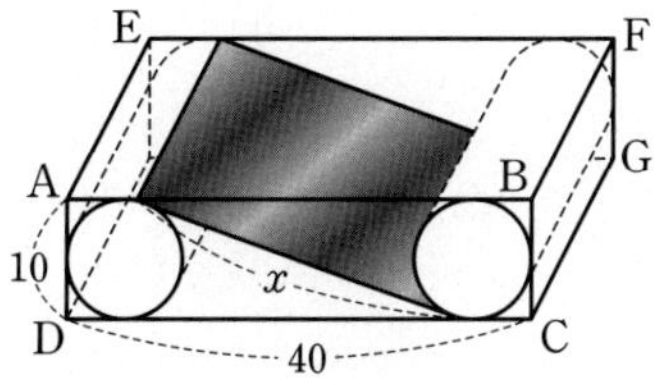

06

오른쪽 그림과 같이 원 O는 직사각형 ABCD의 세 변 및 $\overline{CE}$와 접하고, 원 O′은 직사각형 ABCD의 두 변 및 원 O와 접한다. $\overline{DE}=6\,cm$, $\overline{CE}=10\,cm$일 때 원 O′의 반지름의 길이를 구하시오.

(단, 원 O′의 반지름의 길이는 원 O의 반지름의 길이보다 작다.)

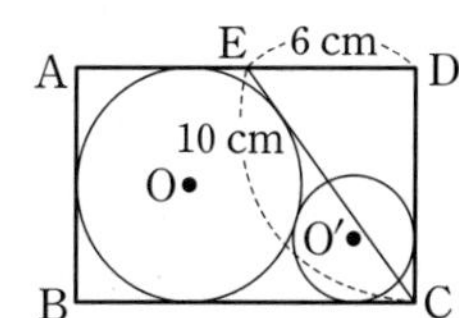

Level 4 원의 접선

01

오른쪽 그림과 같은 직사각형 ABCD에서 $\overline{AD}$ 위의 한 점 E에 대해 원 O′과 원 O는 각각 △ABE와 □EBCD의 내접원이다. $\overline{AE}=8$ cm, $\overline{BC}=12$ cm일 때, 두 원 O, O′의 반지름의 길이를 각각 구하시오.

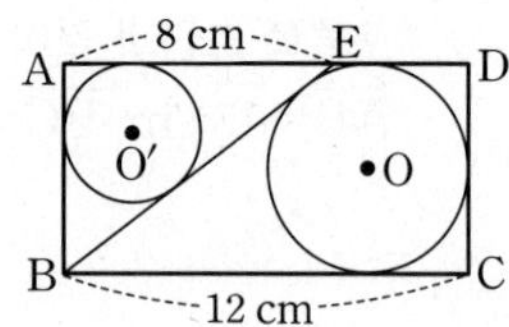

02

오른쪽 그림과 같이 원 O는 $\overline{AD}/\!/\overline{BC}$인 □ABCD의 내접원이다. $\overline{CD}=6$ cm, $\angle B=60°$, $\angle C=30°$일 때 변 AD의 길이를 구하시오.

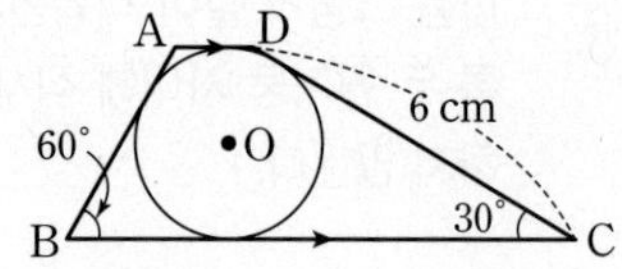

03

오른쪽 그림과 같이 원 O는 직사각형 ABCD의 세 변 및 원 O′과 접하고 원 O′는 직사각형 ABCD의 두 변 및 원 O와 접한다. $\overline{AB}=50$ cm, $\overline{AD}=64$ cm일 때, 작은 원 O′의 반지름의 길이를 구하시오.

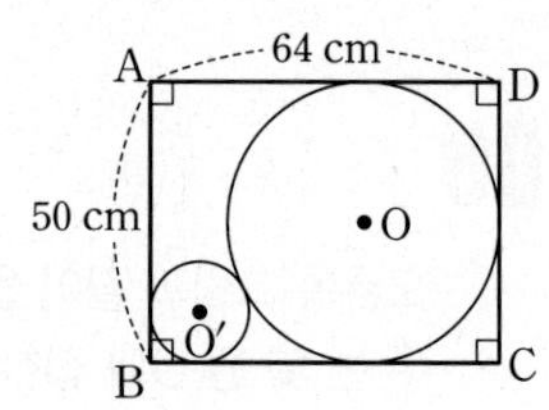

04

오른쪽 그림에서 원 O는 $\angle A=90°$인 직각삼각형 ABC의 내접원이고 반지름의 길이는 3 cm이다. 두 점 X, Y는 각각 점 A를 동시에 출발하여 $\triangle ABC$의 변을 따라 표시된 방향으로 움직인다. 점 X는 점 Y의 속력의 3배로 움직이고, 두 점 X, Y가 점 C에서 처음으로 만났다고 할 때, $\triangle ABC$의 둘레의 길이를 구하시오.

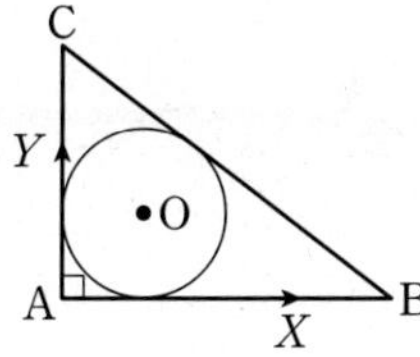

05

오른쪽 그림과 같이 반지름의 길이가 10이고 중심각의 크기가 90°인 부채꼴 ABC와 선분 BC를 지름으로 하는 반원 O가 있다. 이때 그림과 같이 선분 AB, 호 BC, 호 AC에 동시에 접하는 원 O′의 넓이를 구하시오.

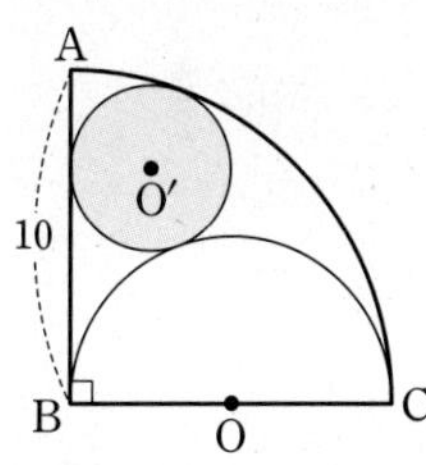

06

오른쪽 그림과 같이 직사각형 ABCD에서 $\overline{AB}=4$ cm이고, $\overline{AB}$ 위의 한 점 P를 중심으로 하는 반원이 있다. 원 R는 반원 P 및 $\overline{AD}$, $\overline{CD}$, $\overline{BC}$에 모두 접하고 원 Q가 반원 P와 원 R, $\overline{AB}$, $\overline{BC}$에 모두 접하는 원이라 할 때, $\overline{BP}$의 길이를 구하시오.

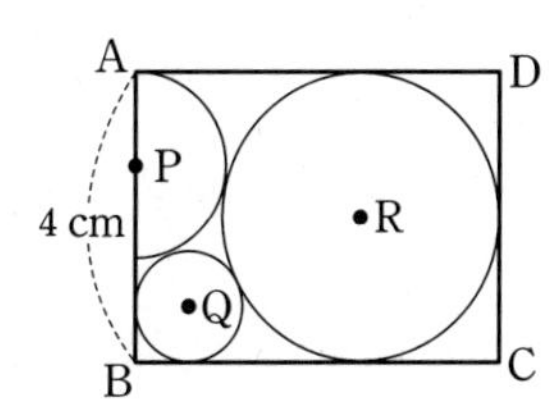

원주각의 성질

고난도 대표유형 · 핵심개념

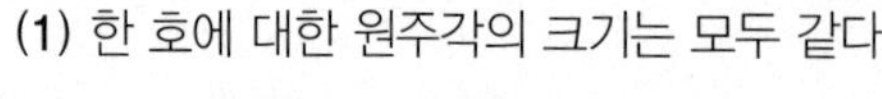

유형 1 원주각과 중심각

난이도 ★

(1) 한 호에 대한 원주각의 크기는 모두 같다.
즉, $\angle APB = \angle AQB$

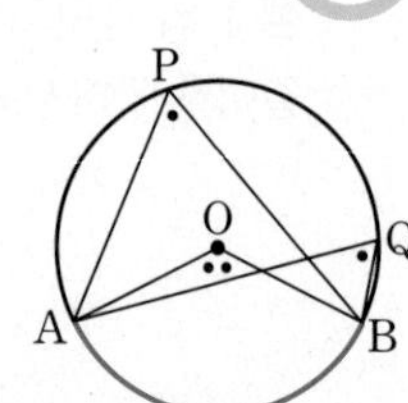

(2) 한 호에 대한 원주각의 크기는 그 호에 대한 중심각 크기의 $\frac{1}{2}$이다.

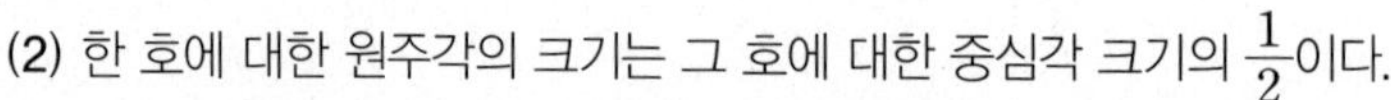

즉, $\angle APB = \frac{1}{2}\angle AOB$

참고 반원의 중심각의 크기가 $180°$이므로 반원에 대한 원주각의 크기는 $90°$이다.

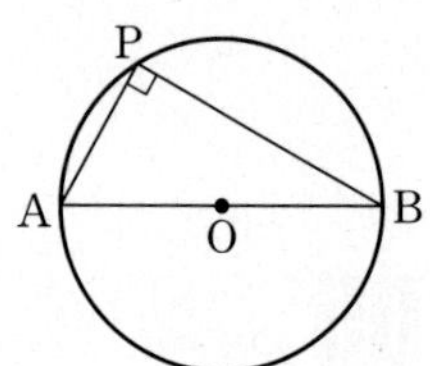

참고

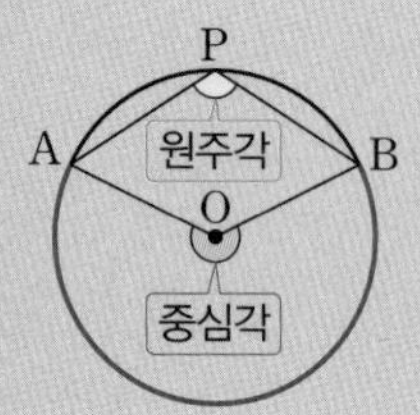

– 중심각의 크기가 $180°$가 넘어도 원주각의 크기는 중심각의 크기의 $\frac{1}{2}$이다.

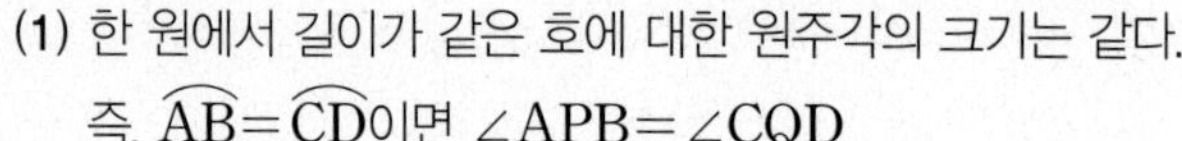

유형 2 원주각 크기와 호 길이 사이의 관계

난이도 ★

(1) 한 원에서 길이가 같은 호에 대한 원주각의 크기는 같다.
즉, $\widehat{AB} = \widehat{CD}$이면 $\angle APB = \angle CQD$

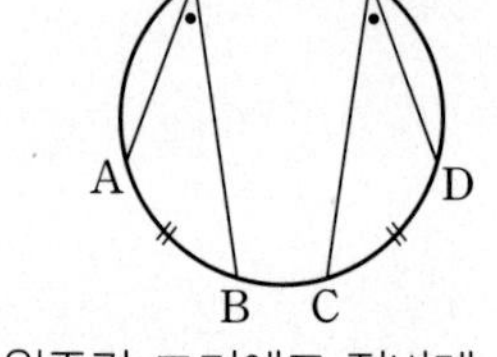

(2) 한 원에서 크기가 같은 원주각에 대한 호의 길이는 같다.
즉, $\angle APB = \angle CQD$이면 $\widehat{AB} = \widehat{CD}$

(3) 호의 길이는 그 호에 대한 중심각 크기에 정비례하므로 그 호에 대한 원주각 크기에도 정비례한다.

참고

한 원에서
(1) 현의 길이와 원주각의 크기는 정비례하지 않는다.
(2) 현의 길이가 같으면 원주각의 크기가 같다.

TIP

$\widehat{AB}$의 길이가 원주의 $\frac{1}{k}$이면
$\angle APB = \frac{180°}{k}$

유형 3 여러 개의 호로 나뉜 원주

난이도 ★★

원주가 여러 개의 호로 나뉘어 있을 때, 각각의 호에 대한 원주각의 합은 $180°$로 일정하다.

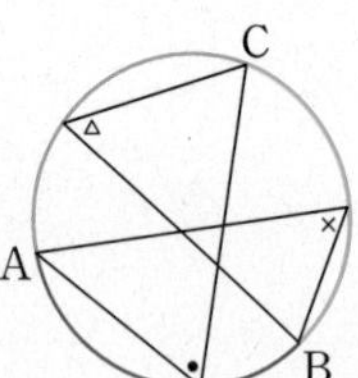

원주가 $\widehat{AB}$와 $\widehat{BC}$와 $\widehat{CA}$의 합이므로 $\times + \triangle + \bullet = 180°$

풀이전략

여러 개의 원주각의 합을 구할 때에는 각 원주각에 대한 호를 찾아 호들의 길이를 더한 후 원주와의 비를 계산한다.

네 점이 한 원 위에 있을 조건 유형 4

두 점 C, D가 직선 AB에 대하여 같은 쪽에 있고 ∠ACB=∠ADB 이면 네 점 A, B, C, D는 한 원 위에 있다.

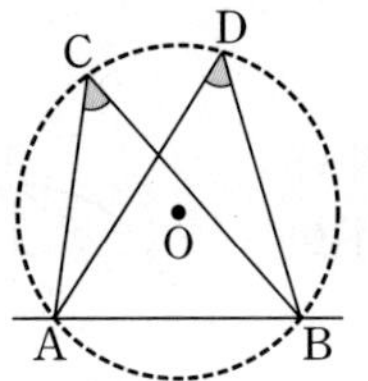

TIP

$\overline{AB}$를 기준으로 두 점 C, D가 같은 쪽에 있지 않은 경우에는 내접사각형이 만들어지지 않을 수도 있다.

원에 내접하는 사각형의 성질 유형 5

(1) 원에 내접하는 사각형에서 한 쌍의 대각의 크기의 합은 180°이다.
즉, ∠A+∠C=∠B+∠D=180°

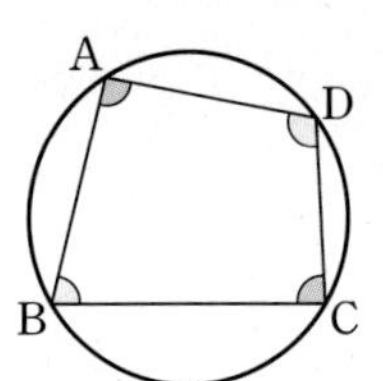

(2) 원에 내접하는 사각형 ABCD에서 변 BC의 연장선을 그으면 ∠A와 ∠C의 외각의 크기는 같다.
즉, ∠A=∠DCE

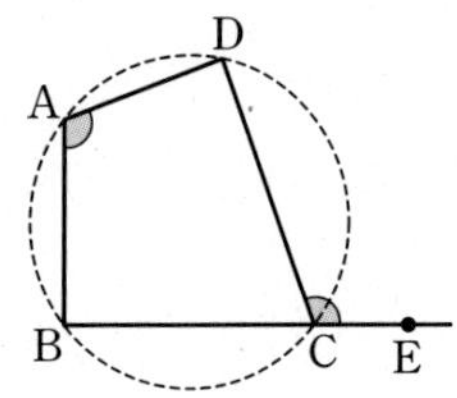

TIP

정사각형, 직사각형, 등변사다리꼴은 항상 원에 내접한다.

참고

접하는 두 원의 접선과 현

(1) 두 원이 밖에서 접하는 경우

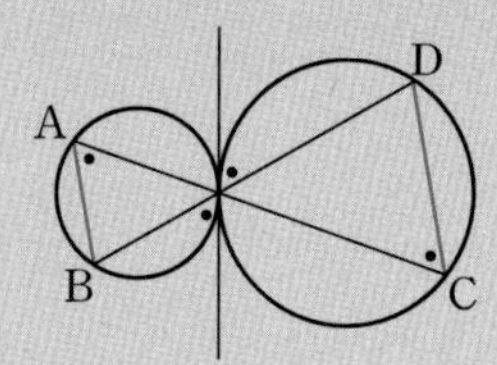

→ $\overline{AB} /\!/ \overline{CD}$

(2) 두 원이 안에서 접하는 경우

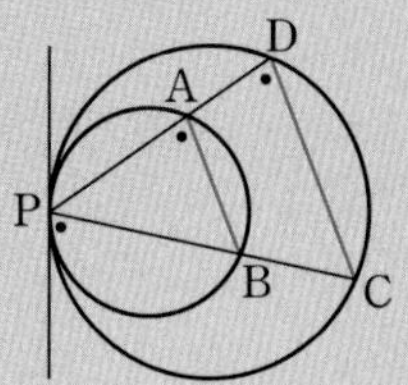

→ $\overline{AB} /\!/ \overline{CD}$

원의 접선과 현이 이루는 각의 성질 유형 6

원의 접선과 그 접점을 지나는 현이 이루는 각의 크기는 그 각의 내부에 있는 호에 대한 원주각의 크기와 같다.
즉, ∠BAT=∠BCA

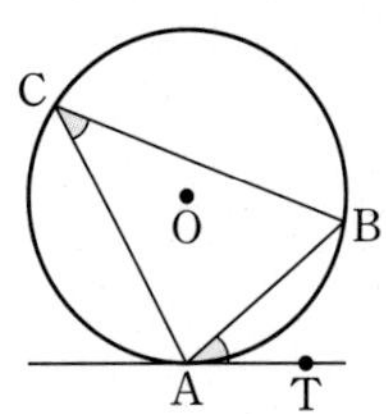

01

오른쪽 그림에서 점 I는 $\triangle ABC$의 내심이다. $\angle BDI=40^\circ$일 때, $\angle AIB$의 크기를 구하시오.

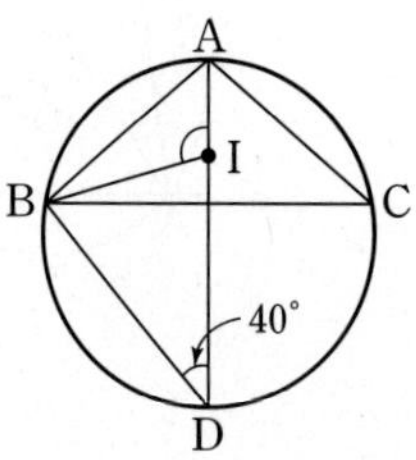

02

오른쪽 그림에서 $\angle A=100^\circ$, $\angle C=115^\circ$일 때 $\angle DOE$의 크기를 구하시오.

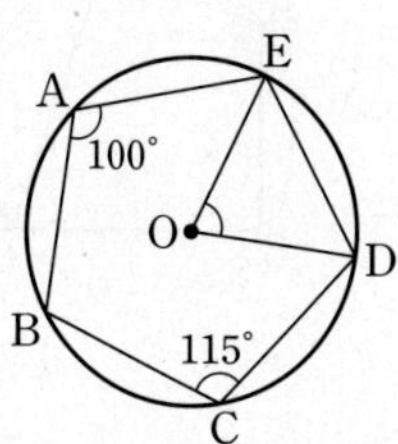

03

오른쪽 그림에서 $\overrightarrow{PA}$, $\overrightarrow{PB}$는 원 O의 접선이고 두 점 A, B는 그 접점이다. $\angle APB=62^\circ$일 때, $\angle ACB$의 크기를 구하시오.

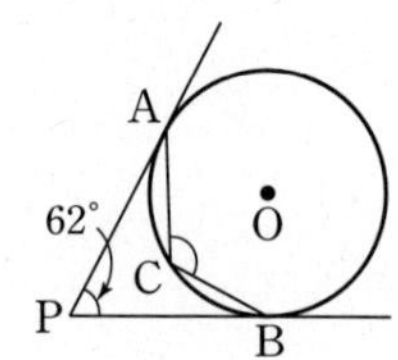

04

오른쪽 그림과 같이 반지름의 길이가 8 cm인 반원 O와 $\overline{OB}$를 지름으로 하는 반원 O′이 있다. 점 A에서 반원 O′에 그은 접선과 반원 O의 교점을 Q라 할 때, $\overline{AQ}$의 길이를 구하시오. (단, 점 P는 접선 AQ와 반원 O′의 접점이다.)

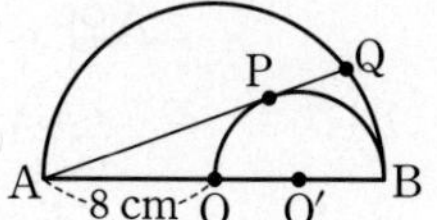

05

오른쪽 그림과 같은 원 O에서 $\angle AQB = 25°$일 때, $\angle APB$의 크기를 구하시오.

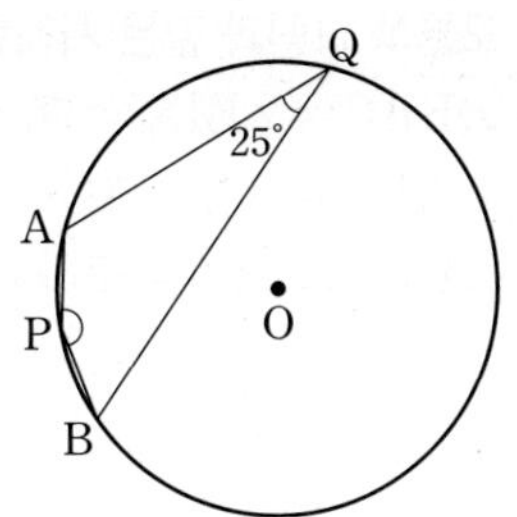

06

오른쪽 그림과 같이 원 O에 정오각형 ABCDE가 내접하고 있다. $\angle ADC$의 크기를 구하시오.

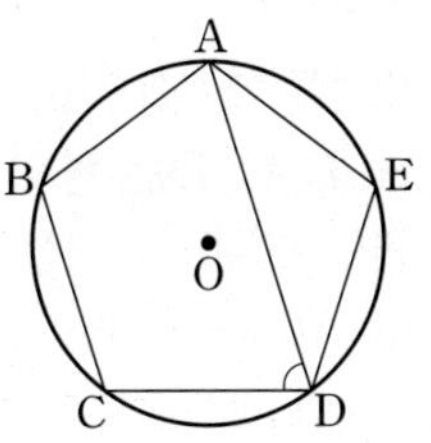

07

오른쪽 그림과 같이 원 위에 7개의 점 A, B, C, D, E, F, G가 있을 때, $\angle A + \angle B + \angle C + \angle D + \angle E + \angle F + \angle G$의 크기를 구하시오.

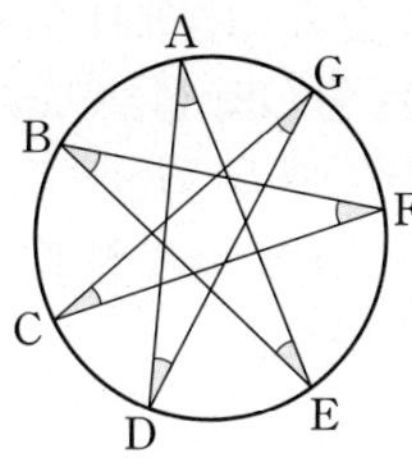

08

오른쪽 그림의 원에서 $\widehat{AB} = \widehat{BC}$, $\widehat{CD} = \widehat{DE}$, $\widehat{EF} = \widehat{FA}$이고 $\angle BDF = 62°$이다. 이때 $\angle CAE$의 크기를 구하시오.

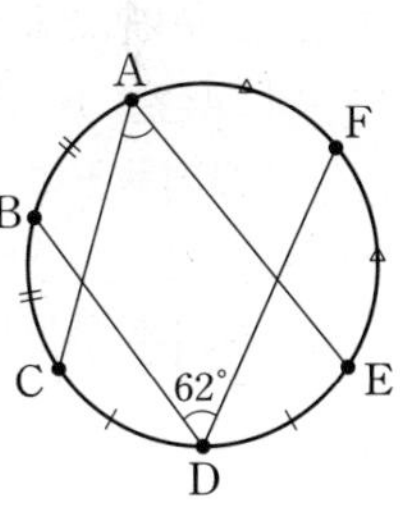

Level 1 원주각의 성질

09

오른쪽 그림에서 두 직선 PA, PB는 원 O의 접선이고, 두 점 A, B는 원 O와 두 접선의 접점이다. $\angle APB=68^\circ$일 때 $\angle C$의 크기를 구하시오.

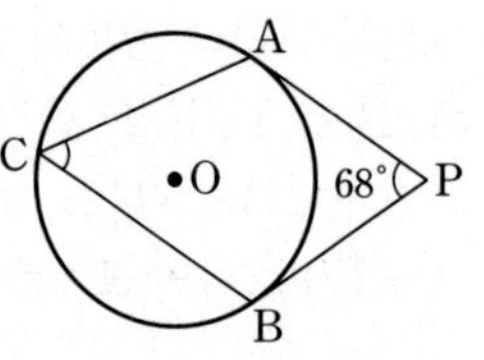

10

오른쪽 그림에서 네 점 A, B, C, D는 한 원 위에 있고, $\overline{AB}$, $\overline{CD}$의 연장선의 교점을 E, $\overline{AD}$와 $\overline{BC}$의 연장선의 교점을 F라 할 때, $\angle CEB=30^\circ$, $\angle DFC=26^\circ$이다. $\angle x$의 크기를 구하시오.

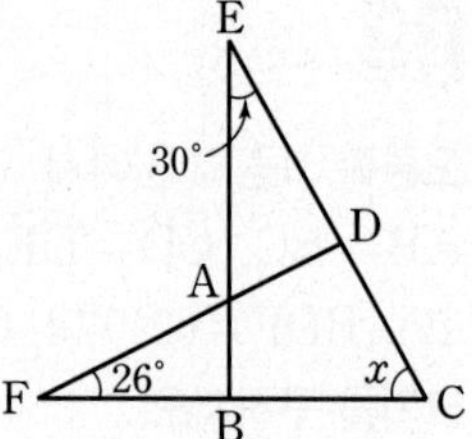

11

오른쪽 그림과 같은 사각형 ABCD에서 $\angle BAC=\angle BDC=50^\circ$, $\angle ABD=20^\circ$, $\angle ACB=30^\circ$일 때 $\angle DAC$의 크기를 구하시오.

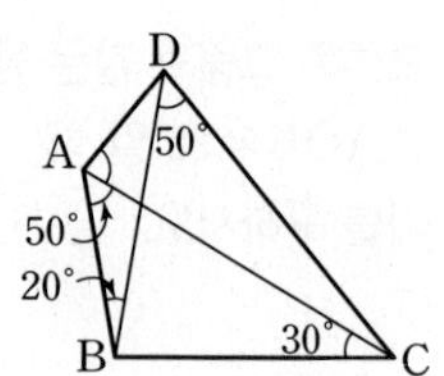

12

오른쪽 그림과 같이 네 점 A, B, C, D는 원 O 위에 있고, $\overline{AD}$는 원의 지름이다. 직선 BE는 원의 접선이며 $\overline{AC} /\!/ \overleftrightarrow{BE}$이다. $\angle DBE=31^\circ$일 때 $\angle x$의 크기를 구하시오.

(단, 점 B는 접점이다.)

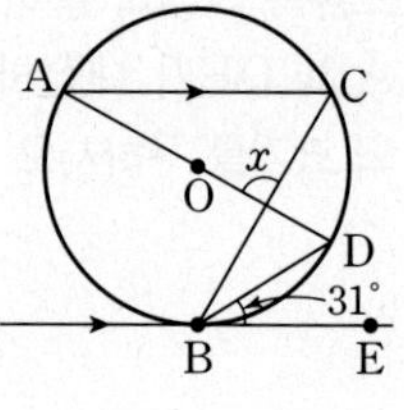

13

오른쪽 그림에서 두 반직선 PA, PB는 원 O의 접선이다. $\widehat{AC}:\widehat{BC}=2:3$이고, $\angle APB=60°$일 때 $\angle ABC$의 크기를 구하시오.

(단, 점 A, B는 접점이다.)

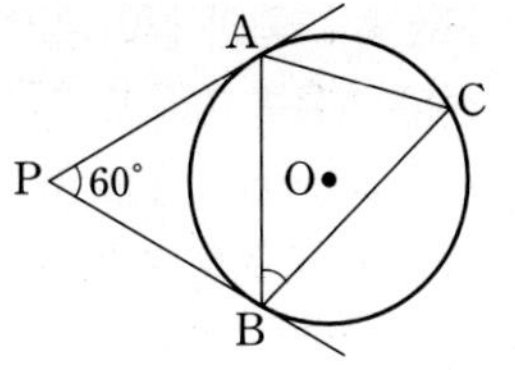

14

오른쪽 그림에서 반직선 PT는 원 O의 접선이고, 직선 PO가 원 O와 만나는 두 교점을 각각 A, B라 하자. $\angle ATP=34°$일 때, $\angle P$의 크기를 구하시오.

(단, 점 T는 접점이다.)

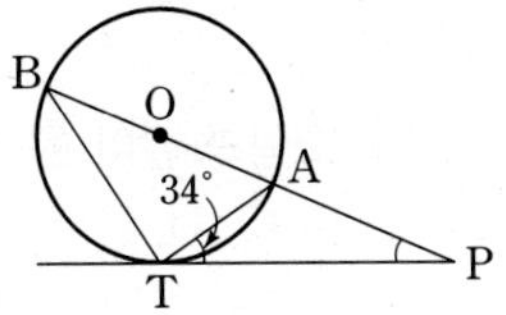

15

오른쪽 그림에서 점 A, B, T는 원 O 위의 점이고, $\overline{AB}$의 연장선 위의 점 P에서 원 O에 접선 PT를 긋고 그 접점을 T라 하자. $\overline{PA}=4\text{ cm}$, $\overline{AB}=5\text{ cm}$, $\overline{PT}=6\text{ cm}$, $\overline{TB}=8\text{ cm}$일 때 $\overline{TA}$의 길이를 구하시오.

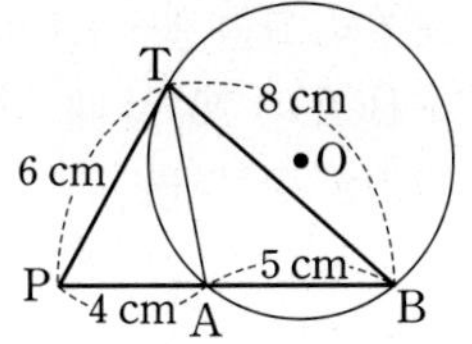

16

오른쪽 그림의 $\triangle ABC$에서 내접원과 각 변의 접점을 D, E, F라 하자. $\angle A=52°$, $\angle B=48°$일 때, $\angle DFE$의 크기를 구하시오.

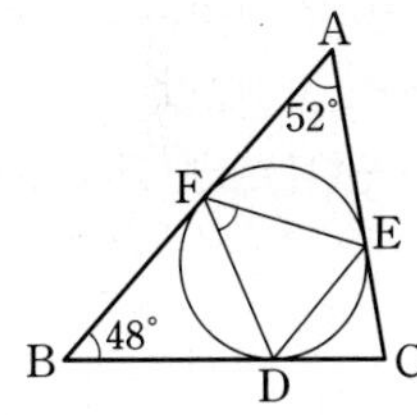

Level 2 원주각의 성질

01

오른쪽 그림에서 $\angle P=40°$, $\angle BQD=70°$일 때, $\angle ADC$의 크기를 구하시오.

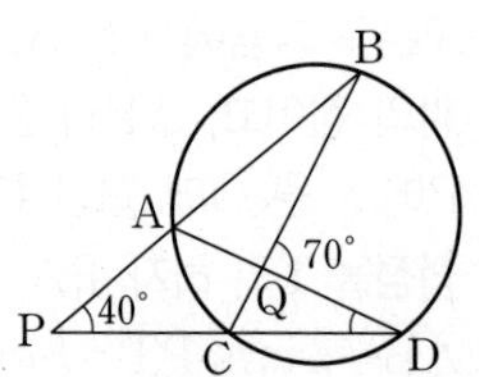

02

오른쪽 그림과 같은 반원 O에서 $\overline{AB}$는 원의 지름이고, $\angle E=70°$일 때 $\angle COD$의 크기를 구하시오.

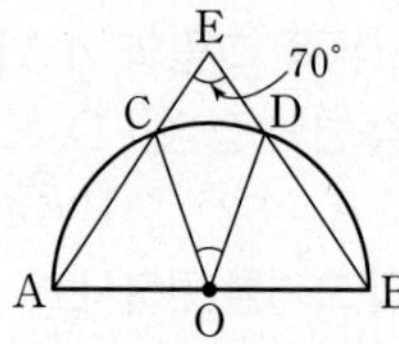

03

오른쪽 그림과 같이 길이가 6 cm인 선분 AB를 지름으로 하는 반원과 $\overline{AC}=4$ cm인 $\overline{AB}$ 위의 점 C가 있다. $\overline{AC}$, $\overline{CB}$를 각각 지름으로 하는 작은 반원 두 개를 큰 반원 내부에 그린다고 하자. C에서 $\overline{AB}$에 수직인 반직선을 그어 큰 반원과의 교점을 G라고 할 때, $\overline{CG}$를 지름으로 하는 원의 넓이를 구하시오.

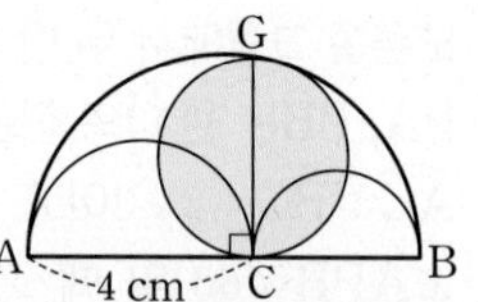

04

오른쪽 그림과 같이 원 O 위에 7개의 점 A, B, C, D, E, F, G가 있을 때, $\angle A+\angle B+\angle C+\angle D+\angle E+\angle F+\angle G$의 크기를 구하시오.

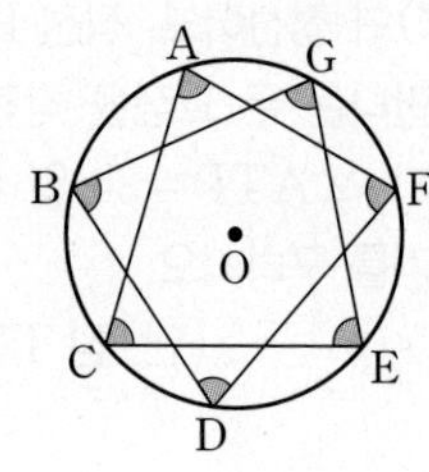

05

오른쪽 그림에서 $\overline{AB}=8\,cm$이고 점 C는 $\overline{AB}$의 중점이다. $\overline{AC}$와 $\overline{BC}$를 각각 지름으로 하는 두 원 O, O′에 대해 $\overline{AP}$가 원 O′의 접선이고 $\overline{AP}$와 원 O의 교점을 Q라 할 때, $\overline{AQ}$의 길이를 구하시오.

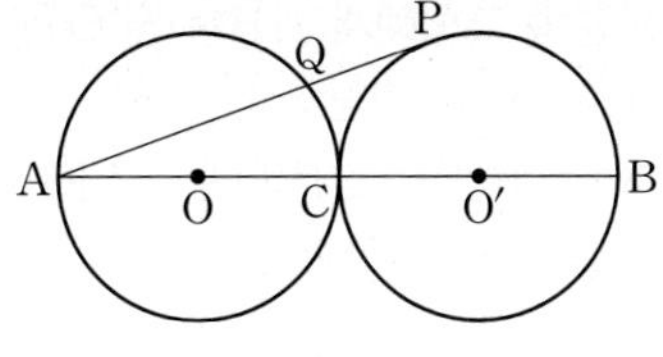

06

오른쪽 그림과 같이 $\overline{AB}$를 지름으로 하는 반원 O에 대하여 $\angle OCE=\angle ODE=15°$, $\angle AOC=50°$일 때, $\angle DOB$의 크기를 구하시오.

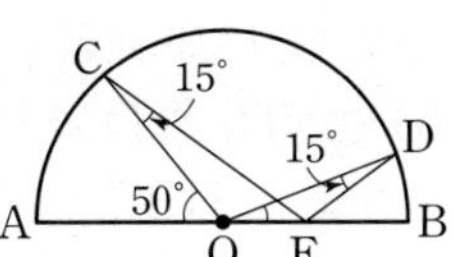

07

오른쪽 그림과 같이 $\triangle ABC$가 반지름의 길이가 $3\,cm$인 원 O에 내접하고 있다. 원의 중심 O에서 $\overline{BC}$에 내린 수선의 발을 D라 할 때 $\overline{BD}=2\,cm$이다. 두 점 A, C에서 대변에 내린 수선의 발을 각각 E, F라 하고 $\overline{AE}$와 $\overline{CF}$의 교점을 G, $\overline{OB}$의 연장선이 원과 만나는 점을 H라 할 때, $\overline{AG}$의 길이를 구하시오.

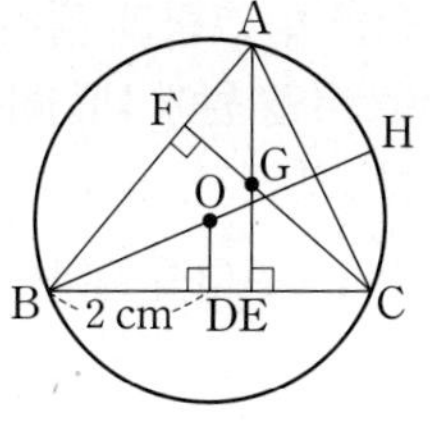

08

오른쪽 그림과 같이 원 위의 네 점 A, B, C, D가 있다. 점 C는 P에서 그은 접선과 원의 접점이고, $\overline{AB}=\overline{BC}$, $\angle BPC=48°$일 때, $\angle BDC$의 크기를 구하시오.

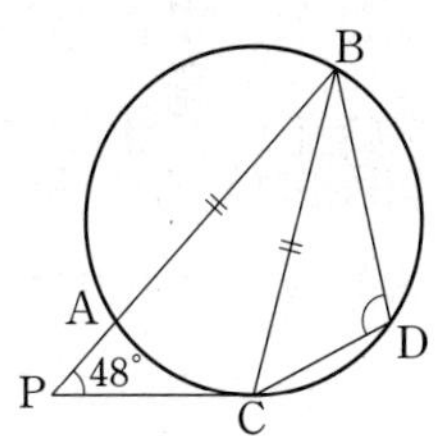

Level 2 원주각의 성질

09

오른쪽 그림과 같이 반지름의 길이가 $9\,\text{cm}$인 원에 내접하는 $\triangle ABC$의 내심을 I라 하자. $\angle A=40°$일 때, $\overset{\frown}{PA}+\overset{\frown}{AQ}$의 길이를 구하시오.

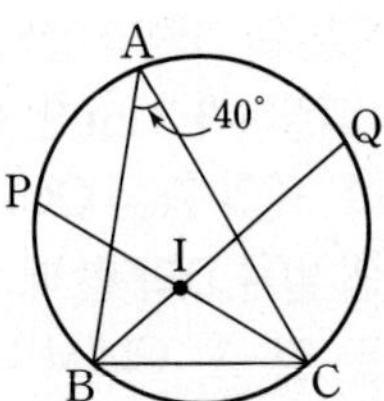

10

오른쪽 그림과 같이 원에 내접하는 $\triangle ABC$가 있다. 점 A에서의 접선이 현 BC의 연장선과 만나는 점을 D, $\angle ADB$의 이등분선이 $\overline{AB}$, $\overline{AC}$와 만나는 점을 각각 E, F라 하자. $\overset{\frown}{BC}$의 길이가 원주의 $\frac{2}{5}$일 때, $\angle AEF$의 크기를 구하시오.

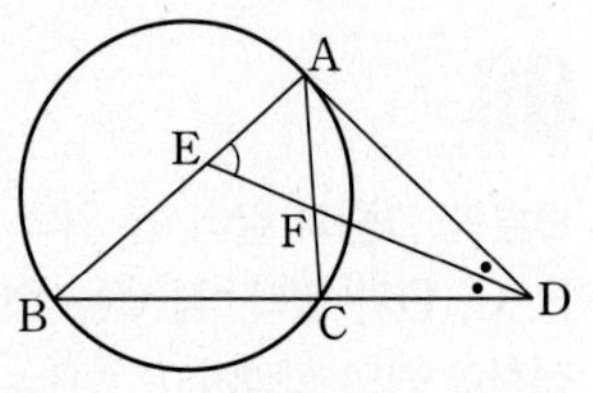

11

오른쪽 그림에서 $\overline{AB}$는 원 O의 지름이고, $\overset{\frown}{AD}=\overset{\frown}{DE}=\overset{\frown}{BE}$이다. $\overset{\frown}{AC}:\overset{\frown}{BC}=4:1$일 때 $\angle AFE$의 크기를 구하시오.

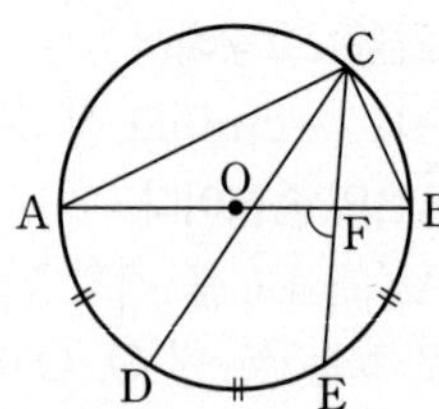

12

오른쪽 그림에서 두 점 A, B는 두 원 O, O′의 교점이고 $\overline{AC}$와 $\overline{AD}$는 각각 원 O′과 원 O의 접선이다. $\angle DBC=140°$일 때 $\angle DAC$의 크기를 구하시오.

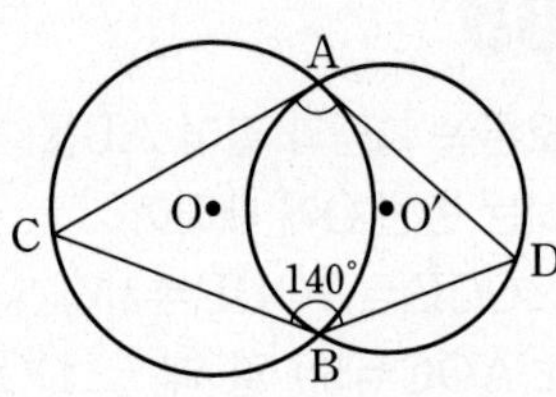

13

다음 그림에서 점 D, E, F는 각각 $\overline{BC}$, $\overline{AC}$, $\overline{AB}$ 위의 점이고, 원 O는 △ABC의 내접원이면서 동시에 △DEF의 외접원이다. ∠BAC=40°, ∠DEF=30°일 때 ∠EFD의 크기를 구하시오.

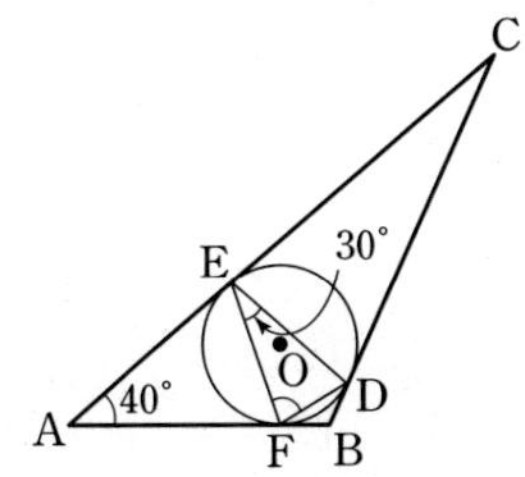

14

오른쪽 그림과 같이 원 O′은 반원 O의 지름 AB와 중심 O에서 접하고 반원 위의 점 P를 지난다. $\overline{AP}$와 원 O′의 교점을 Q라 하고, ∠PAO=31°일 때, ∠QOP의 크기를 구하시오.

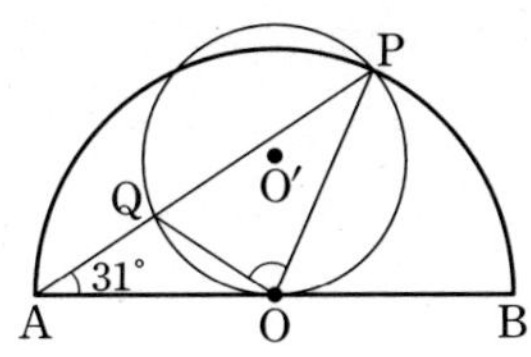

15

오른쪽 그림과 같이 □ABCD는 원에 내접하고 점 P는 원 위의 점 A에서 그은 접선과 $\overline{CB}$의 연장선의 교점일 때, ∠BAC의 크기를 구하시오.

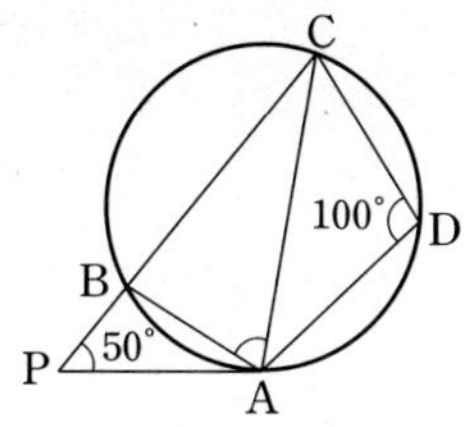

16

오른쪽 그림과 같이 원 O와 원 O′의 접선 PT가 있다. 두 점 A, B는 두 원 O, O′의 교점이고 ∠D=80°, ∠C=70°일 때 ∠APT의 크기를 구하시오.

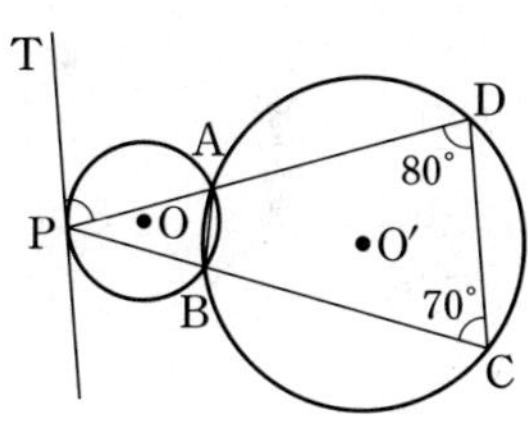

원주각의 성질

01

오른쪽 그림과 같이 정오각형 ABCDE가 원 O에 내접하고 있다. $\overline{AB}=1\,\text{cm}$일 때 $\overline{BE}$의 길이를 구하시오.

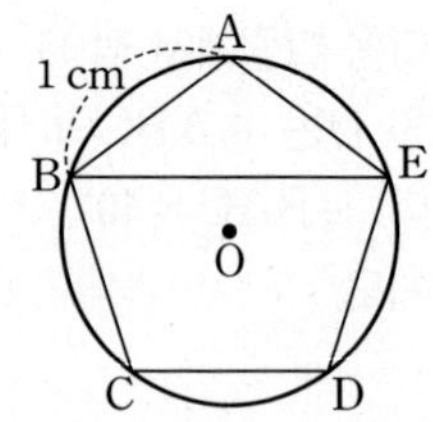

02

오른쪽 그림과 같이 $\overline{AB}$를 지름으로 하는 반원 O 위의 점 A에서 $\overline{BC}$를 지름으로 하는 반원 O′에 접선을 그었을 때 생긴 접점을 Q라 하고, 이 접선과 반원 O와의 교점을 P라 하자. $\angle CAQ=26°$일 때, $\angle AQC$의 크기를 구하시오.

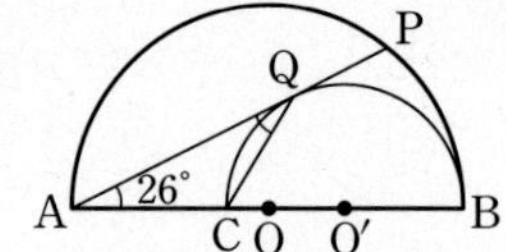

03

오른쪽 그림과 같이 $\overline{AB}$를 지름으로 하는 큰 반원과 $\overline{AB}$ 위의 한 점 C에 대하여 $\overline{BC}$를 지름으로 하는 작은 반원이 있다. 점 A에서 작은 반원에 그은 접선이 작은 반원과 만나는 접점을 D라 하고, 큰 반원과 만나는 점을 E라 하자. $\overline{AB}=18\,\text{cm}$일 때, $\widehat{BE}$의 길이를 구하시오.

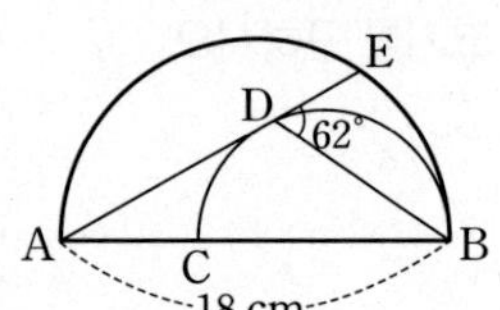

04

오른쪽 그림에서 두 원 O, O′은 원의 중심이 같고 반지름의 길이가 각각 1, 3인 원이다. 원 O′ 위의 한 점 A에서 원 O에 그은 두 접선이 원 O′와 만나는 점 중 A가 아닌 점을 각각 B, C라 하자. 또 점 C에서 원 O′에 접하는 직선이 직선 AB와 만나는 점을 P라 할 때 $\overline{BC}$의 길이를 구하시오.

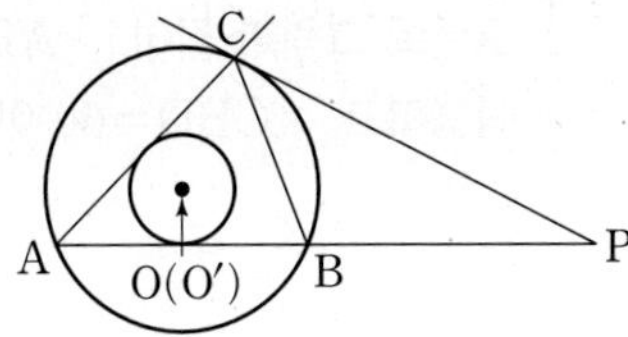

05

오른쪽 그림에서 점 P는 두 현 AB, CD의 교점이다. $\widehat{BD}=\widehat{CE}$이고 $\angle DPB=31°$일 때, $\angle AOE$의 크기를 구하시오. (단, $\overline{BE}$는 원 O의 지름이다.)

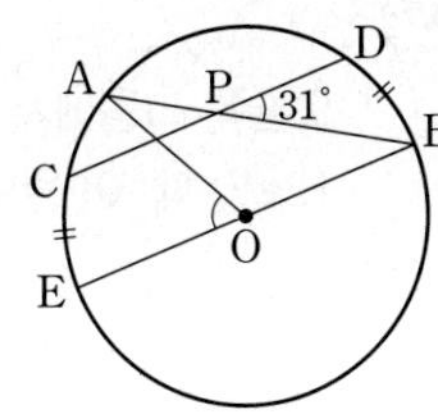

06

오른쪽 그림에서 $\overline{PT}$는 원 O의 접선이고 점 A, T, C, B는 원 O 위의 점이다. $\angle BPT=32°$, $\angle BTC=21°$이고 $\widehat{BC}:\widehat{CT}=1:2$일 때, $\angle PBT$의 크기를 구하시오.

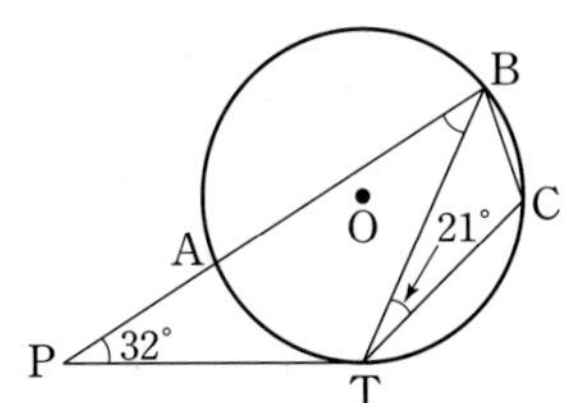

원주각의 성질

01

오른쪽 그림과 같이 $\square$ABCD는 반지름의 길이가 4 cm인 원에 내접한다. $\triangle$ABD는 직각이등변삼각형이고, $\angle$CBD$=60^\circ$이다. $\overline{DQ}$의 길이를 구하시오.

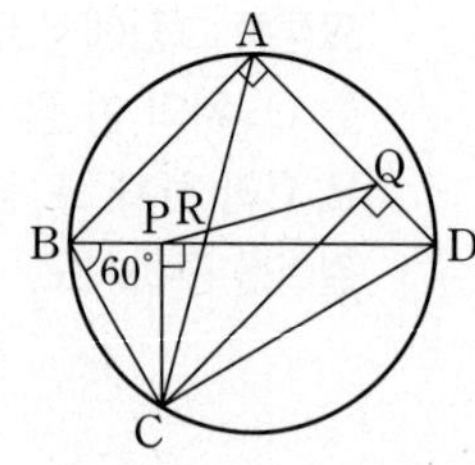

02

오른쪽 그림에서 $\overline{AB} /\!/ \overline{FC}$, $\overline{BE} /\!/ \overline{CD}$, $\angle$EPF$=63^\circ$이다. $\widehat{AB}$, $\widehat{BC}$, $\widehat{CD}$의 길이는 각각 6π, 4π, 12π일 때, 이 원의 반지름의 길이를 구하시오.

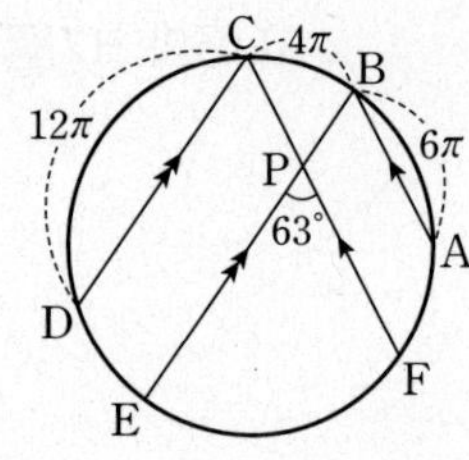

03

오른쪽 그림과 같이 $\overline{AC}$를 지름으로 하는 원에 $\square$ABCD가 내접하고 있다.
$\overline{AB}=20$ cm, $\overline{AC}=25$ cm이고 두 대각선 $\overline{AC}$, $\overline{BD}$가 점 E에서 서로 수직으로 만난다. 점 E에서 $\overline{BC}$에 내린 수선의 발을 F, $\overline{EF}$의 연장선이 $\overline{AD}$와 만나는 점을 G라 할 때, $\overline{EF}$의 길이를 구하시오.

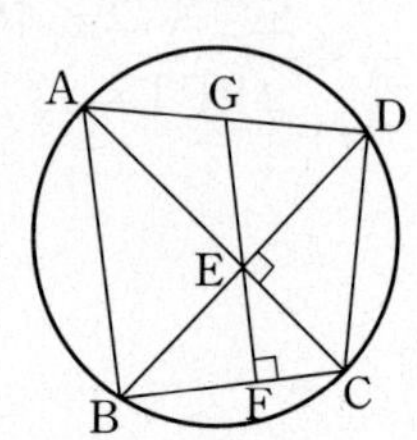

04

오른쪽 그림과 같이 $\overline{AB}$를 지름으로 하는 원 O와 $\overline{AB}$ 위의 점 C에 대하여 $\overline{BC}$를 지름으로 하는 원 O′이 있다. 점 A에서 원 O′에 그은 두 접선이 원 O′과 만나는 점을 각각 D, E라 하고 원 O와 만나는 점을 각각 F, G라 하자. $\overline{DE}$, $\overline{AB}$의 교점을 H라 하고 $\angle DAE=40°$일 때, $\angle FHB$의 크기를 구하시오.

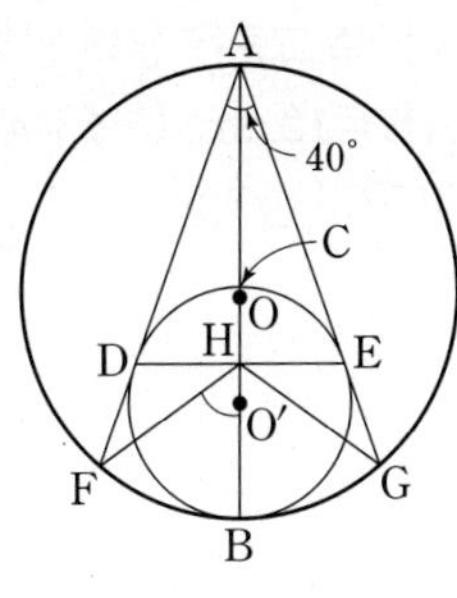

05

오른쪽 그림에서 □ABCD는 원 O에 내접하고 있다. $\overline{BD}$는 원의 지름이고, $\overline{AB}=\overline{AD}$이다. $\overline{CD}$의 연장선 위에 $\overline{DE}=\overline{BC}$가 되는 점 E를 잡을 때, $\angle AEC$의 크기를 구하시오.

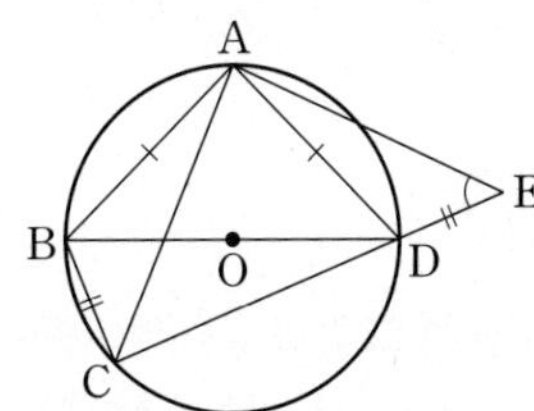

06

오른쪽 그림과 같이 $\overline{BC}=2\,\text{cm}$, $\angle BAC=90°$인 직각이등변삼각형 ABC가 있다. $\widehat{AC}$ 위의 점 P에 대하여 $\angle PAC=\angle PCB$일 때, 원 O의 지름의 길이를 구하시오.

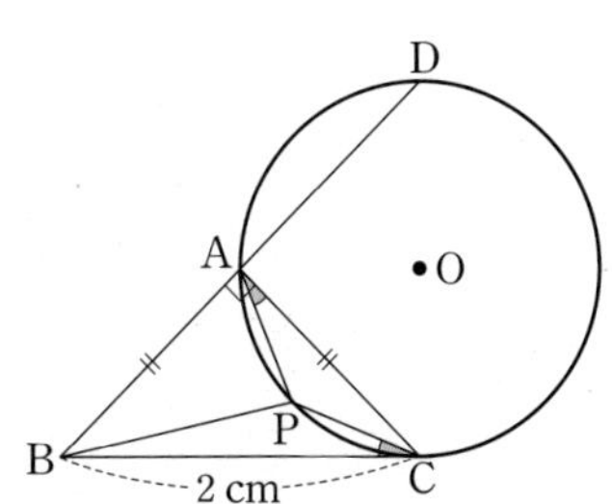

대단원 마무리 Level 종합

01

오른쪽 그림은 원의 일부이다. $\overline{AB}=12\text{ cm}$, $\overline{CM}=4\text{ cm}$일 때, 이 원의 반지름의 길이를 구하시오.

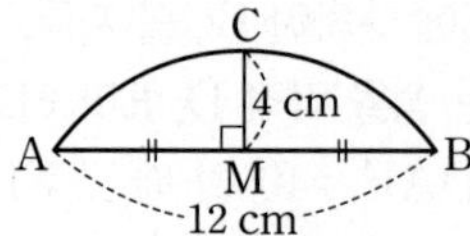

02

오른쪽 그림과 같이 반지름의 길이가 13 cm인 원 O에서 현 AB의 길이는 24 cm이다. 원 위를 움직이는 점 P에 대하여 삼각형 ABP의 넓이의 최댓값을 구하시오.

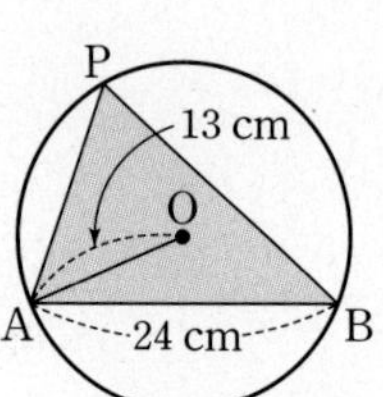

03

오른쪽 그림에서 원 O는 삼각형 ABC의 내접원이고, 세 변과 P, Q, R에서 접한다. $\overline{AB}=8\text{ cm}$, $\overline{BC}=6\text{ cm}$, $\overline{CA}=4\text{ cm}$일 때, $\overline{RC}$의 길이를 구하시오.

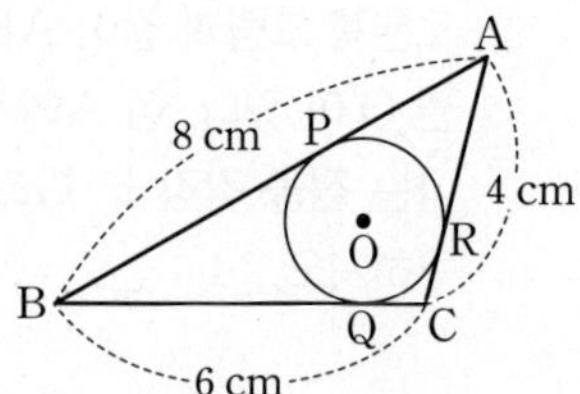

04

오른쪽 그림과 같은 반원 O에서 $\overline{AP}$, $\overline{BQ}$, $\overline{PQ}$는 각각 점 A, B, C를 접점으로 하는 접선이다. $\overline{AP}=3\text{ cm}$, $\overline{BQ}=1\text{ cm}$일 때, 색칠한 부분의 넓이를 구하시오.

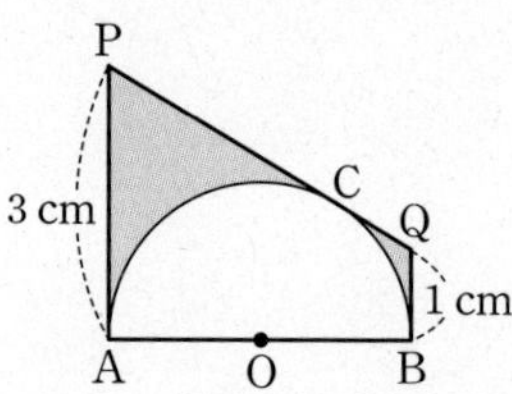

05

오른쪽 그림의 원 O에서 $\angle AOB=100°$일 때, $\angle BCT$의 크기를 구하시오.

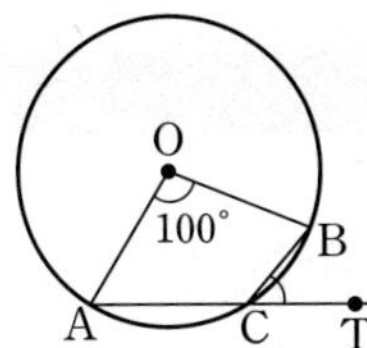

06

오른쪽 그림과 같이 반지름의 길이가 8 cm인 원 O 밖의 한 점 P에서 원 O에 두 접선을 그으면 각각 원 O와 두 점 R, Q에서 접한다. $\triangle PAB$의 둘레의 길이가 30 cm일 때, $\overline{PO}$의 길이를 구하시오.

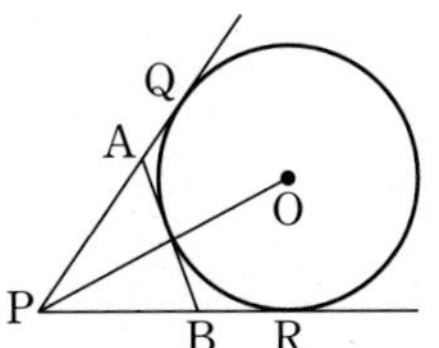

07

오른쪽 그림과 같이 원 O 위의 점 A, B, C, D가 있다. $\overline{AT}$는 원 밖의 한 점 T에서 원 O에 그은 접선이고, $\widehat{AB}=\widehat{BC}=\widehat{CD}$이다. $\overline{BD}$와 $\overline{AC}$의 교점을 E라 할 때, $\angle AEB$의 크기를 구하시오.

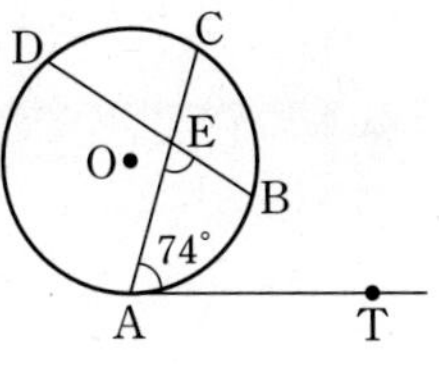

08

오른쪽 그림과 같이 직선 AB가 원 O와 원 O′에 동시에 접하고, 원 O와 원 O′은 점 C, D에서 만난다. $\angle CAD=60°$, $\angle CBD=40°$일 때 $\angle ADB$의 크기를 구하시오.

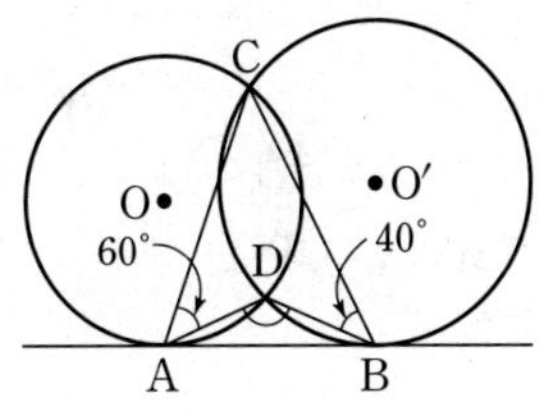

대푯값과 산포도

고난도 대표유형 · 핵심개념

TIP

중앙값 구하기
개수가 n개인 자료를 작은 값부터 크기 순으로 나열했을 때
① n이 홀수이면 $\frac{n+1}{2}$번째 자료의 값이 중앙값
② n이 짝수이면 $\frac{n}{2}$번째 자료의 값과 $\left(\frac{n}{2}+1\right)$번째 자료 값의 평균이 중앙값

유형 1 대푯값

(1) **대푯값 :** 자료 전체의 중심적인 경향이나 특징을 대표적으로 나타내는 값

(2) **평균 :** $\frac{\text{자료 값의 총합}}{\text{자료의 총 개수}}$

(3) **중앙값 :** 자료를 작은 값부터 차례대로 나열할 때 중앙에 위치한 값
– 변량 중 극단적인 값이 있는 경우 평균보다 자료의 특징을 더 잘 나타내기도 함

(4) **최빈값 :** 자료 중에서 가장 많이 나타난 값
– 일반적으로 자료에 같은 값이 중복되어 나타나는 자료나 자료의 값이 숫자가 아닌 경우(혈액형, 좋아하는 음식 등)의 대푯값으로 유용
– 자료에 따라 값이 존재하지 않을 수도 있고, 두 개 이상 나오기도 함

TIP

자료가 1, 2, 3, 4, 5
→ 최빈값 없음
자료가 1, 2, 2, 3, 3
→ 최빈값은 2, 3

산포도의 해석
변량들이 대푯값으로부터 멀리 흩어져 있으면 산포도가 크고, 변량들이 대푯값 가까이에 모여 있으면 산포도가 작다.

유형 2 산포도와 편차

(1) **산포도 :** 대푯값 주위에 흩어져 있는 정도를 하나의 수로 나타낸 값
예 분산, 표준편차

(2) **편차 :** 각 변량에서 평균을 뺀 값
(편차)=(자료의 값)−(평균)
(자료의 값)=(평균)+(편차)

<편차의 성질>

① 편차의 합은 0
② 편차는 변량이 평균보다 크면 양수이고, 변량이 평균보다 작으면 음수
③ 편차의 절댓값이 클수록 그 변량은 평균에서 멀리 떨어져 있으며, 편차의 절댓값이 작을수록 평균에 가까이 있음

난이도 ★★

분산과 표준편차 유형 3

(1) **분산 :** 각 편차의 제곱의 총합을 변량의 개수로 나눈 값, 즉 자료의 편차의 제곱의 평균

$$(\text{분산})=\frac{(\text{편차})^2\text{의 총합}}{(\text{자료의 총 개수})}$$

(2) **표준편차 :** 분산의 음이 아닌 제곱근

$$(\text{표준편차})=\sqrt{(\text{분산})}$$

분산(표준편차)이 작다	분산(표준편차)이 크다
• 자료들이 평균을 중심으로 모여 있다. • 자료의 분포가 고르다.	• 자료들이 평균에서 넓게 흩어져 있다. • 자료의 분포가 고르지 않다.

1 등급 노트

TIP

분산에는 단위를 붙이지 않으며 표준편차에는 변량의 단위를 붙임

새로운 자료의 분산 구하기 유형 4

a, b, c의 평균이 p, 분산이 q일 때

• <자료 1> 변량에 같은 수를 더한 경우

$a+1$, $b+1$, $c+1$의 평균과 분산

평균은 $\dfrac{(a+1)+(b+1)+(c+1)}{3}=\dfrac{a+b+c+3}{3}=p+1$

분산은 $\dfrac{(a+1-p-1)^2+(b+1-p-1)^2+(c+1-p-1)^2}{3}$

$=\dfrac{(a-p)^2+(b-p)^2+(c-p)^2}{3}$

$=q$

• <자료 2> 변량에 같은 수를 곱한 경우

$2a$, $2b$, $2c$의 평균과 분산

평균은 $\dfrac{2a+2b+2c}{3}=2\left(\dfrac{a+b+c}{3}\right)=2p$

분산은 $\dfrac{(2a-2p)^2+(2b-2p)^2+(2c-2p)^2}{3}$

$=\dfrac{4(a-p)^2+4(b-p)^2+4(c-p)^2}{3}$

$=4\left\{\dfrac{(a-p)^2+(b-p)^2+(c-p)^2}{3}\right\}$

$=4q$

TIP

모든 변량에 같은 수를 더하거나 빼는 경우 평균은 달라지지만, 분산과 표준편차는 달라지지 않는다.

Level 1 대푯값과 산포도

01

다음은 어느 중학교 3학년 학생 20명이 1년간 읽은 책의 권수를 줄기와 잎 그림으로 나타낸 것이다. 이 자료의 중앙값을 구하시오.

(1|0: 10권)

줄기	잎
0	3 4 6 7 8 9
1	0 1 1 4 5 6 6 6 7 8
2	1 3 6 8

02

다음 ▮ 자료 ▮의 중앙값이 19일 때 가능한 a의 최솟값을 구하시오.

자료

1, 23, 15, 16, 18, 21, 20, a

03

오른쪽 표는 A, B 두 사람의 5회에 걸친 영어 듣기평가 점수를 나타낸 것이다. 다음 설명 중 옳은 것을 모두 고르시오.

(단위: 점)

회	A	B
1	10	8
2	7	9
3	7	6
4	9	8
5	7	7

ㄱ. A의 평균이 B의 평균보다 크다.
ㄴ. A의 중앙값이 B의 중앙값보다 크다.
ㄷ. A의 최빈값이 B의 최빈값보다 크다.

04

선영이의 국어, 영어, 사회, 과학의 시험 성적의 평균이 80점이었다. 수학 시험을 보고 난 후 5과목의 평균은 82점이 되었다고 할 때, 수학 성적을 구하시오.

05

다음은 민선이네 반 친구들의 통학 시간을 조사하여 나타낸 줄기와 잎 그림이다. 이 자료의 중앙값과 최빈값을 각각 a분, b분이라 할 때, $a+b$의 값을 구하시오.

(1|0: 10분)

줄기	잎
0	3 3 4 6 7 9
1	0 1 1 4 6 6 6
2	0 1 1 3 7 7
3	1 2

06

혜미네 학교 3학년 학생의 기말고사 과학 성적의 평균을 내어 보니 1반은 81점, 2반은 78점이었다. 1, 2반 전체의 평균이 79.6점일 때, 1반과 2반의 학생 수의 비를 가장 간단한 자연수의 비로 나타내시오.

07

다음은 한슬이의 지난주 평일 수면 시간에 관한 편차를 나타낸 표이다. 5일간 평균 수면 시간이 7시간일 때 목요일의 수면 시간을 구하시오.

요일	월요일	화요일	수요일	목요일	금요일
편차(시간)	3	1	-1		-2

08

다음 표는 어떤 자료의 편차와 각 편차에 해당하는 자료의 개수를 나타낸 것이다. a의 값을 구하시오.

편차	-3	-2	-1	0	1	2	3
자료의 개수(개)	2	3	a	b	3	2	2

Level 1 대푯값과 산포도

09

다음은 학생 6명에 대한 수학 점수의 편차를 나타낸 것이다. 평균이 15점일 때 인영이의 점수를 구하시오.

학생	현우	지연	윤미	인영	민영	수현
편차(점)	4	-3	-4	x	5	-4

10

고현이네 반 학생 20명에 대한 과학 성적의 평균은 65점이고, 표준편차는 4점이라고 한다. 모든 학생에게 3점씩 점수를 올려 주었을 때, 올린 후의 평균과 표준편차를 각각 구하시오.

11

다음은 학생 5명의 멀리뛰기 기록에 대한 편차를 나타낸 것이다. 멀리뛰기 기록의 표준편차를 구하시오.

(단위: cm)

$10,\ 20,\ -20,\ 5,\ \square$

12

다음 4개 자료의 표준편차를 큰 것부터 순서대로 기호를 쓰시오.

㉮ $1,\ 1,\ 1,\ 5,\ 5,\ 5$　　㉯ $1,\ 1,\ 3,\ 3,\ 5,\ 5$

㉰ $2,\ 2,\ 3,\ 3,\ 4,\ 4$　　㉱ $2,\ 2,\ 2,\ 4,\ 4,\ 4$

13

다음은 5개 학급의 국어 성적의 평균과 표준편차를 나타낸 표이다. 5개 학급 중에서 성적이 가장 고른 학급을 말하시오.

학급(반)	1	2	3	4	5
평균(점)	70	71	72	73	74
표준편차(점)	3	2.7	2	3.3	4

14

다음 표는 세 학급의 학생들이 1년 동안 받은 벌점의 평균과 분산을 나타낸 것이다. 옳은 것을 모두 고르시오.

학급(반)	1	2	3
평균(점)	3	4	5
분산	2	1	3

보기

ㄱ. 2반이 1반보다 평균적으로 벌점을 많이 받았다.
ㄴ. 벌점을 가장 많이 받은 학생은 3반에 있다.
ㄷ. 학급별로 받은 벌점은 1반이 2반보다 더 고르다.
ㄹ. 1반 학생들 편차의 합이 3반 학생들 편차의 합보다 작다.

15

아래 그림은 A, B 두 학급 학생들의 하루 스마트폰 사용 시간을 나타낸 그래프이다. 평균 사용 시간이 더 긴 학급과 분포가 더 고른 학급을 각각 말하시오.

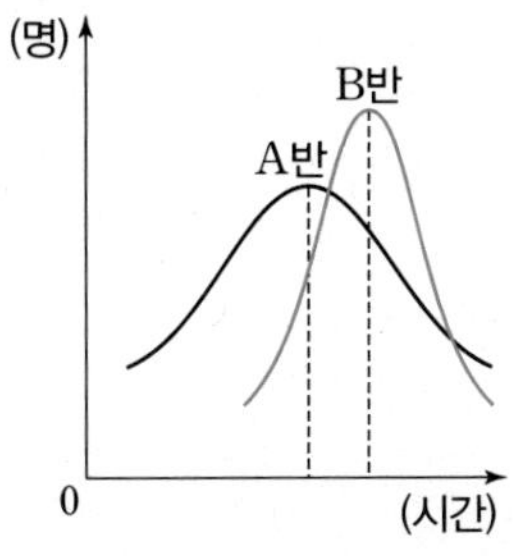

16

다음은 어느 동아리 학생 10명의 봉사활동 시간을 조사한 것이다. 봉사활동 시간에 대한 표준편차를 구하시오.

자료

(단위: 시간)

12, 14, 15, 16, 16, 16, 17, 18, 18, 18

Level 2 대푯값과 산포도

01

지영이네 반 25명의 수학 성적의 평균은 74점이었다. 그런데 한 학생이 전학을 가고 남은 24명의 수학 성적의 평균이 73점이 되었다. 전학을 간 학생의 수학 성적을 구하시오.

02

서로 다른 10개의 변량이 있다. 가장 큰 것을 제외한 9개의 변량의 평균은 48이고, 가장 작은 것을 제외한 9개의 변량의 평균은 53이다. 가장 작은 변량과 가장 큰 변량의 합이 85일 때, 10개의 변량의 평균을 구하시오.

03

자료 '5, 9, 12, 13, x'의 중앙값은 x이고, 자료 '3, 7, 8, 11, x'의 중앙값은 8이 되도록 하는 자연수 x를 모두 구하시오.

04

어느 오케스트라 학생들의 음악 실기 점수의 평균이 85점이었다. 남학생의 평균은 82점, 여학생의 평균은 87점이고 남학생이 30명일 때, 여학생 수를 구하시오.

05

다음과 같이 3가지 자료가 주어져 있다. 자료 1의 평균과 자료 2의 평균, 자료 3의 최빈값이 모두 같을 때, a와 b의 값을 각각 구하시오.

자료 1	a, 6, 8, 11
자료 2	a, 5, 9
자료 3	11, a, b

06

다음은 기원이의 동아리 친구 10명이 주말에 음악을 듣는 시간을 조사하여 나타낸 것이다. 이 자료의 최빈값은 한 개이고 최빈값과 중앙값이 같을 때, x의 값을 구하시오.

(단위: 시간)

0, 1, 1, 2, 3, 3, 4, 4, 5, x

07

다음은 손소독제 10개의 용량을 조사하여 정리한 표이다. 10개의 손소독제 용량의 평균이 300 mL일 때, 손소독제 용량의 최빈값을 구하시오.

용량(mL)	200	250	300	400
손소독제 개수	a	2	b	3

08

지혜네 팀 8명의 줄넘기 기록을 작은 값부터 크기 순으로 나열하면 4번째 학생의 기록은 50회이고, 중앙값은 55회이다. 이 팀에 기록이 70회인 학생이 추가되어 총 9명이 되었을 때, 9명 기록의 중앙값을 구하시오.

09

어느 중학교에서는 수영 선수 10명의 50 m 자유형 기록을 측정하고 있다. 기록이 32초, 33초인 학생 두 명이 졸업을 하고 기록이 각각 27초, 28초인 학생 두 명이 입학하였다고 할 때, 이 학교 수영 선수 10명의 50 m 자유형 평균 기록은 작년에 비해 얼마나 단축되었는지 구하시오.

10

학생 6명의 미술 실기 점수의 평균은 60점, 분산은 10이라고 한다. 학생 6명 중에서 점수가 60점인 한 학생을 제외한 나머지 5명의 미술 실기 점수의 표준편차를 구하시오.

11

6명의 친구들이 할 수 있는 턱걸이 횟수를 조사해보니 가장 적게 할 수 있는 친구는 8회, 가장 많이 할 수 있는 친구는 13회였다. 이 자료의 중앙값이 11회이고 최빈값이 12회일 때, 이 자료의 평균을 구하시오.

12

10명의 학생들이 10개의 퀴즈를 풀고 맞은 개수를 조사하였다. 여학생 2명은 각각 5개, 7개를 맞았고, 남학생 8명은 평균 6개를 맞았다. 남학생이 맞은 개수의 분산이 4일 때, 10명의 학생들이 맞은 퀴즈 개수의 분산을 구하시오.

13

다음은 1, 2반의 학생 수와 학생들의 국어시험 점수의 평균과 분산을 정리한 표이다. 두 반 전체 학생의 점수의 분산을 구하시오.

	학생(명)	평균(점)	분산
1반	25	80	100
2반	30	80	80

14

자연수 중 연속하는 세 홀수의 분산을 구하시오.

15

다음은 8월의 어느 날 오후의 시간대별 서울과 부산 강수량을 나타낸 표이다. 서울과 부산 강수량의 분산을 각각 구하고, 강수량의 분포가 더 고른 지역을 찾으시오.

(단위: mm)

	2시	4시	6시	8시	10시	12시
서울	10	15	20	20	15	10
부산	15	20	25	30	20	10

16

다음 자료의 평균은 7이고, 최빈값은 6이다. 이 자료의 분산을 구하시오.

7, 6, x, y, 8, 5

Level 3 대푯값과 산포도

01

다음 자료의 평균, 중앙값, 최빈값이 모두 같을 때 x의 값을 구하시오. (단, x는 자연수이다.)

$$3,\quad 4,\quad 6,\quad 8,\quad 9,\quad 11,\quad 12,\quad 18,\quad x,\quad x+1$$

02

다음 자료의 평균이 6이고 중앙값이 5일 때 a, b의 값을 각각 구하시오. (단, $a \le b$)

$$a,\quad b,\quad 2,\quad 4,\quad 6,\quad 9,\quad 13$$

03

<자료 1>의 평균이 10이고 분산이 6일 때, <자료 2>의 분산을 구하시오.

<자료1> a, b, c <자료2> 6, a, b, c, 14

04

다음은 10명의 학생들의 셔틀런 기록을 조사하여 나타낸 것이다. 이 자료의 평균이 40회이고 최빈값이 38회일 때, a, b의 값을 각각 구하시오. (단, $a<b$)

(단위: 회)

15, 20, 32, 38, 41, 46, 50, 56, a, b

05

<자료 1>과 <자료 2>의 평균과 분산이 다음과 같을 때, 자료 'a, b, c, d, e'의 분산을 구하시오.

	평균	분산
<자료 1> a, b	1	1
<자료 2> c, d, e	1	2

06

두 자연수 a, b가 다음 조건을 모두 만족시킨다고 할 때, a, b의 값을 각각 구하시오.

조건 1) 2, 5, 7, 9, 10, a의 중앙값은 8이다.
조건 2) 3, 4, 5, 11, a, b의 중앙값은 7이고, 평균은 $b-1$이다.

01

다음 자료의 분산이 6일 때, a의 값을 구하시오.

$$6,\quad 2a-4,\quad a+8,\quad a+2,\quad a+2,\quad a+4$$

02

a, b, c, d의 평균은 4, 분산은 8일 때, 다음 자료의 평균과 표준편차를 각각 구하시오.

자료

$$2a+1,\quad 2b+1,\quad 2c+1,\quad 2d+1$$

03

다음의 조건을 모두 만족시키는 자료의 분산을 구하시오.

조건 1) 변량은 총 6개이고, 모든 변량은 자연수이다.
조건 2) 가장 작은 수는 4이고 가장 큰 수는 14이다.
조건 3) 평균이 8이고 최빈값은 9이다.

04

한 개의 주사위를 9번 던져 나온 눈의 수를 조사하였더니 다음과 같았다. 자료의 중앙값을 구하시오.

(가) 주사위의 모든 눈이 한 번 이상 나왔다.
(나) 최빈값은 2이고, 평균은 3이다.

05

9명의 학생의 몸무게를 조사한 결과 평균은 50 kg, 표준편차는 4 kg이었다. 그런데 몸무게가 46 kg인 한 학생이 64 kg으로 잘못 기록된 것이 발견되었다. 9명 학생의 실제 몸무게의 평균과 분산을 각각 구하시오.

06

민준이, 채영이, 하영이, 상현이는 보드 게임을 해서 1등은 4점, 2등은 3점, 3등은 2점, 4등은 1점을 받기로 했다. 다음 표는 게임을 5번 한 후의 최종점수를 나타낸 것이다. 이때 네 명의 점수의 분산을 구하시오.

	민준	채영	하영	상현
점수(점)	9	13		11

상관관계

고난도 대표유형 · 핵심개념

유형 1 산점도

산점도 : 두 변량 사이의 관계를 알기 위하여 두 변량의 순서쌍 (x, y)를 좌표평면 위에 나타낸 그림

㉖ 어느 모둠 학생들의 필통 속 형광펜 개수와 연필 개수를 나타낸 표이다.

형광펜 개수(개)	1	1	2	2	3	3	3	4
연필 개수(개)	2	3	1	4	1	2	3	2

이를 산점도로 나타내면 다음과 같다.

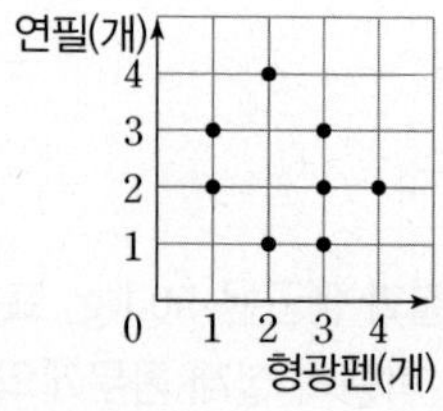

유형 2 산점도의 해석

(1) 비교하여 더 큰 것(작은 것 등)을 고르는 경우

오른쪽 위를 향하는 기준선을 그어 판별한다.

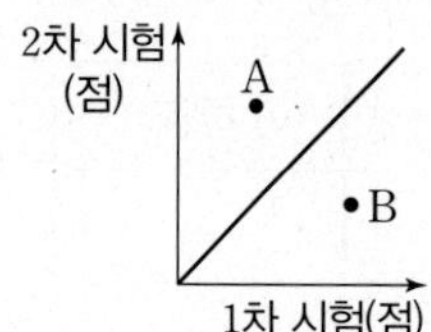

⇒ A는 1차 시험에 비해 2차 시험 점수가 높다.
B는 1차 시험에 비해 2차 시험 점수가 낮다.

(2) 합을 비교하는 경우

오른쪽 아래로 향하는 기준선을 그어 판별한다.

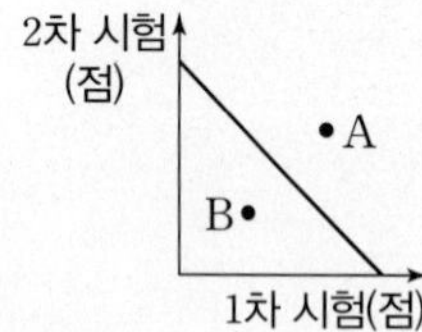

⇒ A의 1차 시험, 2차 시험 점수의 합은 기준보다 높다.
B의 1차 시험, 2차 시험 점수의 합은 기준보다 낮다.

난이도 ★★

상관관계 유형 3

(1) **상관관계 :** 두 변량 중 한쪽의 값이 커짐에 따라 다른 쪽의 값이 커지거나 작아지는 두 변량 사이의 관계

(2) **양의 상관관계 :** x의 값이 커짐에 따라 y의 값도 대체로 커지는 관계가 있을 때 두 변량 x와 y 사이의 관계

(3) **음의 상관관계 :** x의 값이 커짐에 따라 y의 값은 대체로 작아지는 관계가 있을 때, 두 변량 x와 y 사이의 관계

산점도에서는 점들이 한 직선 주위에 가까이 모여 있을수록 상관관계가 강하고, 흩어져 있을수록 상관관계가 약하다고 한다.

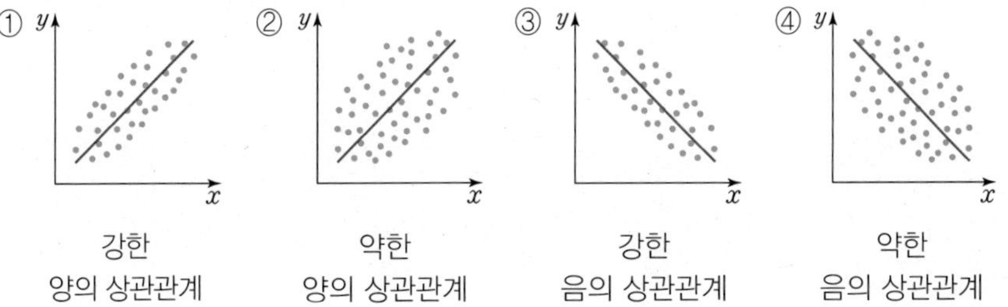

점들이 한 직선에 가까이 있다고 말하기 어려울 정도로 흩어져 있거나, 점들이 x축 또는 y축에 평행한 직선에 가까이 있을 때, 두 변량 x와 y 사이에는 상관관계가 없다고 한다.

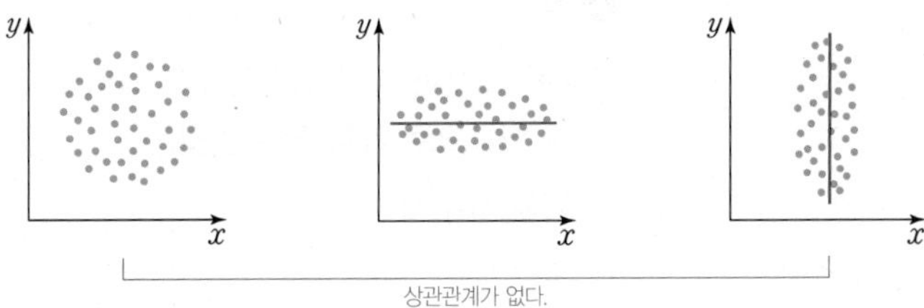

예 상관관계가 없는 그래프

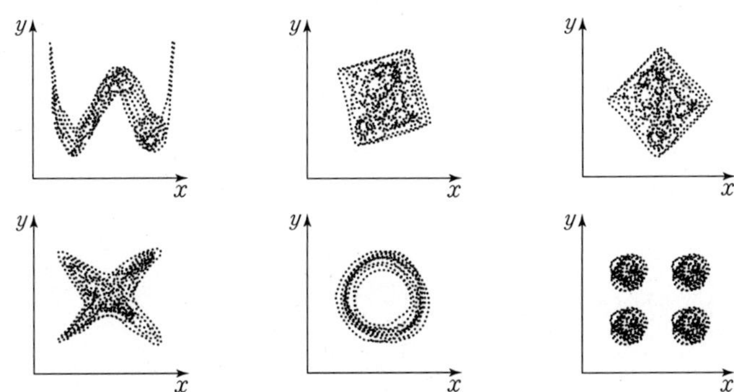

예시

– 양의 상관관계
(1) 예금액과 이자
(2) 통학 거리와 소요 시간
(3) 주행 거리와 택시 요금
(4) 운동량과 칼로리 소모량
(5) 흡연량과 폐암 발생률
(6) 키와 몸무게

– 음의 상관관계
(1) 같은 거리를 이동할 때 속력과 시간
(2) 하루 중 낮과 밤의 길이
(3) 겨울철 기온과 난방비
(4) 산의 높이와 기온
(5) 넓이가 일정한 삼각형의 밑변의 길이와 높이

– 상관관계가 없는 경우
(1) 시력과 눈의 크기
(2) 식사량과 휴대폰 사용 시간
(3) 앉은키와 월급

Level 1 상관관계

01

오른쪽은 어느 반 학생들의 수학 점수와 영어 점수 사이의 관계를 나타낸 산점도이다. 다음 중 옳은 것을 모두 고르시오.

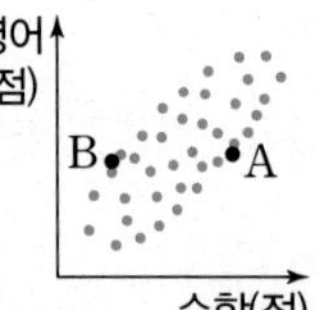

ㄱ. A학생은 수학에 비해 영어를 잘하는 편이다.
ㄴ. B학생은 수학에 비해 영어를 잘하는 편이다.
ㄷ. 영어 점수와 수학 점수 사이에는 음의 상관관계가 있다.

02

다음 중 산점도에 대한 설명으로 옳은 것을 모두 고르시오.

ㄱ. 산점도는 산포도를 그래프로 나타낸 것이다.
ㄴ. 점들이 한 직선에 가까이 분포되어 있는 산점도는 양의 상관관계를 가진다.
ㄷ. 양 또는 음의 상관관계가 있는 산점도에서 점들이 한 직선에 가까이 분포된 산점도는 상관관계가 큰 것을 나타낸다.

03

오른쪽은 어느 학급 학생 20명의 사회 점수와 국어 점수에 대한 산점도이다. 사회 점수의 최빈값을 구하시오.

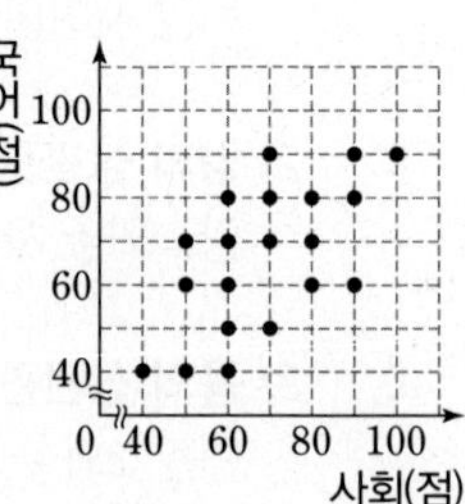

04

오른쪽 그림과 같은 상관관계를 나타내는 두 변량으로 가장 적절한 것은?

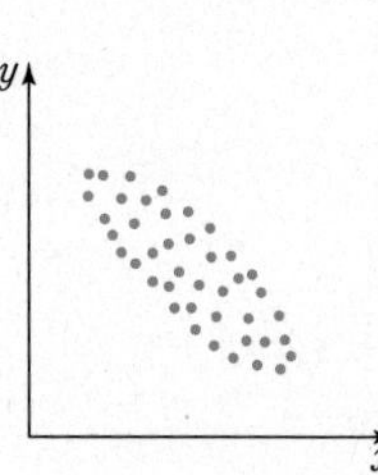

① 키와 몸무게
② 물가와 소비량
③ 지능지수와 앉은키
④ 기온과 에어컨 판매량
⑤ 운동량과 근육량

05

오른쪽은 어느 반 학생들의 시력을 조사하여 나타낸 산점도이다. 산점도에 표시된 A, B, C, D 중 왼쪽 시력에 비해 오른쪽 시력이 더 좋은 학생을 고르시오.

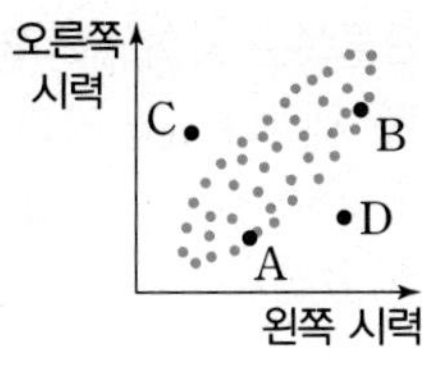

06

오른쪽은 어느 회사 직원들의 월급과 월 소비액을 조사하여 나타낸 산점도이다. 다음 중 옳지 <u>않은</u> 것은?

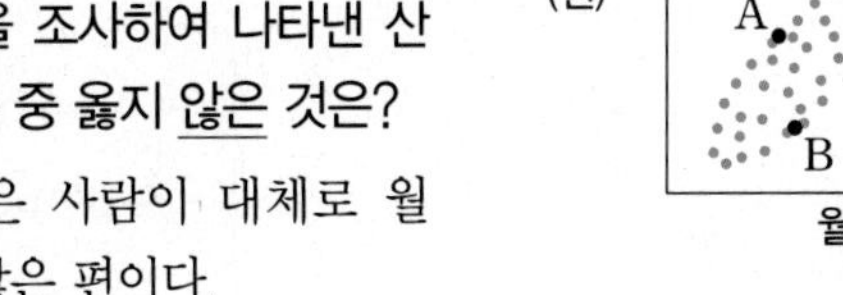

① 월급이 많은 사람이 대체로 월 소비액도 많은 편이다.
② A는 C보다 월급이 적다.
③ A, B, C, D 네 직원 중 월 소비액이 가장 적은 직원은 A이다.
④ A, B, C, D 네 직원 중 월급에 비하여 월 소비액이 가장 많은 직원은 A이다.
⑤ 월 소비액과 월급 사이에는 양의 상관관계가 있다.

07

오른쪽은 어느 학급 학생 20명의 수학 성적과 과학 성적에 대한 산점도이다. 수학 성적이 과학 성적보다 높은 학생 수를 구하시오.

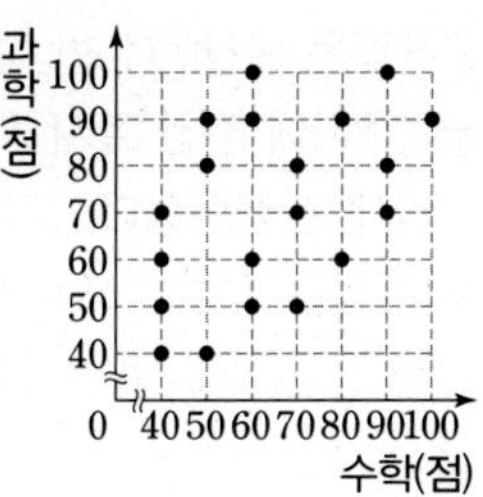

08

두 변량 x, y에 대한 다음 설명 중 음의 상관관계를 나타낸 것은?

① x의 값이 커지면 y의 값은 작아진다.
② x의 값이 커지면 y의 값도 커진다.
③ y의 값은 x의 값에 관계없이 변한다.
③ x의 값과 y의 값은 항상 같다.
⑤ x의 값은 y의 값에 관계없이 항상 일정하다.

09

오른쪽은 윤경이네 반 학생 20명의 1차, 2차에 걸친 쪽지 시험 점수를 나타낸 산점도이다. 두 번의 시험에서 얻은 점수가 모두 6점 이하인 학생은 전체의 몇 %인지 구하시오.

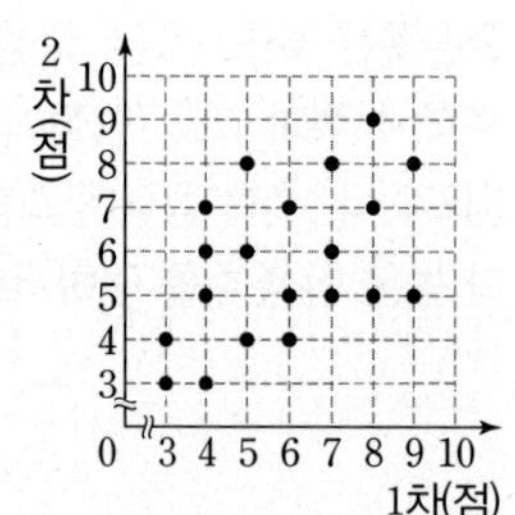

10

오른쪽은 희서네 반 학생들의 통학 거리와 통학 시간을 나타낸 산점도이다. 다음 중 그림과 같은 상관관계를 나타내는 두 변량으로 적절한 것을 모두 고르면? (정답 2개)

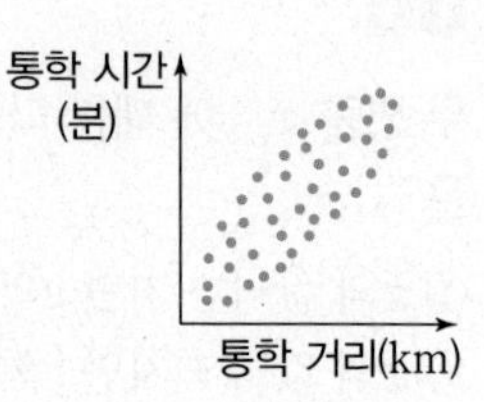

① 어떤 도시의 인구 수와 쓰레기 배출량
② 허리 둘레의 길이와 국어 성적
③ 물 섭취량과 멀리뛰기 기록
④ 겨울철 기온과 난방비
⑤ 여름철 기온과 냉방비

11

오른쪽은 남학생 20명의 하루 평균 운동 시간과 1분 간의 평균 맥박 수를 측정한 것이다. 다음 중 옳은 것을 모두 고르시오.

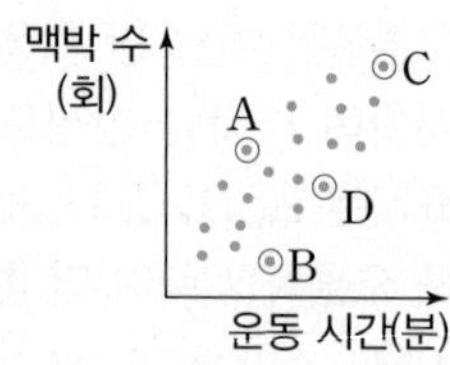

ㄱ. 1분당 맥박 수가 가장 적은 학생은 A이다.
ㄴ. 운동을 가장 오래 한 학생은 B이다.
ㄷ. 운동 시간과 맥박 수 사이에는 양의 상관관계가 있다.
ㄹ. B학생은 운동시간에 비해 1분당 맥박 수가 적다.

12

다음 중 기온과 아이스크림 판매량 사이의 상관관계를 나타내는 산점도로 가장 적절한 것을 고르면? (단, x는 기온, y는 아이스크림 판매량이다.)

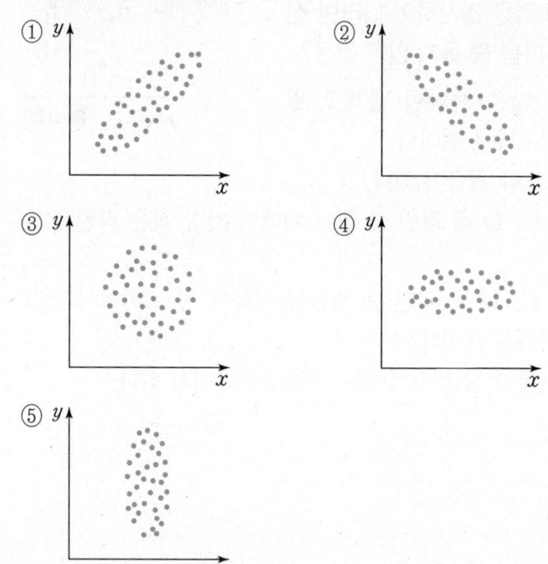

13

오른쪽은 독서탐구반 20명 학생의 하루 평균 독서 시간과 수면 시간을 조사하여 나타낸 산점도이다. 독서 시간이 1시간 이상이고, 수면 시간은 8시간 이하인 학생 수를 구하시오.

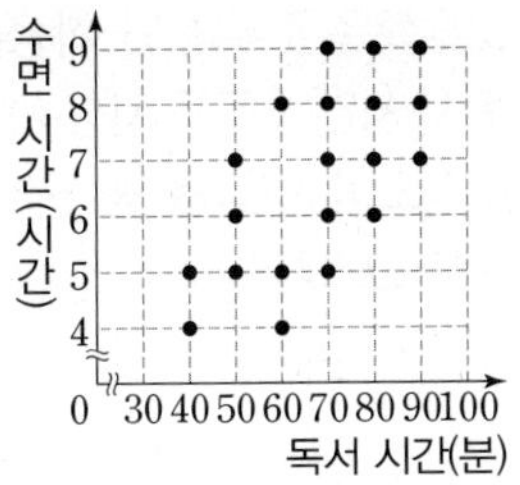

14

오른쪽은 직장인 20명을 대상으로 일주일 동안 직장과 집에서 사용한 휴대폰 사용 시간을 조사하여 나타낸 산점도이다. 다음 중 옳은 설명을 모두 고르면?

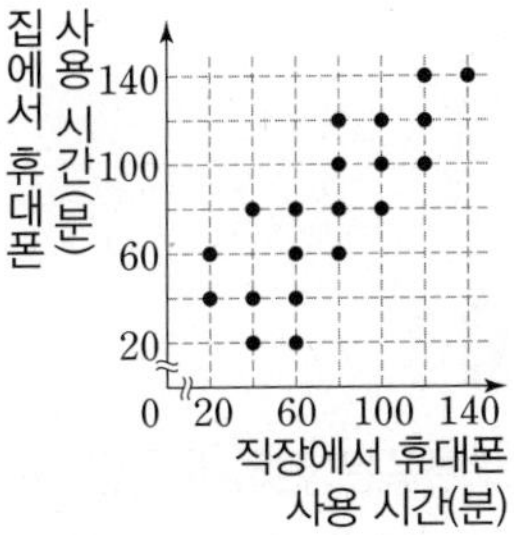

① 집과 직장에서 모두 휴대폰을 100분 이상 사용하는 사람은 7명이다.

② 집에서 휴대폰을 60분 미만 사용하는 사람은 5명이다.

③ 집에서의 휴대폰 사용 시간과 직장에서의 휴대폰 사용 시간 사이에는 양의 상관관계가 있다.

④ 집에서 휴대폰을 많이 쓸수록 직장에서는 휴대폰을 덜 사용한다.

⑤ 집에서보다 직장에서 휴대폰을 더 많이 사용하는 사람은 총 6명이다.

15

오른쪽은 어느 학급 학생 20명의 키와 몸무게의 산점도이다. 키가 170 cm 이상이고 몸무게도 70 kg 이상인 학생 수를 구하시오.

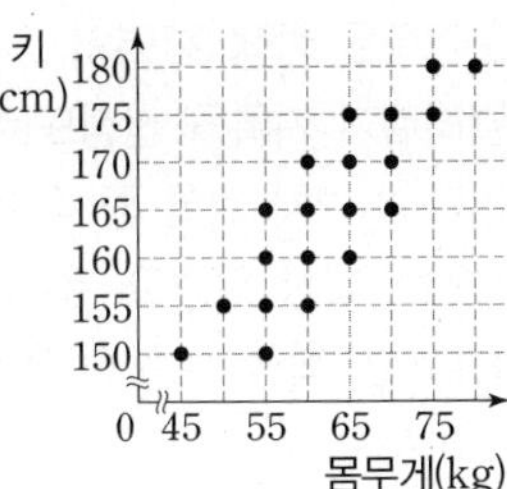

16

오른쪽은 3학년 어느 학급 30명의 윗몸일으키기와 턱걸이의 측정 결과를 점수로 나타낸 산점도이다. 두 종목이 모두 8점 이상인 학생에게 상품을 수여하려고 할 때, 상품을 받는 학생 수를 구하시오.

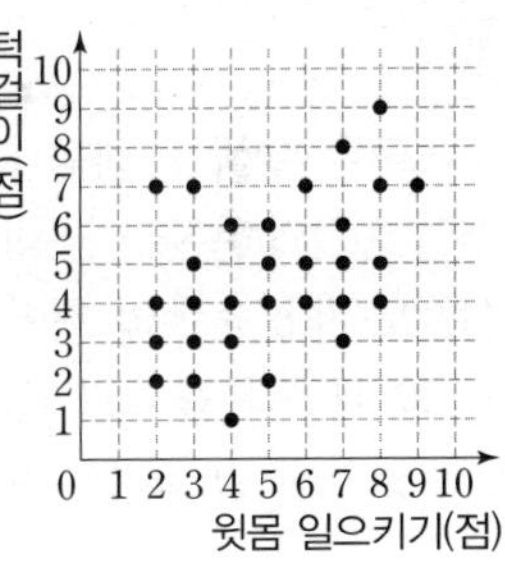

01

오른쪽은 학생 20명의 1, 2차 제자리 멀리뛰기 기록을 산점도로 나타낸 것이다. 1, 2차 기록 중 적어도 한 번은 1.2 m 이상 뛰었고, 두 번의 평균이 1.1 m인 학생 수는 전체의 몇 %인지 구하시오.

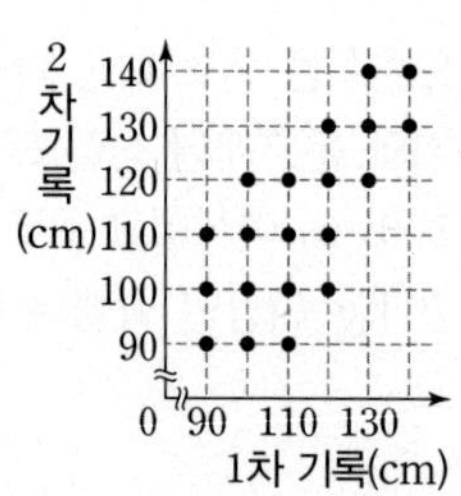

02

오른쪽은 학생 17명을 대상으로 일주일 동안의 용돈과 간식비를 나타낸 산점도이다. 용돈의 최빈값을 a원이라 할 때, 용돈을 a원 받는 학생들의 일주일 평균 간식비를 구하시오.

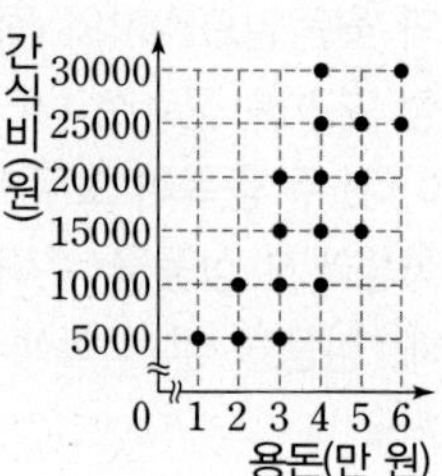

03

오른쪽은 준우네 반 학생들의 일주일 독서 시간과 TV 시청 시간을 나타낸 산점도이다. 다음 중 옳지 않은 것을 모두 고르시오.

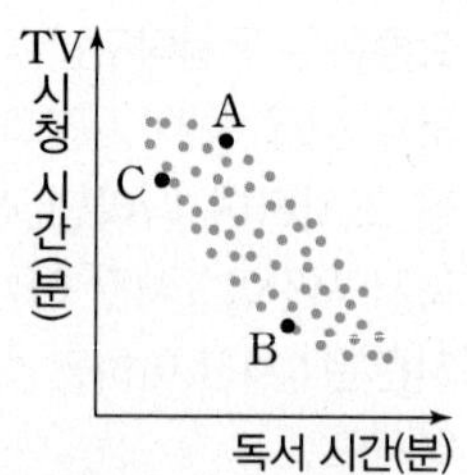

ㄱ. TV 시청 시간과 독서 시간 사이에는 상관관계가 없다.
ㄴ. A는 TV 시청 시간에 비해 독서 시간이 긴 편이다.
ㄷ. C는 B에 비해 TV 시청 시간은 길고 독서 시간은 짧다.

04

오른쪽은 진하네 학급 24명의 영어 말하기 점수와 영어 쓰기 점수를 나타낸 산점도이다. 두 영역 점수의 합이 15점 이상인 학생의 수는 전체의 몇 %인지 구하시오.

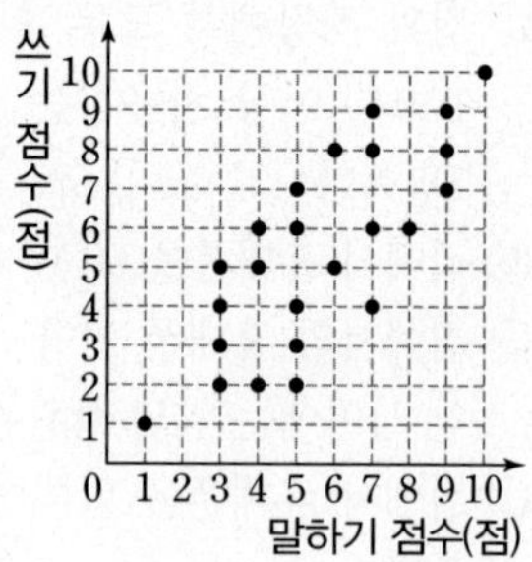

05

오른쪽은 진영이네 학급 20명의 악력과 윗몸일으키기 기록을 나타낸 산점도이다. 악력과 윗몸일으키기 모두 상위 10 %에 속하는 학생 수를 구하시오.

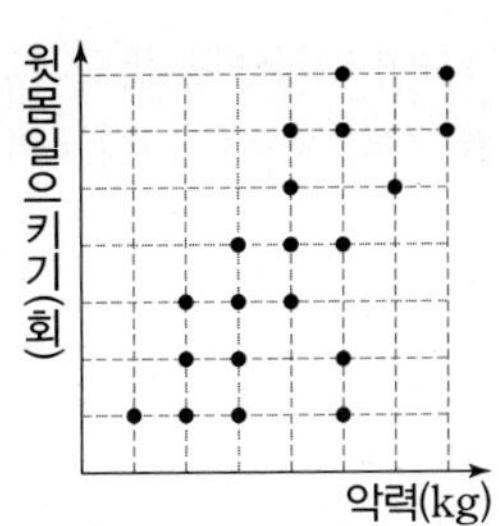

06

오른쪽은 어느 육상부 선수들의 50 m 달리기 1차 기록과 2차 기록을 나타낸 산점도이다. 1, 2차 기록의 합이 15초 이하인 학생의 수를 구하시오.

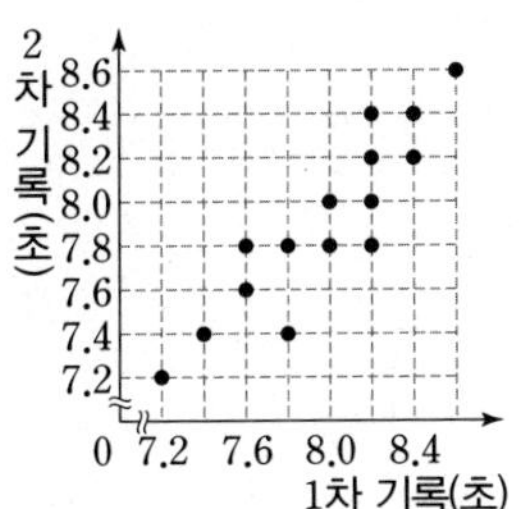

07

오른쪽은 진희네 반 학생들의 손 길이와 발 길이를 나타낸 산점도이다. 다음 중 옳은 것을 모두 고르시오.

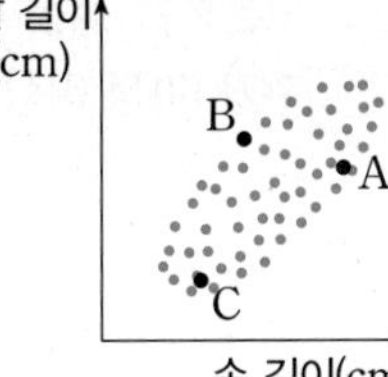

ㄱ. 손이 길수록 발도 대체로 길다고 할 수 있다.
ㄴ. A는 손에 비해 발이 긴 편이다.
ㄷ. B는 C에 비해 손은 작고, 발이 길다.

08

오른쪽은 소은이네 학급 학생 20명의 이번 수학 시험의 객관식 점수와 주관식 점수를 나타낸 산점도이다. 총점을 계산하여 85점 이상을 받은 학생들에게 상장을 수여한다고 할 때, 상장을 받는 학생 수를 구하시오.

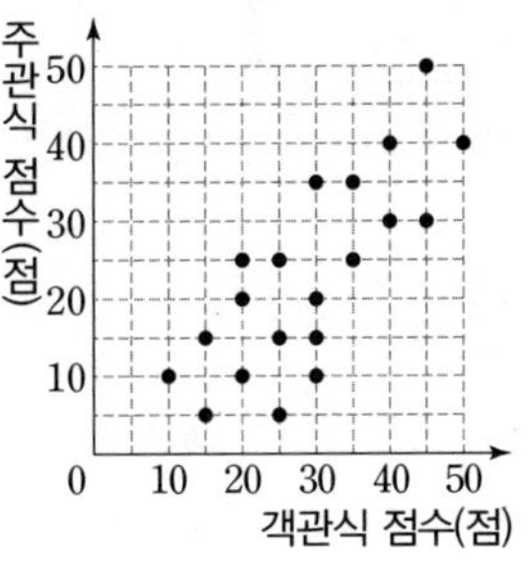

Level 3 상관관계

정답과 풀이 ▶ 60쪽

01

오른쪽은 경은이네 반 학생 20명의 도덕 점수와 사회 점수를 조사하여 나타낸 산점도이다. 사회 점수가 60점 이상인 학생 중 도덕 점수가 70점 이상인 학생의 비율을 기약 분수로 나타내시오.

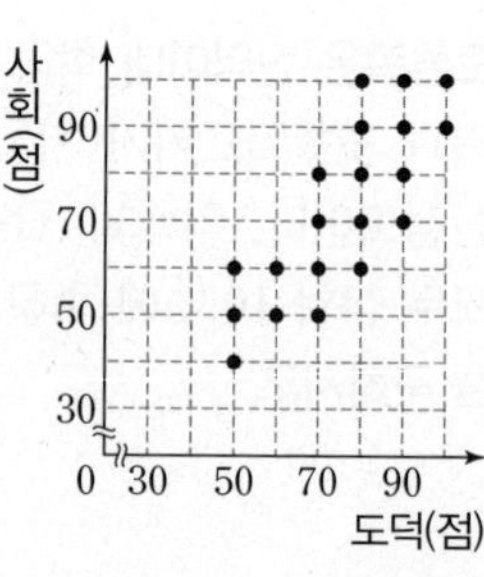

02

오른쪽은 두 변량 x와 y에 대한 산점도이다. 산점도에 다음과 같은 5개의 자료를 추가하였을 때, 두 변량 x와 y 사이의 상관관계가 있는지 없는지를 말하고, 있다면 그 종류를 말하시오.

x	10	30	40	50	60
y	60	10	60	30	10

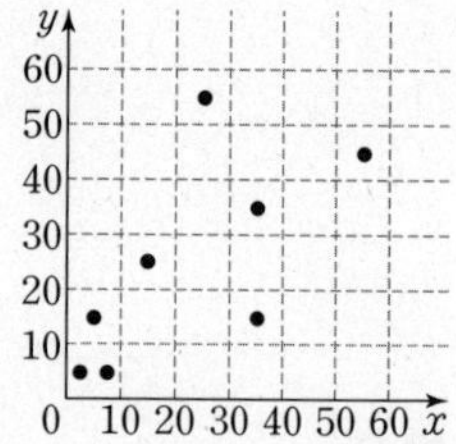

03

오른쪽은 예솔이네 반 학생 25명의 기술 성적과 가정 성적을 나타낸 산점도이다. 두 과목의 평균이 70점 이상인 학생 수를 구하시오.

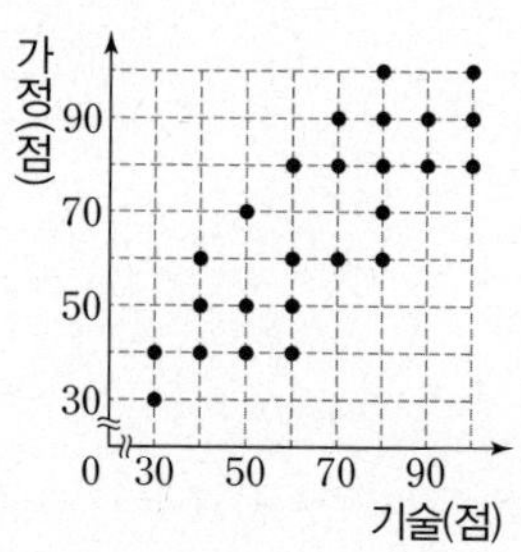

정답과 풀이 ▶ 60쪽

01

오른쪽은 나연이네 반 학생 20명의 중간고사 점수와 기말고사 점수를 조사하여 나타낸 산점도이다. 다음 세 조건을 모두 만족시키는 학생 수를 구하시오.

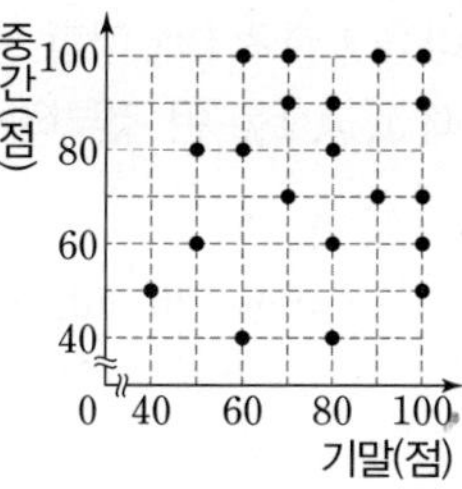

(개) 기말고사 점수가 중간고사 점수보다 높다.
(내) 중간고사 점수와 기말고사 점수 차이가 20점 이상이다.
(대) 중간고사 점수와 기말고사 평균이 70점 이상이다.

02

오른쪽은 상현이네 반 학생 20명의 미술 성적과 음악 성적을 조사하여 나타낸 산점도이다. 미술과 음악 성적의 총점이 높은 순으로 15 % 이내에 드는 학생들에게 상을 주려고 할 때, 상을 받는 학생들의 총점의 합을 구하시오.

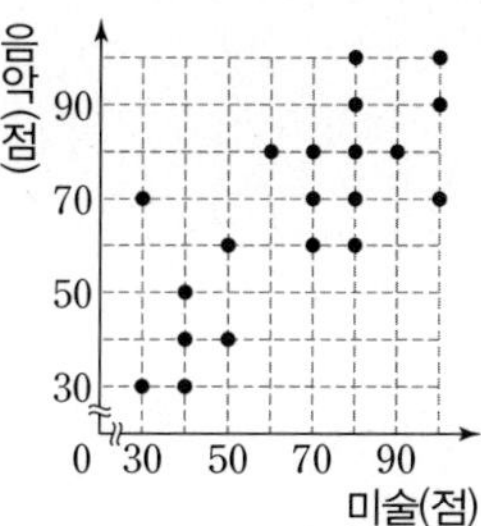

03

오른쪽은 게임 동호회 소속 20명의 수면 시간과 컴퓨터 게임 시간을 조사하여 나타낸 산점도이다. 이 산점도를 분석하여 설명한 내용 중 빈칸에 들어갈 세 수 A, B, C의 합을 구하시오.

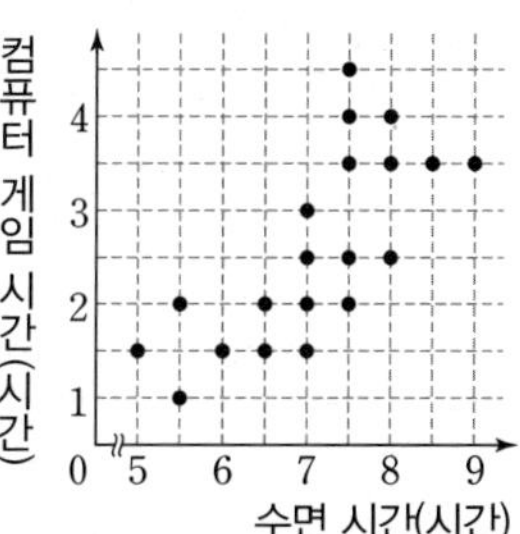

설명 1. 수면 시간이 8시간 30분 이상인 사람은 $\boxed{A}$ 명이다.
설명 2. 컴퓨터 게임 시간이 3시간 이상인 사람은 전체의 $\boxed{B}$ %이다.
설명 3. 수면 시간이 6시간 이상이고 7시간 이하인 사람들의 게임 시간의 평균은 $\boxed{C}$ 시간이다.

대단원 마무리 Level 종합

01

다음 ▮ 자료 ▮에 대한 평균을 x, 중앙값을 y, 최빈값을 z라 할 때 x, y, z를 큰 것부터 순서대로 나열한 것은?

▮ 자료 ▮

100, 120, 80, 50, 240, 110, 200, 100, 170, 130

① x, y, z ② x, z, y ③ y, x, z
④ y, z, x ⑤ z, y, x

02

어느 학생의 3회에 걸친 쪽지 시험의 평균이 86점이다. 4회까지 시험의 평균이 89점 이상이 되려면 4회 쪽지시험에 받아야 하는 최소 점수는 몇 점인지 구하시오.

03

현영이네 반 학생들이 80점 만점으로 본 영어 시험 점수의 평균이 M, 표준편차가 S이다. 모든 학생들에게 기본 점수 20점을 부여하여 100점 만점으로 성적을 산출하려고 한다. 다음 중 100점 만점의 영어 점수에 대한 설명으로 옳은 것을 모두 고르시오.

ㄱ. 평균은 $M+20$이다.
ㄴ. 분산은 S^2이다.
ㄷ. 표준편차는 $4\sqrt{5}S$이다.

04

다음은 가은, 민솔, 민준, 승훈, 종훈이의 키에 대한 편차를 나타낸 표이다.

학생	가은	민솔	민준	승훈	종훈
편차(cm)	-8	-13	9	5	

이들의 평균 키가 168 cm라 할 때, 키가 두 번째로 큰 학생의 키를 구하시오.

05

5개의 자료 4, 6, $1-a$, 8, $a-4$의 분산이 16일 때, 가능한 a의 값을 모두 구하시오.

06

오른쪽은 지호네 학교 학생들의 통학 거리와 통학 시간에 대한 산점도이다. 5명의 학생 A, B, C, D, E 중에서 통학 거리에 비해 통학 시간이 가장 짧은 학생은?

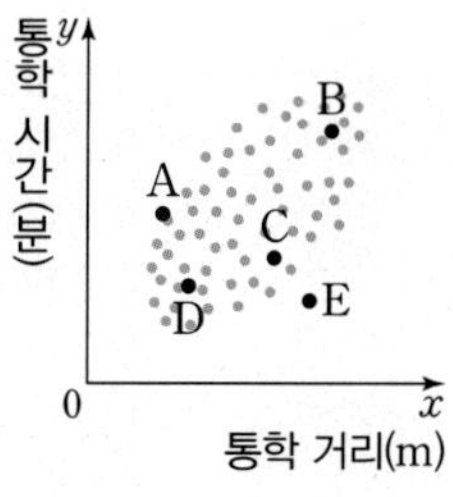

① A ② B ③ C ④ D ⑤ E

07

다음 중 여름철 기온과 냉방비 사이의 관계를 나타낸 산점도로 가장 적절한 것을 고르시오.

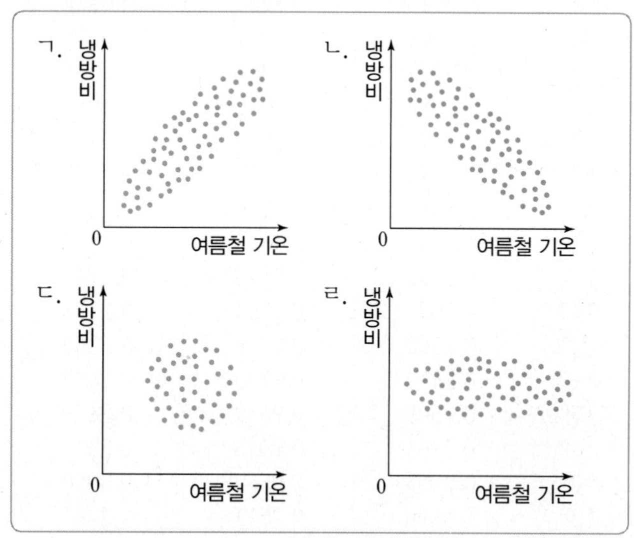

08

오른쪽은 어떤 자격증 시험을 본 25명의 필기 점수와 실기 점수를 나타낸 산점도이다. 총점 180점 이상의 수험자에게 자격증을 부여한다고 할 때, 자격증을 취득한 사람은 전체 응시자의 몇 %인지 구하시오.

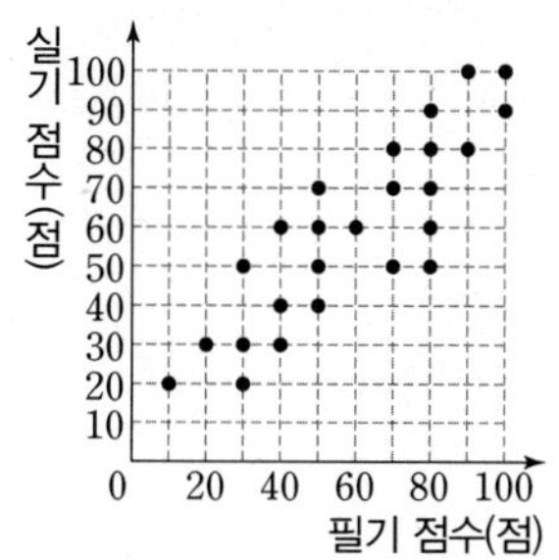

삼각비의 표

각	사인(sin)	코사인(cos)	탄젠트(tan)
0°	0.0000	1.0000	0.0000
1°	0.0175	0.9998	0.0175
2°	0.0349	0.9994	0.0349
3°	0.0523	0.9986	0.0524
4°	0.0698	0.9976	0.0699
5°	0.0872	0.9962	0.0875
6°	0.1045	0.9945	0.1051
7°	0.1219	0.9925	0.1228
8°	0.1392	0.9903	0.1405
9°	0.1564	0.9877	0.1584
10°	0.1736	0.9848	0.1763
11°	0.1908	0.9816	0.1944
12°	0.2079	0.9781	0.2126
13°	0.2250	0.9744	0.2309
14°	0.2419	0.9703	0.2493
15°	0.2588	0.9659	0.2679
16°	0.2756	0.9613	0.2867
17°	0.2924	0.9563	0.3057
18°	0.3090	0.9511	0.3249
19°	0.3256	0.9455	0.3443
20°	0.3420	0.9397	0.3640
21°	0.3584	0.9336	0.3839
22°	0.3746	0.9272	0.4040
23°	0.3907	0.9205	0.4245
24°	0.4067	0.9135	0.4452
25°	0.4226	0.9063	0.4663
26°	0.4384	0.8988	0.4877
27°	0.4540	0.8910	0.5095
28°	0.4695	0.8829	0.5317
29°	0.4848	0.8746	0.5543
30°	0.5000	0.8660	0.5774
31°	0.5150	0.8572	0.6009
32°	0.5299	0.8480	0.6249
33°	0.5446	0.8387	0.6494
34°	0.5592	0.8290	0.6745
35°	0.5736	0.8192	0.7002
36°	0.5878	0.8090	0.7265
37°	0.6018	0.7986	0.7536
38°	0.6157	0.7880	0.7813
39°	0.6293	0.7771	0.8098
40°	0.6428	0.7660	0.8391
41°	0.6561	0.7547	0.8693
42°	0.6691	0.7431	0.9004
43°	0.6820	0.7314	0.9325
44°	0.6947	0.7193	0.9657
45°	0.7071	0.7071	1.0000

각	사인(sin)	코사인(cos)	탄젠트(tan)
45°	0.7071	0.7071	1.0000
46°	0.7193	0.6947	1.0355
47°	0.7314	0.6820	1.0724
48°	0.7431	0.6691	1.1106
49°	0.7547	0.6561	1.1504
50°	0.7660	0.6428	1.1918
51°	0.7771	0.6293	1.2349
52°	0.7880	0.6157	1.2799
53°	0.7986	0.6018	1.3270
54°	0.8090	0.5878	1.3764
55°	0.8192	0.5736	1.4281
56°	0.8290	0.5592	1.4826
57°	0.8387	0.5446	1.5399
58°	0.8480	0.5299	1.6003
59°	0.8572	0.5150	1.6643
60°	0.8660	0.5000	1.7321
61°	0.8746	0.4848	1.8040
62°	0.8829	0.4695	1.8807
63°	0.8910	0.4540	1.9626
64°	0.8988	0.4384	2.0503
65°	0.9063	0.4226	2.1445
66°	0.9135	0.4067	2.2460
67°	0.9205	0.3907	2.3559
68°	0.9272	0.3746	2.4751
69°	0.9336	0.3584	2.6051
70°	0.9397	0.3420	2.7475
71°	0.9455	0.3256	2.9042
72°	0.9511	0.3090	3.0777
73°	0.9563	0.2924	3.2709
74°	0.9613	0.2756	3.4874
75°	0.9659	0.2588	3.7321
76°	0.9703	0.2419	4.0108
77°	0.9744	0.2250	4.3315
78°	0.9781	0.2079	4.7046
79°	0.9816	0.1908	5.1446
80°	0.9848	0.1736	5.6713
81°	0.9877	0.1564	6.3138
82°	0.9903	0.1392	7.1154
83°	0.9925	0.1219	8.1443
84°	0.9945	0.1045	9.5144
85°	0.9962	0.0872	11.4301
86°	0.9976	0.0698	14.3007
87°	0.9986	0.0523	19.0811
88°	0.9994	0.0349	28.6363
89°	0.9998	0.0175	57.2900
90°	1.0000	0.0000	

인터넷·모바일·TV
무료 강의 제공

중학도 역시 EBS

정답과 풀이

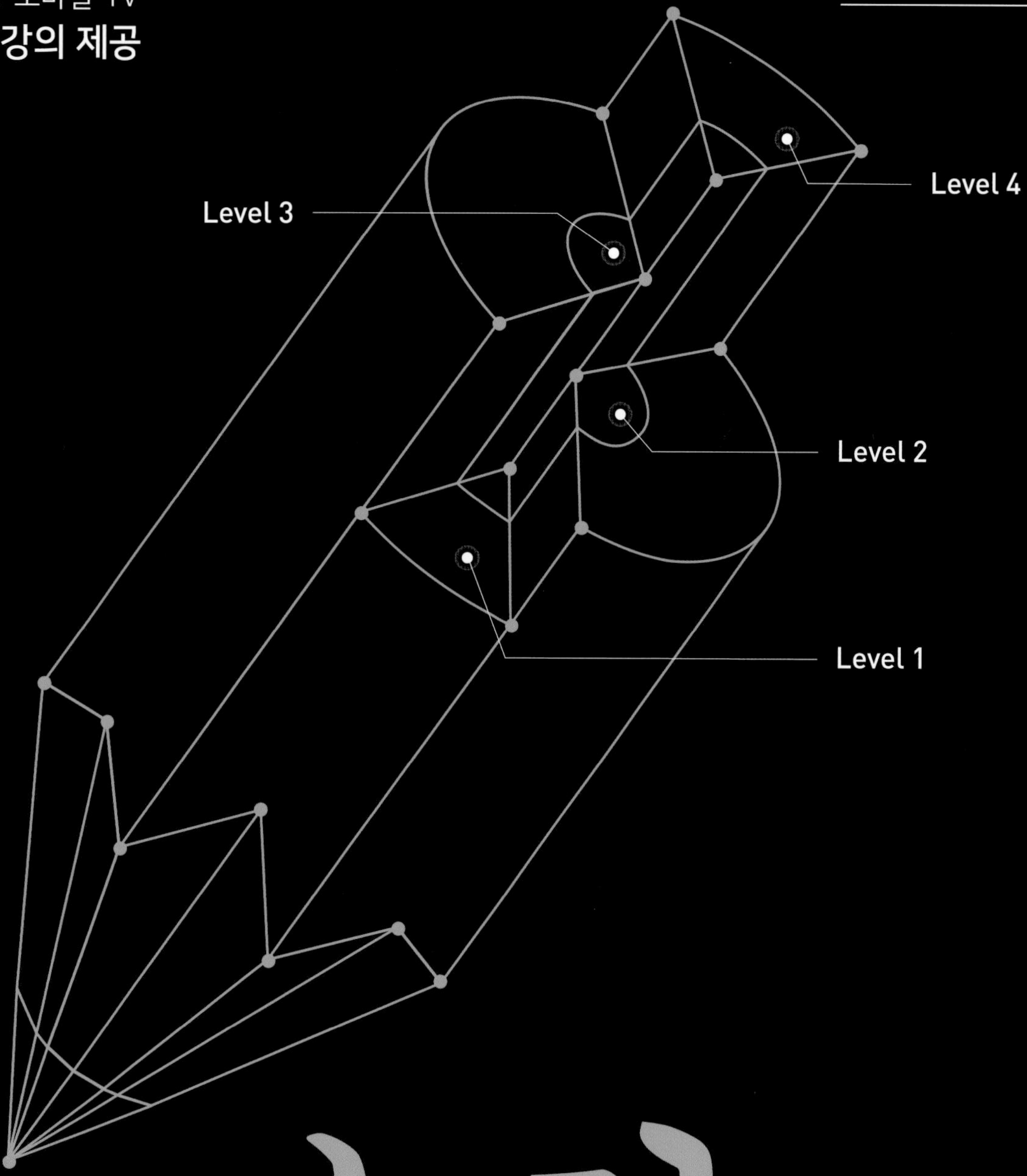

Level 3

Level 4

Level 2

Level 1

심화·고난도 수학으로 **상위권 도약!**

뉴런 고난도

수학 3(하)

고난도 대표유형 · 핵심개념 + Level별 문항 구성 + 정답과 풀이

뉴런 고난도 수학 3(하)

정답과 풀이

정답과 풀이

V. 삼각비

1 삼각비의 뜻

Level 1 본문 6~9쪽

01 ④ 02 8 03 $\frac{9\sqrt{7}}{28}$ 04 $\frac{3}{5}$ 05 ③ 06 ②

07 $-3+\frac{3\sqrt{3}}{2}$ 08 ① 09 ① 10 $2\sqrt{3}$ 11 ② 12 ②, ④

13 ④ 14 10355 15 ②, ④ 16 $\frac{\sqrt{2}}{3}$

01 피타고라스 정리에 의해

$\overline{BC}=\sqrt{\overline{AB}^2+\overline{AC}^2}$

$=\sqrt{(3\sqrt{3})^2+3^2}=6$

① $\sin B=\frac{\overline{AC}}{\overline{BC}}=\frac{3}{6}=\frac{1}{2}$

② $\cos B=\frac{\overline{AB}}{\overline{BC}}=\frac{3\sqrt{3}}{6}=\frac{\sqrt{3}}{2}$

③ $\tan B=\frac{\overline{AC}}{\overline{AB}}=\frac{3}{3\sqrt{3}}=\frac{\sqrt{3}}{3}$

⑤ $\cos C=\frac{\overline{AC}}{\overline{BC}}=\frac{3}{6}=\frac{1}{2}$

02 $\sin C=\frac{\overline{AB}}{\overline{AC}}$이므로 $\frac{6}{\overline{AC}}=\frac{3}{5}$

$\therefore \overline{AC}=10$

피타고라스 정리에 의해

$\overline{BC}=\sqrt{\overline{AC}^2-\overline{AB}^2}$

$=\sqrt{10^2-6^2}=8$

03 $\sin A=\frac{3}{4}$을 만족시키는 직각삼각형으로

$\overline{AB}=4$, $\overline{BC}=3$, $\angle C=90^\circ$인 직각삼각형 ABC를 생각할 수 있다.

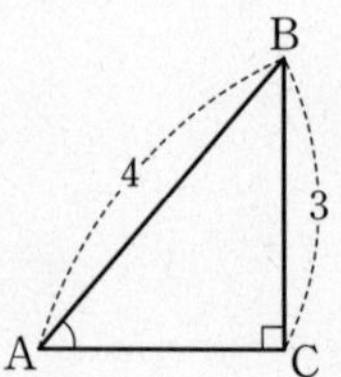

피타고라스 정리에 의해

$\overline{AC}=\sqrt{\overline{AB}^2-\overline{BC}^2}=\sqrt{4^2-3^2}=\sqrt{7}$이므로

$\cos B=\frac{\overline{BC}}{\overline{AB}}=\frac{3}{4}$,

$\tan A=\frac{\overline{BC}}{\overline{AC}}=\frac{3}{\sqrt{7}}=\frac{3\sqrt{7}}{7}$

따라서

$\cos B\times\tan A=\frac{3}{4}\times\frac{3\sqrt{7}}{7}=\frac{9\sqrt{7}}{28}$

04 $\angle x+\angle y=90^\circ$이므로

$\triangle$ABD에서 $\angle ABD+\angle y=90^\circ$

$\therefore \angle ABD=\angle x$

마찬가지로 $\triangle$ACD에서 $\angle x+\angle ACD=90^\circ$

$\therefore \angle ACD=\angle y$

$\triangle$ABC에서

$\overline{BC}=\sqrt{6^2+8^2}=\sqrt{100}=10$이므로

$\sin x=\frac{\overline{AC}}{\overline{BC}}=\frac{8}{10}=\frac{4}{5}$,

$\tan y=\frac{\overline{AB}}{\overline{AC}}=\frac{6}{8}=\frac{3}{4}$

따라서

$\sin x\times\tan y=\frac{4}{5}\times\frac{3}{4}=\frac{3}{5}$

다른 풀이

$\triangle ABD \backsim \triangle CBA$ (AA 닮음)이므로

$\angle C=\angle BAD=\angle y$

$\triangle ADC \backsim \triangle BAC$ (AA 닮음)이므로

$\angle B=\angle CAD=\angle x$

05 $\triangle$ABD에서

$\overline{BD}=\sqrt{3^2+4^2}=\sqrt{25}=5$

$\triangle AED \backsim \triangle BAD$ (AA 닮음)이므로

$\angle ABD=\angle EAD=\angle x$

$\triangle$ABD에서

$\sin x=\frac{\overline{AD}}{\overline{BD}}=\frac{4}{5}$,

$\cos x=\frac{\overline{AB}}{\overline{BD}}=\frac{3}{5}$

따라서

$\sin x+\cos x=\frac{4}{5}+\frac{3}{5}=\frac{7}{5}$

06 직선과 x축, y축과의 교점을 각각 A, B라 하면

△ABO에서

(기울기)$=\dfrac{\overline{BO}}{\overline{AO}}=\tan 45°=1$

x절편이 -3이므로

$\overline{AO}=3$

$\dfrac{\overline{BO}}{\overline{AO}}=\dfrac{\overline{BO}}{3}=1$이므로

$\overline{BO}=3$

즉, y절편은 3이므로

구하는 직선의 방정식은

$y=x+3$

함정 피하기

(직선의 기울기)>0인 경우 : (기울기)$=\tan a$
(직선의 기울기)<0인 경우 : (기울기)$=-\tan a$
(단, a는 직선과 x축이 이루는 예각의 크기)

07 $A=\sin 60°-\cos 60°$

$=\dfrac{\sqrt{3}}{2}-\dfrac{1}{2}=\dfrac{1}{2}(\sqrt{3}-1)$

$B=\tan 60°-\tan 45°=\sqrt{3}-1$

따라서

$A^2-B^2=\dfrac{1}{4}(\sqrt{3}-1)^2-(\sqrt{3}-1)^2$

$=-\dfrac{3}{4}(\sqrt{3}-1)^2$

$=-\dfrac{3}{4}(4-2\sqrt{3})$

$=-3+\dfrac{3\sqrt{3}}{2}$

08 $\angle A+\angle B+\angle C=180°$이므로

$\angle A=180°\times\dfrac{1}{6}=30°$,

$\angle B=180°\times\dfrac{2}{6}=60°$,

$\angle C=180°\times\dfrac{3}{6}=90°$

따라서

$\sin A+\tan B\times\cos C$

$=\sin 30°+\tan 60°\times\cos 90°$

$=\dfrac{1}{2}+\sqrt{3}\times 0=\dfrac{1}{2}$

09 $\dfrac{1}{\sqrt{3}}\cos(3x-30°)=\dfrac{1}{2}$이므로

$\cos(3x-30°)=\dfrac{\sqrt{3}}{2}$

$10°<x<40°$이므로 $0°<3x-30°<90°$

이때 $3x-30°=30°$이므로

$3x=60°$ $\quad\therefore x=20°$

따라서

$\tan(2x-10°)=\tan 30°=\dfrac{\sqrt{3}}{3}$

10 △ABD에서

$\sin 45°=\dfrac{\overline{AB}}{\overline{AD}}=\dfrac{\overline{AB}}{3\sqrt{2}}$

즉, $\dfrac{\overline{AB}}{3\sqrt{2}}=\dfrac{\sqrt{2}}{2}$이므로 $\overline{AB}=3$

△ABC에서

$\sin 60°=\dfrac{\overline{AB}}{\overline{BC}}=\dfrac{3}{\overline{BC}}$

즉, $\dfrac{3}{\overline{BC}}=\dfrac{\sqrt{3}}{2}$이므로

$\overline{BC}=2\sqrt{3}$

11 △AOB에서 $\angle OAB=40°$이므로

$\sin 40°=\dfrac{\overline{OB}}{\overline{OA}}=\dfrac{0.64}{1}=0.64$

12 ① $\cos b=\dfrac{\overline{AB}}{\overline{OA}}=\dfrac{\overline{AB}}{1}=\overline{AB}$

② $\overline{AB}\,/\!/\,\overline{DC}$이므로 $b=c$

즉, $\sin c=\sin b=\dfrac{\overline{OB}}{\overline{OA}}=\dfrac{\overline{OB}}{1}=\overline{OB}$

③ $\tan a=\dfrac{\overline{CD}}{\overline{OC}}=\dfrac{\overline{CD}}{1}=\overline{CD}$

④ 점 A의 좌표는 $(\overline{OB}, \overline{AB})$이므로

점 A의 x좌표는 $\cos a$ 또는 $\sin b$이고 y좌표는 $\sin a$ 또는 $\cos b$이다.

⑤ 점 D의 좌표는 $(\overline{OC}, \overline{CD})$이므로 $D(1, \tan a)$

13 $\cos x=\dfrac{67}{100}=0.67$이고

$\cos 47°=0.6820$, $\cos 48°=0.6691$이므로

가장 적당한 $\angle x$의 크기는 $48°$이다.

14 $\angle C=46^\circ$이고 $\tan C=\dfrac{\overline{AB}}{\overline{BC}}=\dfrac{\overline{AB}}{10000}$

즉, $\tan 46^\circ=\dfrac{\overline{AB}}{10000}$

따라서

$\overline{AB}=1.0355\times 10000=10355$

15 ① $\tan A$의 최솟값은 0, 최댓값은 정할 수 없다.

② $A=45^\circ$일 때, $\sin A=\cos A$

③ $0^\circ<A<45^\circ$일 때, $\sin A<\cos A$

⑤ $0^\circ\le A\le 90^\circ$일 때, A의 값이 커지면 $\cos A$의 값은 작아진다.

실수하기 쉬운 부분 짚어보기

(1) $0^\circ\le x<45^\circ$: $\sin x<\cos x$, $0\le\tan x<1$

(2) $x=45^\circ$: $\sin x=\cos x$, $\tan x=1$

(3) $45^\circ<x\le 90^\circ$: $\sin x>\cos x$, $1<\tan x$

16 $\triangle EFG$에서 $\angle F=90^\circ$이므로

$\overline{EG}=\sqrt{3^2+3^2}=\sqrt{18}=3\sqrt{2}$

$\triangle CEG$에서 $\angle CGE=90^\circ$이므로

$\overline{CE}=\sqrt{(3\sqrt{2})^2+3^2}=\sqrt{27}=3\sqrt{3}$

이때 $\sin x=\dfrac{\overline{CG}}{\overline{CE}}=\dfrac{3}{3\sqrt{3}}=\dfrac{\sqrt{3}}{3}$,

$\cos x=\dfrac{\overline{EG}}{\overline{CE}}=\dfrac{3\sqrt{2}}{3\sqrt{3}}=\dfrac{\sqrt{6}}{3}$

따라서

$\sin x\times\cos x=\dfrac{\sqrt{3}}{3}\times\dfrac{\sqrt{6}}{3}=\dfrac{\sqrt{2}}{3}$

Level 2

본문 10~13쪽

01 ⑤	**02** ⑤	**03** $\frac{4}{5}$	**04** ③	**05** ②	**06** $\frac{3\sqrt{3}}{2}$
07 ③	**08** $2\sqrt{7}$ cm		**09** $2+\sqrt{3}$	**10** $16\sqrt{3}$	**11** $\frac{3\sqrt{3}}{8}$
12 ①	**13** $\sqrt{2}$	**14** $2\sqrt{2}$	**15** $\frac{\sqrt{3}}{3}$	**16** 28°	

01 오른쪽 그림의 $\triangle ABC$에서

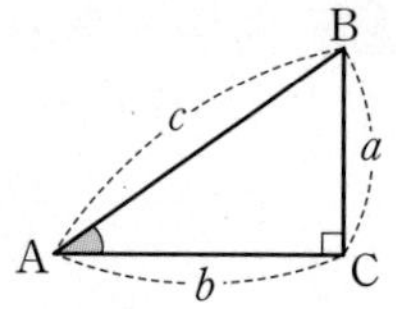

$\sin A=\dfrac{a}{c}$, $\cos A=\dfrac{b}{c}$

$\sin A : \cos A=2:3$이므로

$\dfrac{a}{c}:\dfrac{b}{c}=a:b=2:3$

$a=2$, $b=3$이라 하면

$c=\sqrt{2^2+3^2}=\sqrt{13}$이므로

$\tan A=\dfrac{a}{b}=\dfrac{2}{3}$,

$\cos B=\dfrac{a}{c}=\dfrac{2}{\sqrt{13}}=\dfrac{2\sqrt{13}}{13}$

따라서

$\tan A\times\cos B=\dfrac{2}{3}\times\dfrac{2\sqrt{13}}{13}=\dfrac{4\sqrt{13}}{39}$

02 $\overline{AB}=2\overline{AO}=2\times 5=10$

$\triangle ABC$에서 $\overline{AB}$의 중점이 $\triangle ABC$의 외심이므로

$\angle C=90^\circ$

즉, $\overline{AC}=\sqrt{\overline{AB}^2-\overline{BC}^2}=\sqrt{10^2-6^2}=8$

따라서

$\cos A=\dfrac{\overline{AC}}{\overline{AB}}=\dfrac{8}{10}=\dfrac{4}{5}$

참고 삼각형의 모양에 따른 외심의 위치

(1) 예각삼각형의 외심 : 삼각형의 내부

(2) 직각삼각형의 외심 : 직각삼각형의 빗변의 중점

(3) 둔각삼각형의 외심 : 삼각형의 외부

03 $\overline{AE}=\overline{AD}=5(\text{cm})$이고

$\angle FEC+\angle x=90^\circ$, $\angle FEC+\angle AEB=90^\circ$이므로

$\angle AEB=\angle x$

직각삼각형 ABE에서

$\overline{BE}=\sqrt{5^2-3^2}=4\,(\text{cm})$

따라서

$\cos x=\dfrac{\overline{BE}}{\overline{AE}}=\dfrac{4}{5}$

04 $\triangle ABC$와 $\triangle AHD$에서

$\angle B=\angle AHD=90^\circ$, $\angle A$는 공통이므로

$\triangle ABC\backsim\triangle AHD$ (AA 닮음)

즉, $\angle C=\angle ADH=\angle x$이므로

$\cos C=\cos x=\dfrac{2}{3}$

이때 $\cos C=\frac{\overline{BC}}{\overline{AC}}=\frac{4}{\overline{AC}}$이므로 $\frac{4}{\overline{AC}}=\frac{2}{3}$

따라서

$\overline{AC}=6$

05 $x\sin 30^\circ+y\cos 45^\circ=1$에서

$x\times\frac{1}{2}+y\times\frac{\sqrt{2}}{2}=1$

$\therefore y=-\frac{\sqrt{2}}{2}x+\sqrt{2}$

이때 직선과 x축이 이루는 예각의 크기 α에 대하여

$\tan\alpha=\frac{\sqrt{2}}{2}$이므로

오른쪽 그림과 같이 $\angle B=\alpha$,

$\angle C=90^\circ$인 직각삼각형 ABC에서

$\overline{AB}=\sqrt{2^2+(\sqrt{2})^2}=\sqrt{6}$

따라서

$\cos\alpha=\frac{2}{\sqrt{6}}=\frac{2\sqrt{6}}{6}=\frac{\sqrt{6}}{3}$

06 $\sqrt{3}x-y+3\sqrt{3}=0$에서 $y=\sqrt{3}x+3\sqrt{3}$

즉, 직선의 기울기는 $\sqrt{3}$이고 $\tan 60^\circ=\sqrt{3}$이므로

$\angle CBO=60^\circ$

x절편은 -3이므로 $\overline{BO}=3$

$\triangle CBO$에서 $\sin 60^\circ=\frac{\overline{CO}}{\overline{BO}}$

즉, $\sin 60^\circ=\frac{\overline{CO}}{3}$

따라서

$\overline{CO}=3\sin 60^\circ=3\times\frac{\sqrt{3}}{2}=\frac{3\sqrt{3}}{2}$

07 이차방정식 $3x^2-4\sqrt{3}x+3=0$의 근은

$x=\frac{2\sqrt{3}\pm\sqrt{12-9}}{3}=\frac{2\sqrt{3}\pm\sqrt{3}}{3}$에서

$x=\sqrt{3}$ 또는 $x=\frac{\sqrt{3}}{3}$

$B<A<90^\circ$이므로

$\tan B=\frac{\sqrt{3}}{3}$, $\tan A=\sqrt{3}$

즉, $B=30^\circ$, $A=60^\circ$이므로

$\sin(A-B)=\sin 30^\circ=\frac{1}{2}$

08 $\triangle ABC$에서 $\sin 30^\circ=\frac{\overline{AC}}{\overline{AB}}=\frac{\overline{AC}}{8}$

즉, $\frac{\overline{AC}}{8}=\frac{1}{2}$, $\overline{AC}=4\,(\text{cm})$

또 $\cos 30^\circ=\frac{\overline{BC}}{\overline{AB}}=\frac{\overline{BC}}{8}$이므로

$\frac{\overline{BC}}{8}=\frac{\sqrt{3}}{2}$, $\overline{BC}=4\sqrt{3}\,(\text{cm})$

$\overline{BD}=\overline{CD}$이므로

$\overline{CD}=\frac{1}{2}\overline{BC}=2\sqrt{3}\,(\text{cm})$

$\triangle ADC$에서 피타고라스 정리에 의해

$\overline{AD}=\sqrt{\overline{AC}^2+\overline{CD}^2}$

$=\sqrt{4^2+(2\sqrt{3})^2}=2\sqrt{7}\,(\text{cm})$

다른 풀이

$\triangle ABC$에서 $\overline{AB}=8\,(\text{cm})$, $\overline{AC}=4\,(\text{cm})$이므로

피타고라스 정리에 의해

$\overline{BC}=\sqrt{\overline{AB}^2-\overline{AC}^2}=\sqrt{8^2-4^2}=4\sqrt{3}\,(\text{cm})$

09 $\sin 30^\circ=\frac{\overline{CB}}{\overline{CD}}$이므로

$\overline{CD}=\frac{1}{\sin 30^\circ}=2\,(\text{cm})$

$\therefore \overline{AD}=\overline{CD}=2\,(\text{cm})$

또한 $\tan 30^\circ=\frac{\overline{CB}}{\overline{DB}}$이므로

$\overline{DB}=\frac{1}{\tan 30^\circ}=1\times\frac{3}{\sqrt{3}}=\sqrt{3}\,(\text{cm})$

$\therefore \overline{AB}=\overline{AD}+\overline{DB}=2+\sqrt{3}\,(\text{cm})$

$\triangle CAD$에서

$\angle CDB=\angle ACD+\angle CAD$이고

$\angle ACD=\angle CAD$이므로

$\angle ACD=\angle CAD=15^\circ$

$\angle ACB=\angle ACD+\angle DCB=15^\circ+60^\circ=75^\circ$

따라서

$\tan 75^\circ=\frac{\overline{AB}}{\overline{CB}}=\frac{2+\sqrt{3}}{1}=2+\sqrt{3}$

10 오른쪽 그림에서

$\overline{BO}=\overline{CO}$이므로

$\triangle BOC$에서 $\angle BCO=45^\circ$

즉, $\angle BOC=90^\circ$

$\sin 45^\circ=\frac{\overline{CO}}{\overline{BC}}=\frac{\overline{CO}}{4}$

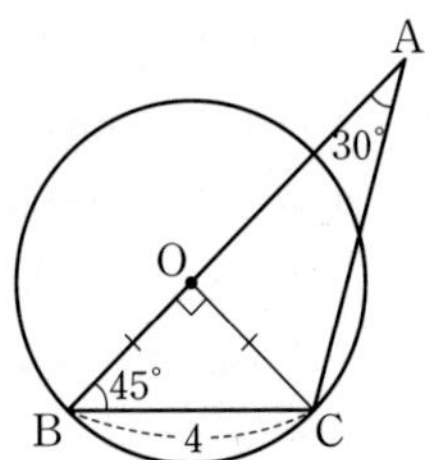

$\frac{\overline{CO}}{4}=\frac{\sqrt{2}}{2}$이므로 $\overline{CO}=2\sqrt{2}$

$\triangle AOC$에서 $\angle AOC=90°$이므로

$\sin 30°=\frac{\overline{CO}}{\overline{AC}}=\frac{2\sqrt{2}}{\overline{AC}}$

$\frac{2\sqrt{2}}{\overline{AC}}=\frac{1}{2}\quad \therefore \overline{AC}=4\sqrt{2}$

또 $\cos 30°=\frac{\overline{AO}}{\overline{AC}}=\frac{\overline{AO}}{4\sqrt{2}}$

$\frac{\overline{AO}}{4\sqrt{2}}=\frac{\sqrt{3}}{2}\quad \therefore \overline{AO}=2\sqrt{6}$

따라서

$\overline{AC}\times\overline{AO}=4\sqrt{2}\times 2\sqrt{6}=16\sqrt{3}$

11 $\overline{AB}=\sin 60°=\frac{\sqrt{3}}{2}$, $\overline{CD}=\tan 60°=\sqrt{3}$,

$\overline{OB}=\cos 60°=\frac{1}{2}$이므로

$\overline{BD}=1-\overline{OB}=\frac{1}{2}$

따라서

$$\square ABDC=\frac{1}{2}(\overline{AB}+\overline{CD})\times\overline{BD}=\frac{1}{2}\left(\frac{\sqrt{3}}{2}+\sqrt{3}\right)\times\frac{1}{2}=\frac{1}{2}\times\frac{3\sqrt{3}}{2}\times\frac{1}{2}=\frac{3\sqrt{3}}{8}$$

다른 풀이

$$\square ABCD=\triangle COD-\triangle AOB=\frac{1}{2}\times\overline{OD}\times\overline{CD}-\frac{1}{2}\times\overline{OB}\times\overline{AB}=\frac{1}{2}\times 1\times\tan 60°-\frac{1}{2}\times\cos 60°\times\sin 60°=\frac{1}{2}\times 1\times\sqrt{3}-\frac{1}{2}\times\frac{1}{2}\times\frac{\sqrt{3}}{2}=\frac{\sqrt{3}}{2}-\frac{\sqrt{3}}{8}=\frac{3\sqrt{3}}{8}$$

12 $\sin 45°=\frac{1}{\sqrt{2}}$, $\cos 0°=1$

$\sin 45°<\sin 75°<\cos 0°$

$\cos 35°=\sin 55°$이므로

$\sin 45°<\cos 35°<\sin 75°<\cos 0°$

$1=\tan 45°<\tan 50°<\tan 65°$

즉, $\sin 45°<\cos 35°<\sin 75°<\cos 0°<\tan 50°<\tan 65°$

따라서 ㄱ－ㄷ－ㄹ－ㄴ－ㅁ－ㅂ

실수하기 쉬운 부분 짚어보기

오른쪽 그림의 삼각형 ABC에서

$\sin A=\frac{a}{c}$, $\cos A=\frac{b}{c}$

$\sin B=\frac{b}{c}$, $\cos B=\frac{a}{c}$

따라서 $\sin A=\cos B$, $\cos A=\sin B$

또는 $\sin A=\cos(90°-A)$,

$\cos A=\sin(90°-A)$

따라서 $\cos 35°=\sin(90°-35°)$

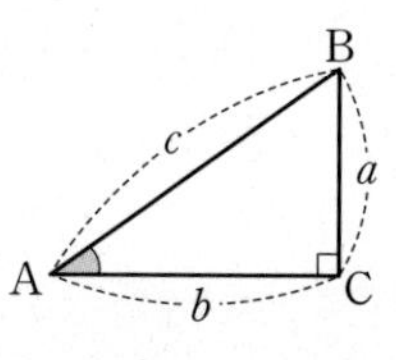

13 $0°<x<45°$일 때, $\frac{1}{\sqrt{2}}<\cos x<1$이므로

$\sqrt{\left(\frac{1}{\sqrt{2}}+\cos x\right)^2}=\frac{1}{\sqrt{2}}+\cos x$,

$\sqrt{\left(\frac{1}{\sqrt{2}}-\cos x\right)^2}=\cos x-\frac{1}{\sqrt{2}}$

따라서

$$(\text{주어진 식})=\frac{1}{\sqrt{2}}+\cos x-\left(\cos x-\frac{1}{\sqrt{2}}\right)=\frac{1}{\sqrt{2}}+\cos x-\cos x+\frac{1}{\sqrt{2}}=\frac{2}{\sqrt{2}}=\sqrt{2}$$

14 $\triangle BCD$는 정삼각형이므로

$\overline{MD}=\sin 60°\times\overline{BD}=\frac{\sqrt{3}}{2}\times 2=\sqrt{3}$

마찬가지로 $\overline{AM}=\overline{MD}=\sqrt{3}$

점 H는 $\triangle BCD$의 무게중심이므로

$\overline{MH}=\frac{1}{3}\overline{MD}=\frac{\sqrt{3}}{3}$

직각삼각형 AMH에서

$$\overline{AH}=\sqrt{\overline{AM}^2-\overline{MH}^2}=\sqrt{(\sqrt{3})^2-\left(\frac{\sqrt{3}}{3}\right)^2}=\frac{2\sqrt{6}}{3}$$

따라서

$\tan x=\frac{\overline{AH}}{\overline{MH}}=\frac{2\sqrt{6}}{3}\div\frac{\sqrt{3}}{3}=2\sqrt{2}$

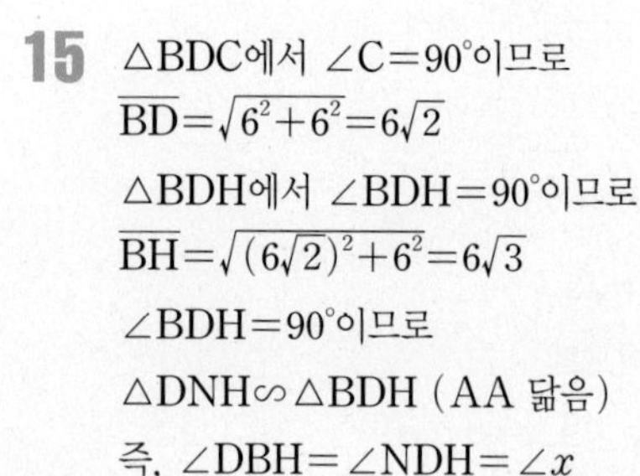

15 $\triangle BDC$에서 $\angle C=90°$이므로

$\overline{BD}=\sqrt{6^2+6^2}=6\sqrt{2}$

$\triangle BDH$에서 $\angle BDH=90°$이므로

$\overline{BH}=\sqrt{(6\sqrt{2})^2+6^2}=6\sqrt{3}$

$\angle BDH=90°$이므로

$\triangle DNH\backsim\triangle BDH$ (AA 닮음)

즉, $\angle DBH=\angle NDH=\angle x$

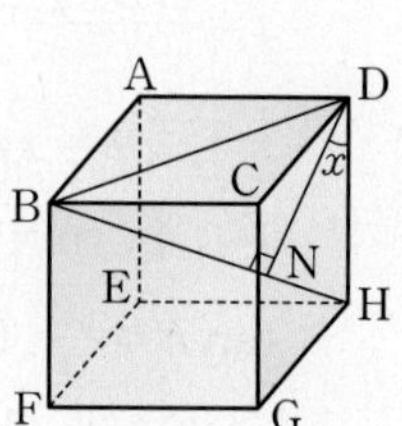

따라서

$\sin x=\frac{\overline{DH}}{\overline{BH}}=\frac{6}{6\sqrt{3}}=\frac{\sqrt{3}}{3}$

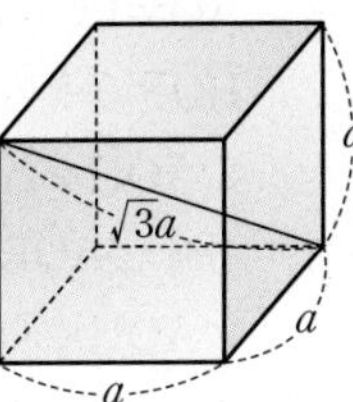

참고 한 모서리의 길이가 a인 정육면체의 대각선의 길이는

$\sqrt{a^2+a^2+a^2}=\sqrt{3a^2}=\sqrt{3}a$

다른 풀이 $\overline{BH}$의 길이

$\overline{BH}=\sqrt{6^2+6^2+6^2}=6\sqrt{3}$

16 △EFG에서 피타고라스 정리에 의해

$\overline{EG}=\sqrt{\overline{EF}^2+\overline{FG}^2}=13$

△AGE에서 ∠AGE=∠a라 하면

∠AEG=90°, $\overline{EG}$=13이므로

$\tan a=\frac{7}{13}=0.5384\cdots$

따라서 삼각비의 표에서 가장 가까운 값을 찾으면

∠AGE=28°

본문 14~15쪽

01 $\sqrt{2}-1$ **02** $\frac{3\sqrt{10}}{10}$ **03** $\frac{\sqrt{6}}{2}$ **04** $\frac{\sqrt{2}}{2}$ **05** $\left(\frac{\sqrt{6}}{3}, \sqrt{2}\right)$

06 ③ **07** $\frac{9\sqrt{3}}{32}a$ cm

01 오른쪽 그림과 같이 $\overline{AC}=\overline{CD}$가 되도록 $\overline{BC}$ 위에 점 D를 잡으면

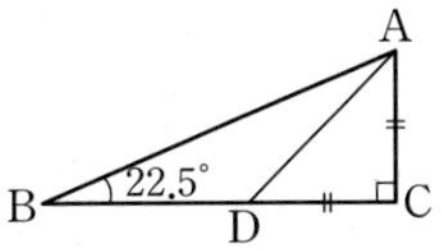

∠DAC=∠ADC=45°

외각의 성질에 의해

∠BAD=∠ADC−∠DBA

=45°−22.5°=22.5°

∴ $\overline{BD}=\overline{AD}$

$\overline{AC}=a$라 하면 $\overline{CD}=a$

피타고라스 정리에 의해

$\overline{AD}=\sqrt{a^2+a^2}=\sqrt{2}a$

이때 $\overline{BD}=\overline{AD}=\sqrt{2}a$

따라서

$\tan 22.5°=\frac{\overline{AC}}{\overline{BC}}=\frac{a}{(\sqrt{2}+1)a}=\sqrt{2}-1$

02 피타고라스 정리에 의해

△ABD에서

$\overline{AB}=\overline{BD}=1$ ∴ $\overline{CD}=1$

△ABC에서

$\overline{AC}=\sqrt{1^2+2^2}=\sqrt{5}$

오른쪽 그림과 같이 점 D에서 $\overline{AC}$에 내린 수선의 발을 점 H라 하면

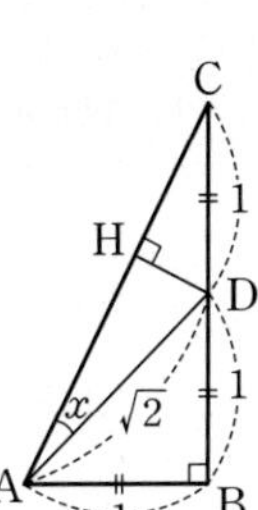

△DHC∽△ABC (AA 닮음)이므로

$\overline{DH}:\overline{AB}=\overline{CD}:\overline{CA}$

$\overline{DH}:1=1:\sqrt{5}$

∴ $\overline{DH}=\frac{\sqrt{5}}{5}$

△ADH에서

$\overline{AH}=\sqrt{\overline{AD}^2-\overline{DH}^2}=\frac{3\sqrt{5}}{5}$

따라서

$\cos x=\frac{\overline{AH}}{\overline{AD}}=\frac{3\sqrt{5}}{5}\div\sqrt{2}=\frac{3\sqrt{10}}{10}$

다른 풀이

△ABD는 직각이등변삼각형이므로

∠DAB=45°

$\sin 45°=\frac{\overline{DB}}{\overline{AD}}$

즉, $\frac{\overline{DB}}{\sqrt{2}}=\frac{\sqrt{2}}{2}$

∴ $\overline{BD}=\overline{AB}=\overline{CD}=1$

△ABC에서

$\overline{AC}=\sqrt{1^2+2^2}=\sqrt{5}$

오른쪽 그림과 같이 점 C에서 $\overline{AD}$의 연장선에 내린 수선의 발을 점 H라 하면

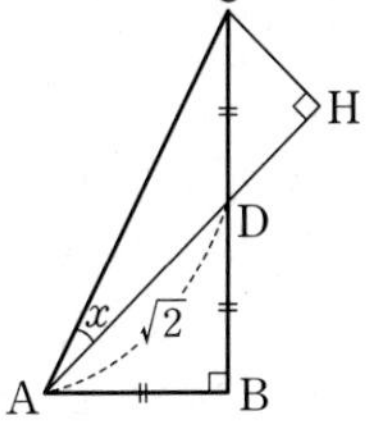

△CDH는 직각이등변삼각형이므로

∠CDH=∠DCH=45°

$\sin 45°=\frac{\overline{DH}}{\overline{CD}}=\overline{DH}$ ∴ $\overline{DH}=\frac{\sqrt{2}}{2}$

∴ $\overline{CH}=\frac{\sqrt{2}}{2}$

△CAH에서

$\overline{AH}=\overline{AD}+\overline{DH}=\sqrt{2}+\frac{\sqrt{2}}{2}$

$=\frac{3\sqrt{2}}{2}$

따라서

$\cos x=\frac{\overline{AH}}{\overline{AC}}=\frac{3\sqrt{2}}{2}\div\sqrt{5}$

$=\frac{3\sqrt{10}}{10}$

03 $\triangle$BEF에서

$\angle BEF=45^\circ$이므로 $\overline{BF}=\overline{BE}$

$\triangle$DCF에서

$\angle DFC=180^\circ-(90^\circ+45^\circ)=45^\circ$

또한 $\angle CDF=45^\circ$이므로 $\overline{DC}=\overline{FC}$

$\triangle$DCF에서 $\sin 45^\circ=\dfrac{\overline{DC}}{\overline{DF}}=\dfrac{\overline{DC}}{2\sqrt{3}}$

$\dfrac{\overline{DC}}{2\sqrt{3}}=\dfrac{\sqrt{2}}{2}$이므로 $\overline{DC}=\overline{FC}=\sqrt{6}$

$\triangle$DEF에서 $\cos 30^\circ=\dfrac{\overline{DF}}{\overline{DE}}=\dfrac{2\sqrt{3}}{\overline{DE}}$

$\dfrac{2\sqrt{3}}{\overline{DE}}=\dfrac{\sqrt{3}}{2}$이므로 $\overline{DE}=4$

$\tan 30^\circ=\dfrac{\overline{EF}}{\overline{DF}}=\dfrac{\overline{EF}}{2\sqrt{3}}$

$\dfrac{\overline{EF}}{2\sqrt{3}}=\dfrac{\sqrt{3}}{3}$이므로 $\overline{EF}=2$

$\triangle$BEF에서 $\cos 45^\circ=\dfrac{\overline{BF}}{\overline{EF}}=\dfrac{\overline{BF}}{2}$

$\dfrac{\overline{BF}}{2}=\dfrac{\sqrt{2}}{2}$이므로 $\overline{BF}=\sqrt{2}$

즉, $\overline{AE}=\overline{AB}-\overline{BE}=\sqrt{6}-\sqrt{2}$이고

$\overline{AD}=\overline{BC}=\overline{BF}+\overline{FC}=\sqrt{6}+\sqrt{2}$

따라서 $\triangle$AED에서

$$\sin 15^\circ+\cos 15^\circ=\frac{\overline{AE}}{\overline{DE}}+\frac{\overline{AD}}{\overline{DE}}=\frac{\sqrt{6}-\sqrt{2}}{4}+\frac{\sqrt{6}+\sqrt{2}}{4}=\frac{\sqrt{6}}{2}$$

04 $\overline{AC}=\overline{BD}=\overline{DE}=\overline{EC}=a$라 하자.

$\triangle$AEC에서 $\overline{AE}=\sqrt{a^2+a^2}=\sqrt{2}a$

$\triangle$ABE와 $\triangle$DAE에서

$\overline{BE}:\overline{AE}=2a:\sqrt{2}a=\sqrt{2}:1$이고

$\overline{AE}:\overline{DE}=\sqrt{2}a:a=\sqrt{2}:1$이므로

$\overline{BE}:\overline{AE}=\overline{AE}:\overline{DE}$

$\angle$BEA는 공통이므로

$\triangle ABE \backsim \triangle DAE$ (SAS 닮음)

$\therefore \angle DAE=\angle ABE=\angle x$

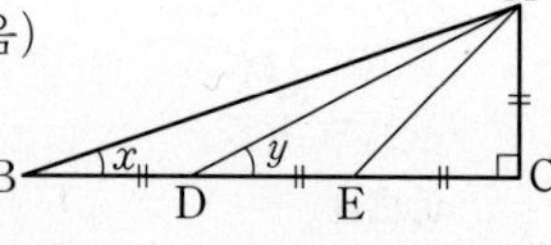

$\triangle$ADE에서

$\angle DAE+\angle ADE=\angle AEC$

즉, $\angle x+\angle y=45^\circ$

따라서

$\sin(x+y)=\sin 45^\circ=\dfrac{\sqrt{2}}{2}$

05 오른쪽 그림의 $\triangle$AOH와 $\triangle$EOH에서

$\angle HAO=\angle HEO=90^\circ$

$\overline{AO}=\overline{EO}=\sqrt{2}$

$\overline{HO}$는 공통이므로

$\triangle AOH \equiv \triangle EOH$ (RHS 합동)

이때 $\angle AOE=90^\circ-30^\circ=60^\circ$이므로

$\angle AOH=\angle EOH=30^\circ$

$\triangle$AOH에서

$\overline{AH}=\overline{AO}\tan 30^\circ=\sqrt{2}\times\dfrac{\sqrt{3}}{3}=\dfrac{\sqrt{6}}{3}$

따라서 점 H의 좌표는 $\left(\dfrac{\sqrt{6}}{3}, \sqrt{2}\right)$이다.

06

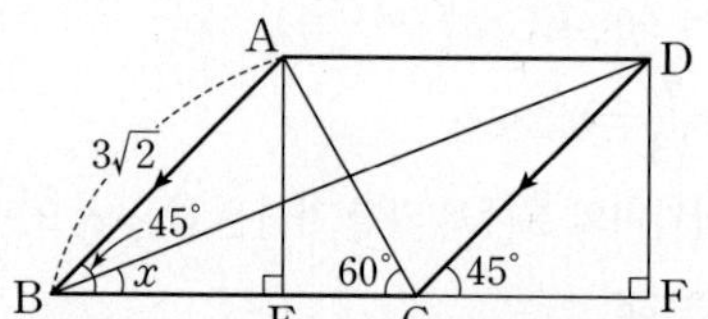

그림과 같이 점 A와 점 D에서 변 BC 또는 변 BC의 연장선에 내린 수선의 발을 각각 E, F라 하자.

$\angle ABC=45^\circ$이므로 직각삼각형 ABE는 직각이등변삼각형이고 $\overline{AE}=\overline{BE}=3$이다.

또 $\angle ACB=60^\circ$이므로 직각삼각형 AEC에서

$\tan 60^\circ=\dfrac{\overline{AE}}{\overline{CE}}=\dfrac{3}{\overline{CE}}$

즉, $\overline{CE}=\dfrac{3}{\tan 60^\circ}=\dfrac{3}{\sqrt{3}}=\sqrt{3}$

한편 두 선분 AB와 CD는 서로 평행하므로

$\angle ABE=\angle DCF=45^\circ$

평행사변형에서 대변의 길이는 서로 같으므로 $\overline{AB}=\overline{CD}$

$\triangle ABE \equiv \triangle DCF$ (ASA 합동)이므로

$\overline{CF}=\overline{DF}=3$

이때 $\overline{BF}=\overline{BE}+\overline{EC}+\overline{CF}=3+\sqrt{3}+3=6+\sqrt{3}$

따라서 직각삼각형 BFD에서

$\tan x=\dfrac{\overline{DF}}{\overline{BF}}=\dfrac{3}{6+\sqrt{3}}=\dfrac{6-\sqrt{3}}{11}$

07 $\triangle$GAF에서

$\cos 30^\circ=\dfrac{\overline{AF}}{\overline{AG}}=\dfrac{\overline{AF}}{a}$이므로

$\overline{AF}=a\cos 30^\circ=a\times\dfrac{\sqrt{3}}{2}=\dfrac{\sqrt{3}}{2}a\,(\text{cm})$

$\triangle$FAE에서 $\cos 30^\circ=\dfrac{\overline{AE}}{\overline{AF}}$이므로

$$\overline{AE}=\overline{AF}\times\cos 30^\circ=\frac{\sqrt{3}}{2}a\times\frac{\sqrt{3}}{2}$$

$$=\left(\frac{\sqrt{3}}{2}\right)^2 a\,(\text{cm})$$

마찬가지로

$$\overline{AD}=\left(\frac{\sqrt{3}}{2}\right)^3 a\,(\text{cm}),\ \overline{AC}=\left(\frac{\sqrt{3}}{2}\right)^4 a\,(\text{cm})$$

따라서

$$\overline{AB}=\left(\frac{\sqrt{3}}{2}\right)^5 a=\frac{9\sqrt{3}}{32}a\,(\text{cm})$$

Level 4

본문 16~17쪽

01 30° **02** $\frac{3\sqrt{5}}{5}$ **03** $\sin 18^\circ=\frac{-1+\sqrt{5}}{4}$, $\cos 36^\circ=\frac{1+\sqrt{5}}{4}$

04 $\frac{3\sqrt{3}}{2}$ **05** $2+\sqrt{3}$ **06** 1 **07** $\frac{3}{5}$

01 **풀이전략** 평행사변형의 성질과 삼각비의 최댓값을 이용하여 $\angle DCF$의 크기의 최댓값을 구한다.

오른쪽 그림에서

$\overline{AE}\,/\!/\,\overline{FC}$, $\overline{AE}=\overline{FC}$이므로

사각형 AECF는 평행사변형이다.

즉, $\overline{ED}=\overline{DF}$

$\angle DCF=\angle a$, $\angle CDF=\angle b$라 하고

점 F에서 $\overline{AC}$에 내린 수선의 발을

H라 하면, 직각삼각형 CFH에서

$$\sin a=\frac{\overline{FH}}{\overline{CF}}$$

직각삼각형 DFH에서

$$\sin b=\frac{\overline{FH}}{\overline{DF}}$$

$\overline{DF}=\frac{1}{2}\overline{EF}=\frac{1}{2}\overline{CF}$이므로

$$\sin b=\frac{\overline{FH}}{\overline{DF}}=\frac{2\overline{FH}}{\overline{CF}}=2\sin a$$

이때 $0^\circ<\angle CDF\le 90^\circ$이므로 $0<\sin b\le 1$

즉, $0<2\sin a\le 1$ $\quad\therefore 0<\sin a\le\frac{1}{2}$

따라서 $\sin a$의 값 중 최댓값은 $\frac{1}{2}$이므로 $\angle DCF$의 크기의 최댓값은 30°이다.

02 **풀이전략** 피타고라스 정리를 이용하여 삼각형 ABC의 세 변의 길이를 구한 후, x의 삼각비의 값을 구한다.

피타고라스 정리에 의해

$\overline{AB}=\sqrt{4^2+8^2}=4\sqrt{5}$

$\overline{BC}=\sqrt{3^2+4^2}=5$

$\overline{AC}=\sqrt{7^2+4^2}=\sqrt{65}$

오른쪽 그림과 같이 $\triangle ABC$의 점 A에서 $\overline{BC}$에 내린 수선의 발을 H라 하고, $\overline{BH}=y$라고 하면

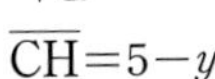

$\overline{CH}=5-y$

$\triangle ABH$에서

$\overline{AH}^2=(4\sqrt{5})^2-y^2$ …… ㉠

$\triangle ACH$에서

$\overline{AH}^2=(\sqrt{65})^2-(5-y)^2$ …… ㉡

㉠, ㉡에서

$(4\sqrt{5})^2-y^2=(\sqrt{65})^2-(5-y)^2$

$10y=40$ $\quad\therefore y=4$

즉, $\overline{AH}=\sqrt{(4\sqrt{5})^2-4^2}=8$

따라서

$$\sin x+\cos x=\frac{8}{4\sqrt{5}}+\frac{4}{4\sqrt{5}}=\frac{3\sqrt{5}}{5}$$

03 **풀이전략** 이등변삼각형의 성질과 삼각형의 닮음을 이용하여 필요한 선분의 길이를 구한 후, 삼각비의 값을 구한다.

오른쪽 그림과 같이

$\angle ABD=\angle DBC=a$라 하면

$\overline{AB}=\overline{AC}$이므로

$\angle ACB=\angle ABC=2a$

$\triangle BCD$에서 $\overline{BC}=\overline{BD}$이므로

$\angle BDC=\angle BCD=2a$

즉, $a+2a+2a=180^\circ$, $5a=180^\circ$

$\therefore a=36^\circ$

$\triangle ABC$에서

$\angle BAC=180^\circ-2\times 72^\circ=36^\circ$

$\overline{AD}=x$라 하면

$\angle BAD=\angle BDC-\angle ABD$

$=2a-a$

$=a$

에서 $\triangle DAB$는 이등변삼각형이므로

$\overline{BC}=\overline{BD}=\overline{AD}=x$

또 $\triangle ABC \backsim \triangle BDC$ (AA 닮음)이므로

$\overline{AB}:\overline{BD}=\overline{BC}:\overline{CD}$, 즉 $1:x=x:(1-x)$

$x^2=1-x$, $x^2+x-1=0$

$x>0$이므로 $x=\dfrac{-1+\sqrt{5}}{2}$

점 A에서 $\overline{BC}$에 내린 수선의 발을 F라 하면 $\triangle ABF$에서

$\angle BAF=\dfrac{1}{2}\angle BAC=18^\circ$이고

$\overline{BF}=\dfrac{1}{2}\overline{BC}=\dfrac{-1+\sqrt{5}}{4}$

이때 $\sin 18^\circ=\dfrac{\overline{BF}}{\overline{AB}}=\overline{BF}=\dfrac{-1+\sqrt{5}}{4}$

점 D에서 $\overline{AB}$에 내린 수선의 발을 E라 하면

$\triangle BDE$에서 $\overline{BE}=\dfrac{1}{2}\overline{AB}=\dfrac{1}{2}$

이때 $\cos 36^\circ=\dfrac{\overline{BE}}{\overline{BD}}=\dfrac{1}{2}\div\dfrac{-1+\sqrt{5}}{2}=\dfrac{1+\sqrt{5}}{4}$

04

풀이전략 삼각형의 닮음과 특수각의 삼각비를 이용하여 $\overline{DC}$의 길이를 구한다.

오른쪽 그림과 같이 점 C에서 $\overline{DE}$의 연장선에 내린 수선의 발을 F라 하면

A, D, 3, B, 30°, 60°, E, C, F

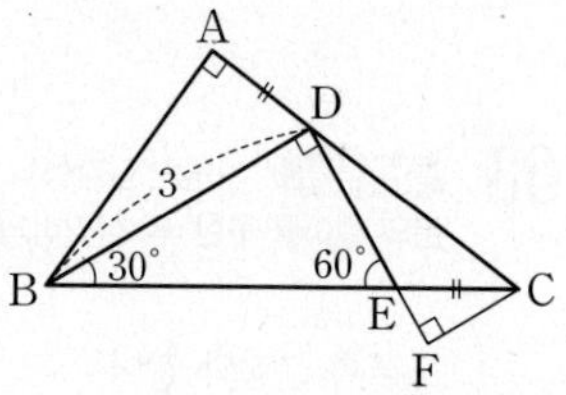

$\angle CEF=\angle DEB=60^\circ$

$\overline{AD}=\overline{CE}=a$라 하면

$\triangle CEF$에서

$\sin 60^\circ=\dfrac{\overline{CF}}{\overline{EC}}=\dfrac{\overline{CF}}{a}$

즉, $\dfrac{\overline{CF}}{a}=\dfrac{\sqrt{3}}{2}$

$\therefore \overline{CF}=\dfrac{\sqrt{3}}{2}a$

$\triangle ABD$와 $\triangle FDC$에서

$\angle A=\angle DFC=90^\circ$, $\angle ABD=90^\circ-\angle ADB=\angle FDC$

$\therefore \triangle ABD \backsim \triangle FDC$ (AA 닮음)

즉, $\overline{BD}:\overline{DC}=\overline{DA}:\overline{CF}$이므로

$3:\overline{DC}=a:\dfrac{\sqrt{3}}{2}a$

따라서

$\overline{DC}=\dfrac{3\sqrt{3}}{2}$

05

풀이전략 특수각의 삼각비를 이용하여 필요한 선분의 길이를 구한 후, tan 75°를 구한다.

$\triangle ACD$에서

$\cos 30^\circ=\dfrac{\overline{AC}}{\overline{AD}}=\dfrac{\overline{AC}}{6}$

$\dfrac{\overline{AC}}{6}=\dfrac{\sqrt{3}}{2}$

$\therefore \overline{AC}=3\sqrt{3}$

피타고라스 정리에 의해

$\overline{CD}=\sqrt{6^2-(3\sqrt{3})^2}=3$

$\triangle CDF$에서

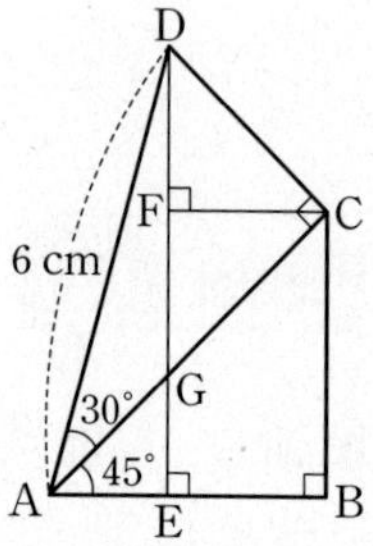

$\angle DCF=\angle DCB-\angle FCB$

$=135^\circ-90^\circ=45^\circ$

D, F, C, 6 cm, 30°, G, 45°, A, E, B

$\cos 45^\circ=\dfrac{\overline{CF}}{\overline{CD}}=\dfrac{\overline{CF}}{3}$이므로

$\overline{CF}=\dfrac{3\sqrt{2}}{2}$

$\therefore \overline{DF}=\overline{BE}=\overline{CF}=\dfrac{3\sqrt{2}}{2}$

$\triangle ABC$에서

$\sin 45^\circ=\dfrac{\overline{BC}}{\overline{AC}}=\dfrac{\overline{BC}}{3\sqrt{3}}$

$\therefore \overline{BC}=3\sqrt{3}\times\sin 45^\circ=\dfrac{3\sqrt{6}}{2}$

즉, $\overline{AB}=\overline{BC}=\dfrac{3\sqrt{6}}{2}$

이때

$\overline{DE}=\overline{EF}+\overline{DF}=\dfrac{3\sqrt{6}}{2}+\dfrac{3\sqrt{2}}{2}$

$=\dfrac{3(\sqrt{6}+\sqrt{2})}{2}$

$\overline{AE}=\overline{AB}-\overline{BE}=\dfrac{3\sqrt{6}}{2}-\dfrac{3\sqrt{2}}{2}$

$=\dfrac{3(\sqrt{6}-\sqrt{2})}{2}$

따라서

$\tan 75^\circ=\dfrac{\overline{DE}}{\overline{AE}}=2+\sqrt{3}$

06

풀이전략 $\tan A$와 $\tan(90^\circ-A)$의 관계를 이용하여 주어진 식의 값을 구한다.

$\triangle AOP_1$에서 $\tan 1^\circ=\dfrac{\overline{OP_1}}{\overline{AO}}$

$\triangle AOP_2$에서 $\tan 2^\circ=\dfrac{\overline{OP_2}}{\overline{AO}}$

$\triangle AOP_3$에서 $\tan 3^\circ=\dfrac{\overline{OP_3}}{\overline{AO}}$

⋮

$\triangle AOP_{89}$에서 $\tan 89^\circ=\dfrac{\overline{OP_{89}}}{\overline{AO}}$

그런데 $\triangle AOP_1$에서 $\angle AP_1O=89^\circ$이므로

$\tan 89^\circ=\dfrac{\overline{AO}}{\overline{OP_1}}=\dfrac{1}{\tan 1^\circ}$

$\triangle AOP_2$에서 $\tan 88^\circ=\dfrac{\overline{AO}}{\overline{OP_2}}=\dfrac{1}{\tan 2^\circ}$

$\triangle AOP_3$에서 $\tan 87^\circ=\dfrac{\overline{AO}}{\overline{OP_3}}=\dfrac{1}{\tan 3^\circ}$

⋮

$\triangle AOP_{89}$에서 $\tan 1^\circ=\dfrac{\overline{AO}}{\overline{OP_{89}}}=\dfrac{1}{\tan 89^\circ}$

따라서

$\tan 1^\circ\times\tan 2^\circ\times\tan 3^\circ\times\cdots\times\tan 88^\circ\times\tan 89^\circ$

$=\tan 1^\circ\times\tan 2^\circ\times\cdots\times\tan 45^\circ\times\dfrac{1}{\tan 44^\circ}\times\dfrac{1}{\tan 43^\circ}$

$\times\cdots\times\dfrac{1}{\tan 1^\circ}$

$=\tan 45^\circ=1$

다른 풀이

일반적으로 $\angle C=90^\circ$인 직각삼각형 ABC에서

$\tan A=\dfrac{a}{b}$, $\tan B=\dfrac{b}{a}$

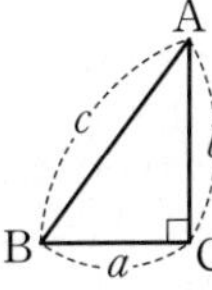

따라서 $\angle A=90^\circ-\angle B$일 때,

$\tan A\times\tan B=\dfrac{a}{b}\times\dfrac{b}{a}=1$

즉, $\tan 1^\circ\times\tan 2^\circ\times\tan 3^\circ\times\cdots\times\tan 88^\circ\times\tan 89^\circ$

$=(\tan 1^\circ\times\tan 89^\circ)\times(\tan 2^\circ\times\tan 88^\circ)$

$\times\cdots\times(\tan 44^\circ\times\tan 46^\circ)\times\tan 45^\circ$

$=1\times1\times\cdots\times1\times1$

$=1$

07 **풀이전략** 최단거리의 선분을 포함하는 평면에서 피타고라스 정리를 이용하여 필요한 선분의 길이를 구한다.

오른쪽 그림에서 면 B′C′GF는 면 BFGC를 선분 FG를 축으로 하여 선분 DP의 연장선이 포함되도록 회전하여 이동한 것이다.

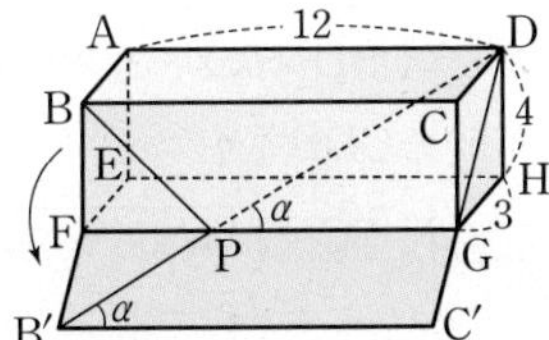

이때 $\overline{C'G}=\overline{CG}=4$,

$\overline{B'C'}=\overline{BC}=12$

또한 $\triangle BFP\equiv\triangle B'FP$이므로

$\overline{BP}=\overline{B'P}$

즉, $\overline{BP}+\overline{PD}$의 최단거리는 선분 B′D의 길이와 같다.

피타고라스 정리에 의해

$\triangle DHG$에서

$\overline{DG}=\sqrt{3^2+4^2}=5$

$\triangle DB'C'$에서

$\overline{DB'}=\sqrt{(5+4)^2+12^2}=15$

$\triangle DB'C'$에서 $\overline{PG}\,/\!/\,\overline{B'C'}$이므로

$\angle a=\angle DB'C'$

따라서

$\sin a=\sin(\angle DB'C')=\dfrac{\overline{DC'}}{\overline{DB'}}=\dfrac{9}{15}=\dfrac{3}{5}$

V. 삼각비

2 삼각비의 활용_길이 구하기

본문 20~23쪽

01 ⑤	**02** $\overline{AB}=4.5$, $\overline{AC}=2.25$		**03** $9\sqrt{3}\pi\,\text{cm}^3$
04 ②	**05** 31.48 m	**06** ③, ④	**07** ③
08 (1) $\sqrt{37}$ (2) $3\sqrt{3}$		**09** ④	**10** ③
11 $2\sqrt{2}$	**12** $60\sqrt{2}$ m	**13** ③	**14** $80(3-\sqrt{3})$m
15 ③	**16** $50(\sqrt{3}+1)$m		

01 ① $\sin A=\dfrac{a}{b}$이므로 $a=b\sin A$

② $\cos C=\dfrac{a}{b}$이므로 $a=b\cos C$

③ $\sin C=\dfrac{c}{b}$이므로 $b=\dfrac{c}{\sin C}$

④ $\tan A=\dfrac{a}{c}$이므로 $c=\dfrac{a}{\tan A}$

⑤ $\tan C=\dfrac{c}{a}$이므로 $c=a\tan C$

02 $\overline{AB}=\overline{BC}\times\cos B=5\cos 27^\circ$

$=5\times0.90=4.5$

$\overline{AC}=\overline{BC}\times\sin B=5\sin 27^\circ$

$=5\times0.45=2.25$

03 오른쪽 그림의 △AOB에서

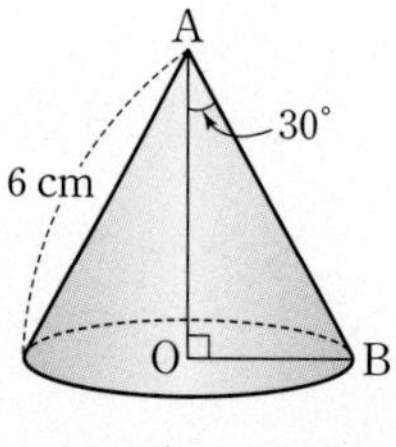

$\overline{AO}=6\cos 30^\circ=6\times\dfrac{\sqrt{3}}{2}$

$=3\sqrt{3}\,(\text{cm})$

$\overline{BO}=6\sin 30^\circ=6\times\dfrac{1}{2}=3\,(\text{cm})$

따라서

(원뿔의 부피)$=\dfrac{1}{3}\times$(밑넓이)$\times$(높이)

$=\dfrac{1}{3}\times(3^2\times\pi)\times3\sqrt{3}$

$=9\sqrt{3}\pi\,(\text{cm}^3)$

04 오른쪽 그림에서

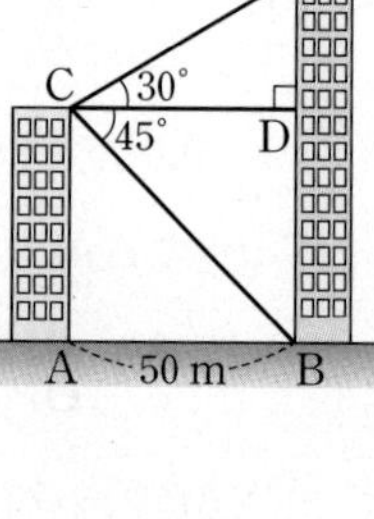

$\overline{CD}=\overline{AB}=50\,(\text{m})$

△CDB에서

$\overline{DB}=\overline{CD}\tan 45^\circ=\overline{CD}=50\,(\text{m})$

△CDE에서

$\overline{DE}=\overline{CD}\tan 30^\circ$

$=\dfrac{50}{\sqrt{3}}=\dfrac{50\sqrt{3}}{3}\,(\text{m})$

따라서 건물의 높이는

$\overline{BE}=\overline{DB}+\overline{DE}=50\left(1+\dfrac{\sqrt{3}}{3}\right)$

$=\dfrac{50(3+\sqrt{3})}{3}\,(\text{m})$

05 오른쪽 그림의 △ABC에서

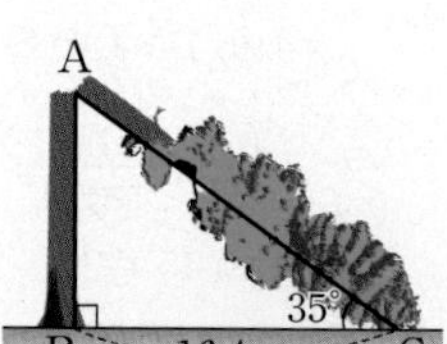

$\cos 35^\circ=\dfrac{16.4}{\overline{AC}}$이므로

$\overline{AC}=\dfrac{16.4}{\cos 35^\circ}$

$=\dfrac{16.4}{0.82}=20\,(\text{m})$

$\tan 35^\circ=\dfrac{\overline{AB}}{\overline{BC}}$이므로

$\overline{AB}=16.4\times\tan 35^\circ$

$=16.4\times0.70$

$=11.48\,(\text{m})$

따라서 원래 나무의 높이는

$\overline{AB}+\overline{AC}=11.48+20=31.48\,(\text{m})$

06 직각삼각형 ACD에서 $\angle CAD=45^\circ$이므로

① $\overline{AD}=4\cos 45^\circ=4\times\dfrac{\sqrt{2}}{2}=2\sqrt{2}$

② $\overline{DC}=4\sin 45^\circ=4\times\dfrac{\sqrt{2}}{2}=2\sqrt{2}$

③ $\overline{BD}=6\sqrt{2}-2\sqrt{2}=4\sqrt{2}$

△CDB에서

④ $\overline{BC}=\sqrt{(4\sqrt{2})^2+(2\sqrt{2})^2}$

$=\sqrt{40}=2\sqrt{10}$

⑤ $\sin(\angle BCD)=\dfrac{4\sqrt{2}}{2\sqrt{10}}=\dfrac{2\sqrt{5}}{5}$

즉, $\sin(\angle BCD)\neq\dfrac{\sqrt{3}}{2}$이므로 $\angle BCD\neq60^\circ$

$\therefore \angle ACB\neq105^\circ$

참고 두 변의 길이와 그 끼인각의 크기가 주어질 때,

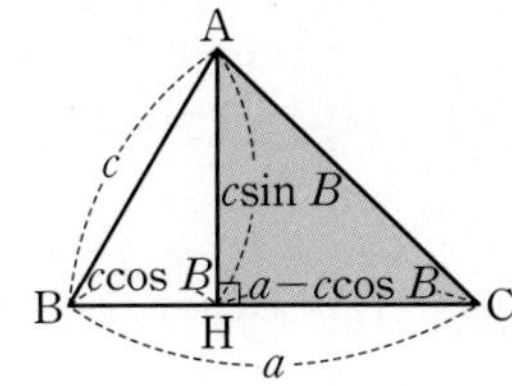

$\overline{AC}=\sqrt{(c\sin B)^2+(a-c\cos B)^2}$

07 오른쪽 그림과 같이 점 A에서 $\overline{BC}$에 내린 수선의 발을 H라 하면

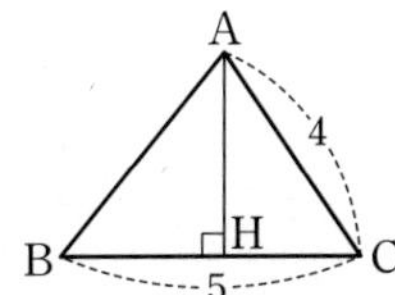

$\overline{CH}=\overline{AC}\cos C=4\times\frac{1}{2}=2$

$\therefore \overline{BH}=\overline{BC}-\overline{CH}=5-2=3$

△ACH에서

$\overline{AH}=\sqrt{4^2-2^2}=2\sqrt{3}$

직각삼각형 ABH에서

$\overline{AB}=\sqrt{(2\sqrt{3})^2+3^2}=\sqrt{21}$

08 오른쪽 그림과 같이 점 A에서 $\overline{BC}$의 연장선에 내린 수선의 발을 H라 하면

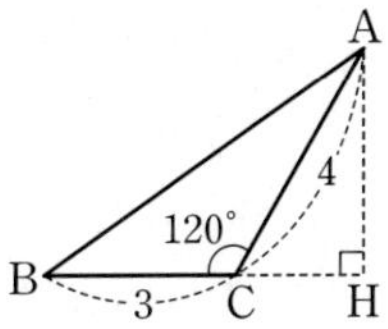

△ACH에서

$\angle ACH=180^\circ-120^\circ=60^\circ$

$\overline{AH}=4\sin 60^\circ=4\times\frac{\sqrt{3}}{2}=2\sqrt{3}$

$\overline{CH}=4\cos 60^\circ=4\times\frac{1}{2}=2$

이때 $\overline{BH}=\overline{BC}+\overline{CH}=3+2=5$

(1) 직각삼각형 ABH에서

$\overline{AB}=\sqrt{\overline{AH}^2+\overline{BH}^2}$

$=\sqrt{(2\sqrt{3})^2+5^2}=\sqrt{37}$

(2) $\triangle ABC=\frac{1}{2}\times\overline{BC}\times\overline{AH}$

$=\frac{1}{2}\times3\times2\sqrt{3}=3\sqrt{3}$

09 오른쪽 그림과 같이 점 A에서 $\overline{BC}$에 내린 수선의 발을 H라 하면

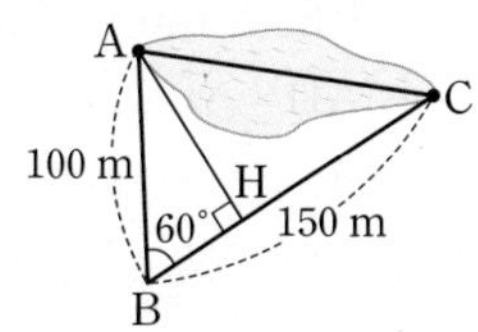

△ABH에서

$\overline{AH}=100\sin 60^\circ$

$=100\times\frac{\sqrt{3}}{2}=50\sqrt{3}\,(\mathrm{m})$

$\overline{BH}=100\cos 60^\circ$

$=100\times\frac{1}{2}=50\,(\mathrm{m})$

이때

$\overline{CH}=\overline{BC}-\overline{BH}$

$=150-50=100\,(\mathrm{m})$

따라서 직각삼각형 ACH에서

$\overline{AC}=\sqrt{\overline{AH}^2+\overline{HC}^2}$

$=\sqrt{(50\sqrt{3})^2+100^2}=50\sqrt{7}\,(\mathrm{m})$

함정 피하기

두 변의 길이와 그 끼인각의 크기가 주어진 일반삼각형에서 변의 길이를 구할 때 ⇒ 주어진 각을 이용하기 위해 아래와 같은 방법으로 수선을 그어 직각삼각형을 만든다.

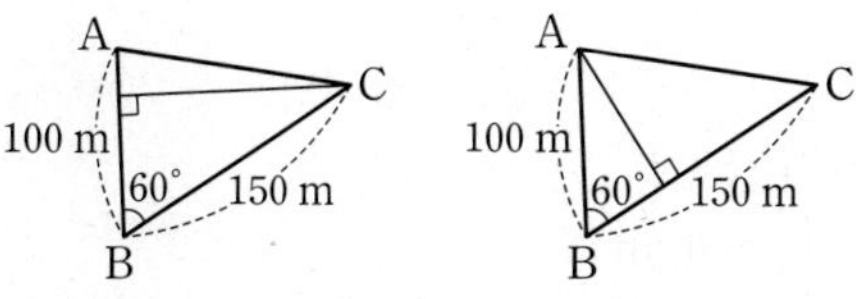

10 오른쪽 그림과 같이 점 C에서 $\overline{AB}$에 내린 수선의 발을 H라 하면

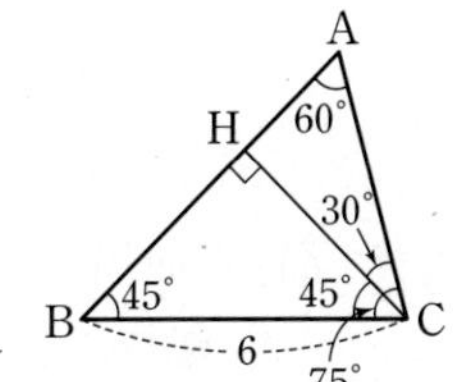

△BCH에서 $\angle BCH=45^\circ$

$\overline{BH}=\overline{CH}=6\sin 45^\circ$

$=6\times\frac{\sqrt{2}}{2}=3\sqrt{2}$

△ACH에서

$\angle ACH=75^\circ-45^\circ=30^\circ$

따라서

$\overline{AC}=\frac{\overline{CH}}{\cos 30^\circ}$

$=3\sqrt{2}\times\frac{2}{\sqrt{3}}=2\sqrt{6}$

참고 한 변의 길이와 그 양 끝 각의 크기가 주어진 일반삼각형에서 한 변의 길이를 구할 때 ⇒ 주어진 각을 이용하기 위해 아래와 같은 방법으로 수선을 그어 직각삼각형을 만든다.

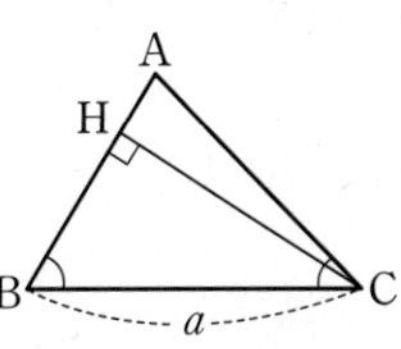

$\overline{AC}=\frac{a\sin B}{\sin A}$

이때 양 끝 각 중 특수각보다는 일반각을 분할하여 특수각의 삼각비의 값을 이용하는 편이 쉽다.

11 오른쪽 그림과 같이 점 A에서 $\overline{BC}$에 내린 수선의 발을 H라 하면

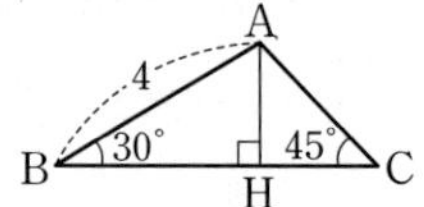

△ABH에서

$\overline{AH}=4\sin 30°$

$=4\times\frac{1}{2}=2$

따라서 △ACH에서

$\overline{AC}=\frac{\overline{AH}}{\sin 45°}$

$=2\div\frac{\sqrt{2}}{2}=2\sqrt{2}$

12 오른쪽 그림과 같이 점 A에서 $\overline{BC}$에 내린 수선의 발을 H라 하면

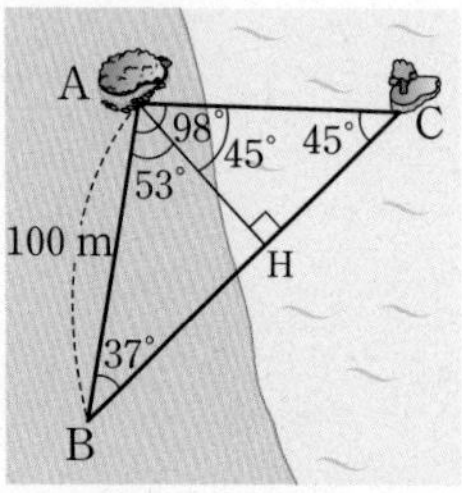

△ABH에서

$\overline{AH}=100\sin 37°$

$=100\times 0.60$

$=60\text{ (m)}$

$\angle BAH=180°-90°-37°=53°$

$\angle CAH=98°-53°=45°$

따라서 △ACH에서

$\overline{AC}=\frac{\overline{AH}}{\cos 45°}=60\div\frac{\sqrt{2}}{2}=60\sqrt{2}\text{ (m)}$

13 $\overline{AH}=x$라 하면

△ACH에서

$\tan 45°=\frac{\overline{AH}}{\overline{CH}}=1$이므로 $\overline{CH}=x$

△ABH에서

$\angle BAH=180°-(30°+90°)=60°$이므로

$\tan 60°=\frac{\overline{BH}}{\overline{AH}}=\frac{10-x}{x}=\sqrt{3}$에서

$10-x=\sqrt{3}x,\ (\sqrt{3}+1)x=10$

$\therefore x=\frac{10}{\sqrt{3}+1}=5(\sqrt{3}-1)$

따라서 $\overline{AH}=5(\sqrt{3}-1)$

참고 한 변의 길이와 그 양 끝 각의 크기가 주어진 일반삼각형에서 높이를 구할 때 ⇒ 아래 그림과 같이 수선의 길이를 h라 하고 h에 관한 식을 세운다.

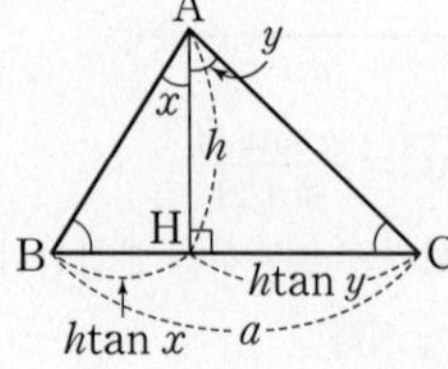

$h=\frac{a}{\tan x+\tan y}$

14 $\overline{AH}=h$ m라 하면

△ACH에서

$\tan 45°=\frac{\overline{AH}}{\overline{CH}}=1$이므로 $\overline{CH}=h\text{ (m)}$

△ABH에서

$\angle BAH=180°-(60°+90°)=30°$이므로

$\tan 30°=\frac{\overline{BH}}{\overline{AH}}=\frac{160-h}{h}=\frac{\sqrt{3}}{3}$에서

$480-3h=\sqrt{3}h,\ (3+\sqrt{3})h=480$

$\therefore h=\frac{480}{3+\sqrt{3}}=\frac{480(3-\sqrt{3})}{(3+\sqrt{3})(3-\sqrt{3})}$

$=80(3-\sqrt{3})$

따라서 타워의 높이 $\overline{AH}$는 $80(3-\sqrt{3})$m

15 $\overline{AH}=h$라 하면

△ABH에서 $\angle BAH=31°$이므로

$\tan 31°=\frac{\overline{BH}}{h}$

$\therefore \overline{BH}=h\tan 31°$

△ACH에서 $\angle CAH=15°$이므로

$\tan 15°=\frac{\overline{CH}}{h}$

$\therefore \overline{CH}=h\tan 15°$

$\overline{BC}=\overline{BH}-\overline{CH}$이므로

$12=h\tan 31°-h\tan 15°$

$h(\tan 31°-\tan 15°)=12$

$\therefore h=\frac{12}{\tan 31°-\tan 15°}$

따라서

$\overline{AH}=\frac{12}{\tan 31°-\tan 15°}$

16 $\overline{BC}=x$ m라 하면

△ABC에서

$\overline{AB}=x\tan 60°=\sqrt{3}x\text{ (m)}$

△DBC에서

$\overline{DB}=x\tan 45°=x\text{ (m)}$

$\overline{AD}=\overline{AB}-\overline{DB}=\sqrt{3}x-x=(\sqrt{3}-1)x\text{ (m)}$

즉, $(\sqrt{3}-1)x=100$이므로

$x=\frac{100}{\sqrt{3}-1}=50(\sqrt{3}+1)$

따라서 산의 높이 $\overline{BC}$는 $50(\sqrt{3}+1)$m

다른 풀이

$\overline{BC}=x$ m라 하면

$\triangle BCD$에서 $\tan 45^\circ=\dfrac{\overline{CB}}{\overline{DB}}$

즉, $\dfrac{\overline{CB}}{\overline{DB}}=1$이므로 $\overline{DB}=x\,(\text{m})$

$\triangle ABC$에서 $\tan 30^\circ=\dfrac{x}{100+x}$

즉, $\dfrac{1}{\sqrt{3}}=\dfrac{x}{100+x}$이므로

$\sqrt{3}x=100+x$, $(\sqrt{3}-1)x=100$

$\therefore x=\dfrac{100}{\sqrt{3}-1}=50(\sqrt{3}+1)$

따라서 산의 높이 $\overline{BC}$는 $50(\sqrt{3}+1)$m

Level 2

본문 24~25쪽

01 ③ **02** ② **03** $9(2-\sqrt{2})$cm **04** $60\sqrt{3}$ **05** ⑤

06 $25\sqrt{3}$m **07** $\dfrac{32\sqrt{2}}{3}$cm^3 **08** ②

01 $\overline{BC}=\dfrac{\overline{AC}}{\tan 42^\circ}=\dfrac{9}{0.90}=10$

따라서

$\triangle ABC=\dfrac{1}{2}\times\overline{BC}\times\overline{AC}$

$=\dfrac{1}{2}\times 10\times 9=45$

02 $\triangle ADC$에서 $\angle DAC=30^\circ$이므로

$\overline{AD}=8\cos 30^\circ=8\times\dfrac{\sqrt{3}}{2}=4\sqrt{3}$

$\triangle ADE$에서

$\overline{DE}=4\sqrt{3}\sin 30^\circ=4\sqrt{3}\times\dfrac{1}{2}=2\sqrt{3}$

03 오른쪽 그림과 같이 점 B에서 $\overline{OA}$에 내린 수선의 발을 H라 하면

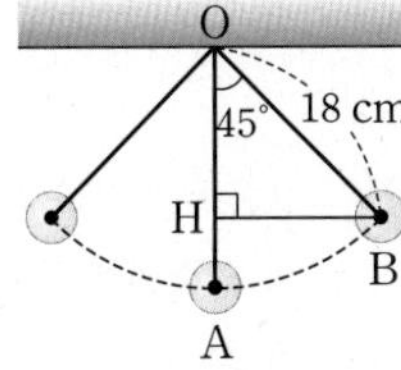

$\triangle BOH$에서

$\overline{OH}=\overline{OB}\times\cos 45^\circ$

$=18\times\cos 45^\circ=18\times\dfrac{\sqrt{2}}{2}$

$=9\sqrt{2}\,(\text{cm})$

따라서

$\overline{AH}=\overline{OA}-\overline{OH}=9(2-\sqrt{2})(\text{cm})$

04

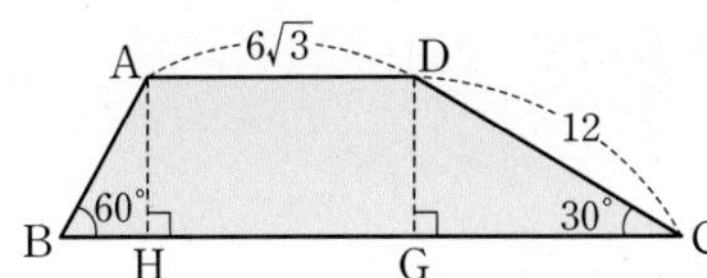

그림과 같이 두 점 A, D에서 $\overline{BC}$에 내린 수선의 발을 각각 H, G라 하면

$\triangle DGC$에서

$\overline{DG}=12\times\sin 30^\circ=6$

$\overline{CG}=12\times\cos 30^\circ=6\sqrt{3}$

$\triangle ABH$에서

$\overline{AH}=\overline{DG}=6$

$\overline{BH}=\dfrac{\overline{AH}}{\tan 60^\circ}=\dfrac{6}{\sqrt{3}}=2\sqrt{3}$

이때

$\overline{BC}=\overline{BH}+\overline{HG}+\overline{GC}$

$=2\sqrt{3}+6\sqrt{3}+6\sqrt{3}=14\sqrt{3}$

따라서

$\square ABCD=\dfrac{1}{2}\times(\overline{BC}+\overline{AD})\times\overline{DG}$

$=\dfrac{1}{2}(14\sqrt{3}+6\sqrt{3})\times 6$

$=60\sqrt{3}$

함정 피하기

사각형에서 변의 길이를 구할 때, 직각삼각형으로 분할할 수 있도록 수선을 그어 생각한다.

05 오른쪽 그림과 같이 점 A에서 $\overline{BC}$의 연장선에 내린 수선의 발을 H라 하면

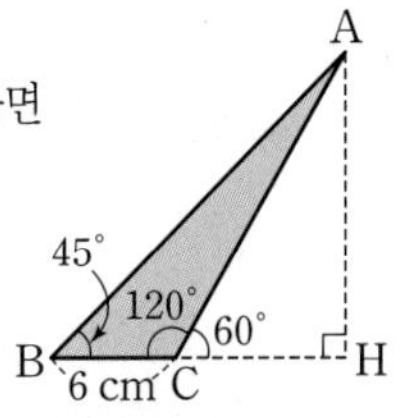

$\triangle ACH$에서

$\angle ACH=180^\circ-120^\circ=60^\circ$

$\overline{AH}=h$라 하면

$\triangle ACH$에서 $\angle CAH=30^\circ$이므로

$\dfrac{\overline{CH}}{h}=\tan 30^\circ=\dfrac{\sqrt{3}}{3}$

$\therefore \overline{CH}=\dfrac{\sqrt{3}}{3}h$

$\triangle ABH$에서 $\angle BAH=45^\circ$이므로

$\dfrac{\overline{BH}}{h}=\tan 45^\circ=1$

$\therefore \overline{BH}=h$

$\overline{BC}=\overline{BH}-\overline{CH}$이므로

$6=h-\frac{\sqrt{3}}{3}h$, $\frac{h(3-\sqrt{3})}{3}=6$

$\therefore h=3(3+\sqrt{3})$

따라서

$\triangle ABC=\frac{1}{2}\times\overline{BC}\times\overline{AH}$

$=\frac{1}{2}\times6\times3(3+\sqrt{3})$

$=9(3+\sqrt{3})(\text{cm}^2)$

06 $\overline{AD}=h$ m라 하면

$\triangle ABD$에서

$\overline{BD}=\frac{h}{\tan 45^\circ}=h\,(\text{m})$

$\triangle ACD$에서

$\overline{CD}=\frac{h}{\tan 60^\circ}=\frac{\sqrt{3}}{3}h\,(\text{m})$

$\triangle BCD$에서 피타고라스 정리에 의해

$h^2+\left(\frac{\sqrt{3}}{3}h\right)^2=50^2$, $\frac{4}{3}h^2=2500$

$h^2=3\times25^2$

$\therefore h=25\sqrt{3}$

따라서 나무의 높이 $\overline{AD}$는 $25\sqrt{3}$ m이다.

실수하기 쉬운 부분 짚어보기

(1) 실생활 문제는 주어진 조건, 즉 주어진 각의 크기와 거리를 이용하여 도형으로 그린다.
(2) 도형에서 직각삼각형을 찾아 삼각비를 이용한다. 이때 입체도형인 경우, 직각인 부분을 입체로 생각하여 찾는다.

07 직각삼각형 BCD에서

$\overline{BD}=\sqrt{4^2+4^2}=4\sqrt{2}\,(\text{cm})$이므로

$\overline{BH}=\frac{\overline{BD}}{2}=2\sqrt{2}\,(\text{cm})$

$\triangle OBH$에서

$\overline{OH}=\overline{BH}\tan 45^\circ=2\sqrt{2}\,(\text{cm})$

따라서

(정사각뿔의 부피)$=\frac{1}{3}\times$(밑넓이)$\times$(높이)

$=\frac{1}{3}\times4^2\times\overline{OH}$

$=\frac{1}{3}\times16\times2\sqrt{2}$

$=\frac{32\sqrt{2}}{3}\,(\text{cm}^3)$

08 $\overline{AH}=\overline{AB}\sin 45^\circ$

$=5\sqrt{2}\times\frac{\sqrt{2}}{2}=5$

$\overline{BH}=\overline{AB}\cos 45^\circ$

$=5\sqrt{2}\times\frac{\sqrt{2}}{2}=5$

이므로

$\overline{CH}=7-5=2$

$\therefore \overline{AC}=\sqrt{\overline{AH}^2+\overline{CH}^2}$

$=\sqrt{5^2+2^2}=\sqrt{29}$

따라서 $\triangle AHC$의 둘레의 길이는

$\overline{AH}+\overline{AC}+\overline{CH}=5+\sqrt{29}+2$

$=7+\sqrt{29}$

Level 3

본문 26~27쪽

01 $\frac{27\sqrt{3}}{8}$ **02** $2\sqrt{19}$ **03** ④ **04** $2(3+\sqrt{3})$

05 $6-2\sqrt{3}$ **06** ① **07** $(19-3\sqrt{3})$m

01 $\triangle ABC$에서

$\overline{AC}=\overline{AB}\cos A=12\times\cos 30^\circ=6\sqrt{3}$

$\triangle ADC$에서

$\overline{CD}=\overline{AC}\sin A=6\sqrt{3}\times\sin 30^\circ=3\sqrt{3}$

$\triangle CDE$에서 $\angle DCE=30^\circ$이므로

$\overline{DE}=\overline{CD}\sin 30^\circ=3\sqrt{3}\times\frac{1}{2}=\frac{3\sqrt{3}}{2}$

$\overline{CE}=\overline{CD}\cos 30^\circ=3\sqrt{3}\times\frac{\sqrt{3}}{2}=\frac{9}{2}$

따라서

$\triangle DEC=\frac{1}{2}\times\overline{CE}\times\overline{DE}$

$=\frac{1}{2}\times\frac{9}{2}\times\frac{3\sqrt{3}}{2}=\frac{27\sqrt{3}}{8}$

02 오른쪽 그림과 같이 점 D에서 $\overline{BC}$의 연장선에 내린 수선의 발을 H라 하면 □ABCD는 평행사변형이므로

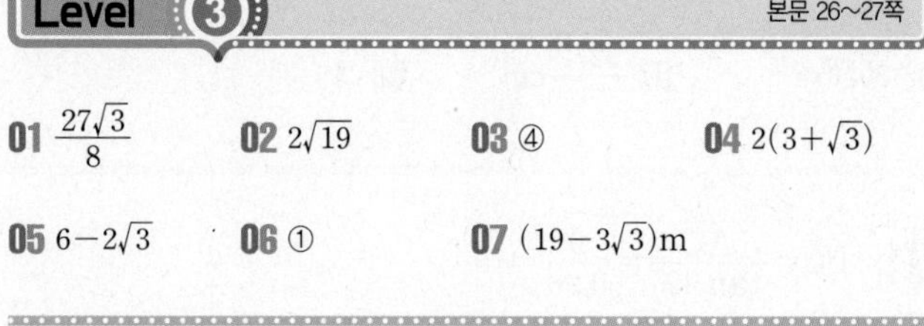

$\overline{CD}=\overline{AB}=4$, $\overline{BC}=\overline{AD}=6$

$\angle BCD=\angle A=120°$

$\triangle DCH$에서

$\overline{DH}=4\times\sin 60°=2\sqrt{3}$, $\overline{CH}=4\times\cos 60°=2$

$\triangle BDH$에서

$\overline{BH}=\overline{BC}+\overline{CH}=6+2=8$

따라서

$$\overline{BD}=\sqrt{\overline{BH}^2+\overline{DH}^2}$$
$$=\sqrt{8^2+(2\sqrt{3})^2}=2\sqrt{19}$$

참고 두 변의 길이와 그 끼인각의 크기가 주어진 둔각삼각형의 한 변의 길이를 구하는 문제이므로 수선을 그어 직각삼각형을 만든 후 빗변의 길이를 구한다.

03 오른쪽 그림과 같이 점 B에서 $\overline{AC}$에 내린 수선의 발을 H라 하면

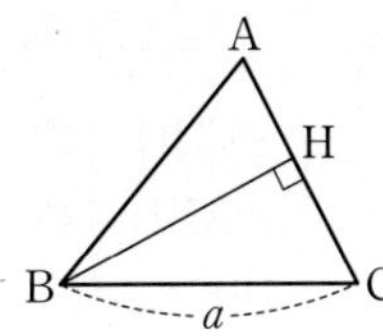

$\triangle BCH$에서

$\overline{BH}=\overline{BC}\times\sin C=a\sin C$

따라서 $\triangle ABH$에서

$$\overline{AB}=\frac{\overline{BH}}{\sin A}=\frac{a\sin C}{\sin A}$$

04 오른쪽 그림과 같이 점 A에서 $\overline{BD}$에 내린 수선의 발을 H, $\overline{AH}=h$라 하면

$\triangle ABH$에서

$$\overline{BH}=\frac{h}{\tan 30°}=\sqrt{3}h$$

$\triangle ACH$에서

$$\overline{CH}=\frac{h}{\tan 45°}=h$$

$\overline{BC}=\overline{BH}-\overline{CH}=h(\sqrt{3}-1)$

$\overline{BC}=6$이므로

$h(\sqrt{3}-1)=6$

$$\therefore h=\frac{6}{\sqrt{3}-1}=3(\sqrt{3}+1)$$

따라서 $\triangle ADH$에서

$$\overline{AD}=\frac{h}{\sin 60°}$$
$$=3(\sqrt{3}+1)\div\frac{\sqrt{3}}{2}$$
$$=2(3+\sqrt{3})$$

05 $\overline{EF}=x$라 하면

$\triangle BEF$에서

$$\overline{BF}=\frac{x}{\tan 45°}=x$$

$\triangle CEF$에서

$$\overline{CF}=\frac{x}{\tan 30°}=\sqrt{3}x$$

$\triangle ABC$에서

$\overline{BC}=4\tan 60°=4\sqrt{3}$

$\overline{BC}=\overline{BF}+\overline{CF}=x+\sqrt{3}x$

즉, $x+\sqrt{3}x=4\sqrt{3}$, $(1+\sqrt{3})x=4\sqrt{3}$

$$\therefore x=\frac{4\sqrt{3}}{1+\sqrt{3}}=6-2\sqrt{3}$$

따라서 $\overline{EF}=6-2\sqrt{3}$

참고 두 내각의 크기가 주어진 $\triangle EBC$의 높이를 구하는 문제이므로 다음 그림과 같이 생각한다.

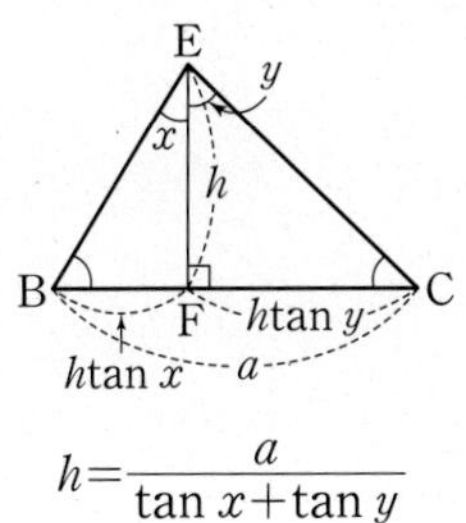

$$h=\frac{a}{\tan x+\tan y}$$

06 $\overline{AH}=h$라 하면

$\triangle ABH$에서 $\angle BAH=45°$이므로

$\overline{BH}=\overline{AH}\tan 45°=h$

$\triangle ACH$에서 $\angle CAH=60°$이므로

$\overline{CH}=\overline{AH}\tan 60°=\sqrt{3}h$

$$\overline{BC}=\overline{BH}+\overline{CH}=h+\sqrt{3}h$$
$$=h(1+\sqrt{3})$$

즉, $h(\sqrt{3}+1)=4$

$$\therefore h=\frac{4}{\sqrt{3}+1}=2(\sqrt{3}-1)$$

$$\overline{HM}=\overline{BM}-\overline{BH}=\frac{\overline{BC}}{2}-\overline{BH}$$
$$=2-2(\sqrt{3}-1)$$
$$=2(2-\sqrt{3})$$

따라서

$$\triangle AHM=\frac{1}{2}\times\overline{HM}\times\overline{AH}$$
$$=\frac{1}{2}\times 2(2-\sqrt{3})\times 2(\sqrt{3}-1)$$
$$=2(3\sqrt{3}-5)$$

07 오른쪽 그림과 같이 점 B에서 지면에 내린 수선의 발을 F라 하면

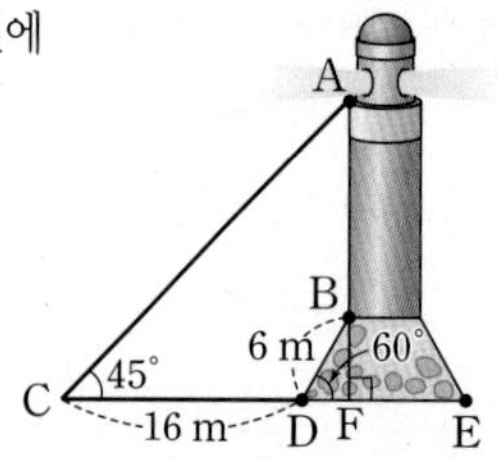

△BDF에서

$\overline{DF}=\overline{BD}\times\cos 60^\circ$

$=6\times\frac{1}{2}=3\,(\text{m})$

$\therefore\ \overline{CF}=\overline{CD}+\overline{DF}$

$=16+3=19\,(\text{m})$

△ACF에서

$\overline{AF}=\overline{CF}\times\tan 45^\circ=19\,(\text{m})$

$\overline{BF}=\overline{BD}\times\sin 60^\circ=6\times\frac{\sqrt{3}}{2}=3\sqrt{3}\,(\text{m})$

따라서 $\overline{AB}=\overline{AF}-\overline{BF}=(19-3\sqrt{3})\text{m}$

두 개의 직각삼각형을 만들기 위해 필요한 수선을 찾고 각각의 직각삼각형에서 변의 길이를 구한다.

Level 4

본문 28~29쪽

01 ② **02** 2 : 3 **03** $2\sqrt{2}$ **04** $2\sqrt{3}$

05 ⑤ **06** $\frac{3-\sqrt{3}}{4}a^2$ **07** ②

01 풀이전략 특수각의 삼각비를 이용하여 세 변의 길이의 비를 구한다.

$\angle A=180^\circ\times\frac{3}{12}=45^\circ$,

$\angle B=180^\circ\times\frac{4}{12}=60^\circ$,

$\angle C=180^\circ-45^\circ-60^\circ=75^\circ$

오른쪽 그림과 같은 △ABC에서 점 C에서 $\overline{AB}$에 내린 수선의 발을 H, $\overline{AH}=a$라 하면

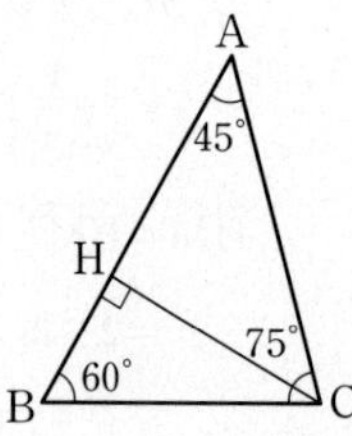

$\angle A=45^\circ$이므로

$\overline{AC}=\frac{a}{\cos 45^\circ}=\sqrt{2}a$

$\overline{CH}=a\tan 45^\circ=a$

△HBC에서

$\overline{BH}=\frac{\overline{CH}}{\tan 60^\circ}=\frac{a}{\sqrt{3}}=\frac{\sqrt{3}}{3}a$

$\overline{BC}=\frac{\overline{BH}}{\cos 60^\circ}=\frac{\sqrt{3}}{3}a\div\frac{1}{2}=\frac{2\sqrt{3}}{3}a$

$\overline{AB}=\overline{AH}+\overline{BH}$

$=a+\frac{\sqrt{3}}{3}a=\frac{3+\sqrt{3}}{3}a$

이므로

$\overline{AB}:\overline{BC}:\overline{CA}=\frac{3+\sqrt{3}}{3}a:\frac{2\sqrt{3}}{3}a:\sqrt{2}a$

$=(1+\sqrt{3}):2:\sqrt{6}$

02 풀이전략 특수각의 삼각비와 삼각형의 닮음을 이용하여 $\overline{BC}:\overline{BD}$의 비를 구한다.

오른쪽 그림과 같이 점 B에서 $\overline{AC}$에 내린 수선의 발을 H, $\overline{BC}=a$라 하면

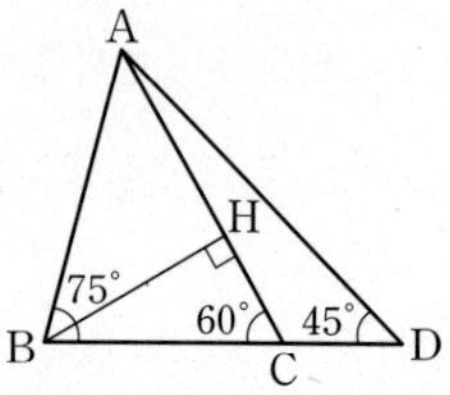

△BCH에서

$\overline{BH}=\overline{BC}\times\sin C$

$=a\sin 60^\circ=\frac{\sqrt{3}}{2}a$

$\angle CBH=30^\circ$이므로

$\angle ABH=45^\circ$, $\angle BAH=45^\circ$

이때 △ABH는 직각이등변삼각형이므로

$\overline{AH}=\overline{BH}=\frac{\sqrt{3}}{2}a$

$\therefore\ \overline{AB}=\frac{\overline{AH}}{\sin 45^\circ}=\frac{\sqrt{3}}{2}a\times\frac{2}{\sqrt{2}}=\frac{\sqrt{6}}{2}a$

△ABD와 △CBA에서

$\angle D=\angle BAC=45^\circ$, ∠B는 공통

이므로 △ABD∽△CBA (AA 닮음)

이때 $\overline{AB}:\overline{CB}=\overline{BD}:\overline{BA}$이므로

$\frac{\sqrt{6}}{2}a:a=\overline{BD}:\frac{\sqrt{6}}{2}a$, $\overline{BD}=\frac{3}{2}a$

따라서

$\overline{BC}:\overline{BD}=a:\frac{3}{2}a=2:3$

참고 주어진 그림에서 직각삼각형을 만들기 위해 수선을 그을 때, 주어진 내각 중 일반각은 다음과 같이 분할하여 수선을 그으면 특수각을 활용할 수 있다.

예 $75^\circ\Rightarrow 30^\circ+45^\circ$, $105^\circ\Rightarrow 60^\circ+45^\circ$

03 풀이전략 세 내각이 특수각인 삼각형을 이용하여 선분의 길이를 구한다.

오른쪽 그림과 같이 두 점 A, D에서 $\overline{BC}$, $\overline{AH}$에 내린 수선의 발을 각각 H, I라 하면

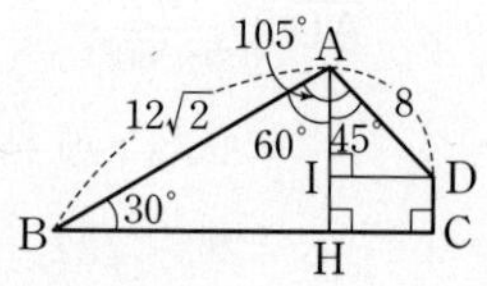

△ABH에서

$\overline{AH}=\overline{AB}\sin 30°=12\sqrt{2}\times\frac{1}{2}=6\sqrt{2}$

$\triangle$ADI에서

$\overline{AI}=\overline{AD}\cos 45°=8\times\frac{\sqrt{2}}{2}=4\sqrt{2}$

따라서

$\overline{CD}=\overline{HI}=\overline{AH}-\overline{AI}$

$=6\sqrt{2}-4\sqrt{2}=2\sqrt{2}$

참고 일반적인 사각형은 직각삼각형, 직사각형 등 그 길이를 구할 수 있는 도형으로 분할하여 생각한다.

04

풀이전략 특수각의 삼각비를 이용하여 선분의 길이를 구한다.

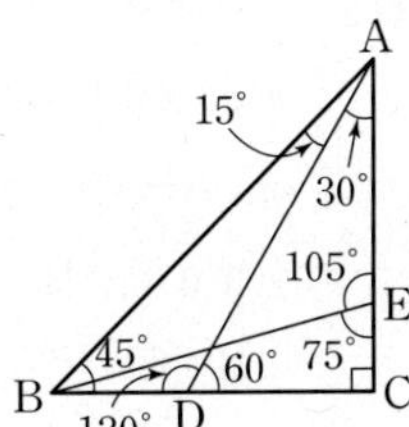

$\angle ADC=180°-120°=60°$이므로

$\triangle$ADC에서 $\angle DAC=30°$

이때 $\angle BAC=15°+30°=45°$

즉, $\triangle$ABC는 $\overline{AC}=\overline{BC}$인 직각이등변삼각형이다.

$\overline{AC}=\overline{BC}=x$라 하면

$\triangle$BCE에서

$\overline{BC}=\overline{CE}\tan 75°=(x-6)(2+\sqrt{3})$

즉, $x=(x-6)(2+\sqrt{3})$

$(1+\sqrt{3})x=6(2+\sqrt{3})$, $x=3(1+\sqrt{3})$

$\triangle$ADC에서

$\overline{DC}=\overline{AC}\tan 30°$

$=3(1+\sqrt{3})\times\frac{\sqrt{3}}{3}$

$=\sqrt{3}+3$

따라서

$\overline{BD}=\overline{BC}-\overline{DC}$

$=3(1+\sqrt{3})-(\sqrt{3}+3)$

$=2\sqrt{3}$

05

풀이전략 수선을 그어 특수각을 내각으로 가진 직각삼각형을 만들고 특수각의 삼각비를 이용하여 선분의 길이를 구한다.

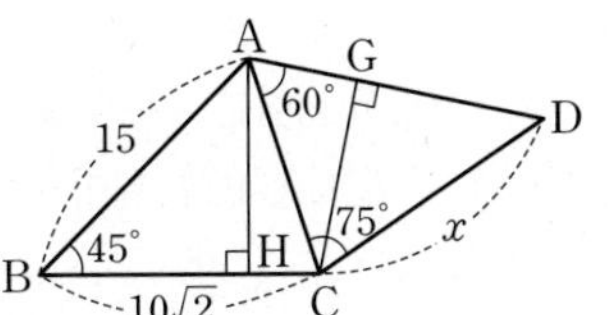

오른쪽 그림과 같이 두 점 A, C에서 $\overline{BC}$, $\overline{AD}$에 내린 수선의 발을 각각 H, G라 하면 $\triangle$ABH는 직각이등변삼각형이므로

$\overline{AH}=\overline{BH}=\overline{AB}\cos B$

$=15\times\frac{\sqrt{2}}{2}=\frac{15\sqrt{2}}{2}$

$\therefore \overline{CH}=\overline{BC}-\overline{BH}$

$=10\sqrt{2}-\frac{15\sqrt{2}}{2}=\frac{5\sqrt{2}}{2}$

$\triangle$ACH에서

$\overline{AC}=\sqrt{\left(\frac{15\sqrt{2}}{2}\right)^2+\left(\frac{5\sqrt{2}}{2}\right)^2}=5\sqrt{5}$

$\triangle$ACG에서 $\angle ACG=30°$이므로

$\overline{CG}=\overline{AC}\cos 30°$

$=5\sqrt{5}\times\frac{\sqrt{3}}{2}=\frac{5\sqrt{15}}{2}$

$\triangle$DCG에서 $\angle DCG=45°$이므로

$\overline{CD}=\frac{\overline{CG}}{\cos 45°}$

$=\frac{5\sqrt{15}}{2}\div\frac{\sqrt{2}}{2}$

$=\frac{5\sqrt{30}}{2}$

함정 피하기

$\triangle$ACD의 한 꼭짓점에서 대변에 수선의 발을 내릴 경우, 60°와 같은 특수각의 꼭짓점이 아닌 75°와 같이 일반각의 꼭짓점을 선택한다.

$\angle ACD=\angle ACG+\angle GCD=30°+45°$

이 경우, 75°가 특수각인 30°와 45°로 분할되어 삼각비의 값을 쉽게 구할 수 있다.

06

풀이전략 수선을 그어 특수각을 내각으로 가진 직각삼각형을 만들고 특수각의 삼각비를 이용하여 선분의 길이를 구한다.

오른쪽 그림과 같이 점 F에서 $\overline{BC}$에 내린 수선의 발을 H라 하고 $\overline{FH}=h$라고 하면

$\angle ACB=\angle CFH=45°$

$\triangle$EBC는 정삼각형이므로

$\angle FBC=60°$

$\triangle$FBH에서 $\angle BFH=90°-60°=30°$

$\therefore \overline{BH}=\overline{FH}\times\tan 30°$

$=h\times\frac{\sqrt{3}}{3}=\frac{\sqrt{3}}{3}h$

$\triangle$FCH에서 $\angle CFH=45°$이므로

$\overline{CH}=\overline{FH}\times\tan 45°=h\times 1=h$

이때 $\overline{BC}=\overline{BH}+\overline{CH}=\frac{\sqrt{3}}{3}h+h=\frac{\sqrt{3}+3}{3}h$

즉, $\frac{\sqrt{3}+3}{3}h=a$이므로 $h=\frac{3-\sqrt{3}}{2}a$

따라서

$\triangle FBC=\frac{1}{2}\times\overline{BC}\times\overline{FH}$

$=\frac{1}{2}\times a\times\frac{3-\sqrt{3}}{2}a$

$=\frac{3-\sqrt{3}}{4}a^2$

07 풀이전략 특수각의 삼각비를 이용하여 필요한 두 지점의 거리를 구한다.

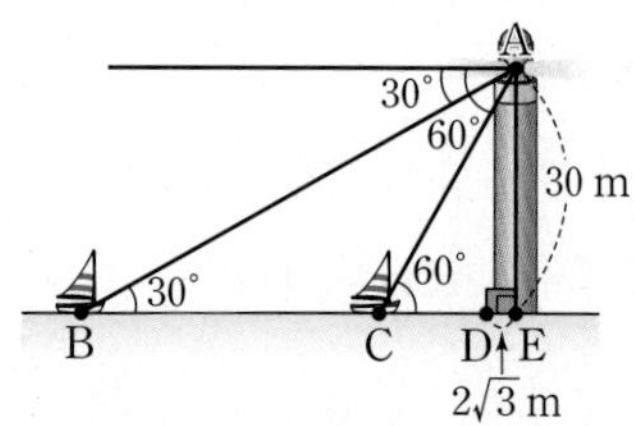

평행선의 엇각의 크기는 같으므로

$\angle ACE=60°$, $\angle ABE=30°$

$\triangle ACE$에서

$\overline{CE}=\frac{30}{\tan 60°}=10\sqrt{3}\,(m)$

$\triangle ABE$에서

$\overline{BE}=\overline{AE}\times\tan(\angle BAE)$

$=30\tan 60°=30\sqrt{3}\,(m)$

$\therefore \overline{BC}=\overline{BE}-\overline{CE}$

$=30\sqrt{3}-10\sqrt{3}$

$=20\sqrt{3}\,(m)$

구하는 시간을 x분이라 하면

진행한 거리와 시간은 비례하므로

$\overline{BC}:\overline{BD}=5:x$

이때 $\overline{BC}:\overline{BD}=20\sqrt{3}:(30\sqrt{3}-2\sqrt{3})=20\sqrt{3}:28\sqrt{3}$

$=5:7$

$\therefore x=7$

따라서 7분 후 선착장 D 지점에 도착한다.

3 삼각비의 활용_넓이 구하기

Level 

본문 32~35쪽

01 60° **02** ⑤ **03** $\left(\frac{50}{3}\pi-\frac{25\sqrt{3}}{2}\right)cm^2$ **04** ④ **05** ⑤

06 2 **07** $\frac{27}{2}\,cm^2$ **08** ③ **09** ① **10** $6+12\sqrt{2}$

11 ④ **12** $24\sqrt{3}\,cm^2$ **13** ② **14** 10 cm **15** ③ **16** $16\sqrt{3}$

01 $\triangle ABC=\frac{1}{2}\times 3\sqrt{3}\times 12\times\sin B$이므로

$18\sqrt{3}\sin B=27$에서

$\sin B=\frac{\sqrt{3}}{2}$

이때 $0°<\angle B<90°$이므로

$\angle B=60°$

02 점 O는 $\triangle ABC$의 외심이므로

$\angle BOC=2\angle A=120°$,

$\overline{CO}=\overline{BO}=4$

따라서

$\triangle OBC=\frac{1}{2}\times 4\times 4\times\sin(180°-120°)$

$=\frac{1}{2}\times 4\times 4\times\sin 60°$

$=4\sqrt{3}$

03 $\overline{OM}=5\,cm$이므로 $\overline{OB}=10\,cm$

직각삼각형 BOM에서

$\cos(\angle BOM)=\frac{1}{2}$이므로

$\angle BOM=60°$

따라서 색칠한 부분의 넓이는

(부채꼴 AOB의 넓이)$-$($\triangle BOM$의 넓이)

$=\pi\times 10^2\times\frac{60}{360}-\frac{1}{2}\times 5\times 10\times\sin 60°$

$=\frac{50}{3}\pi-25\times\frac{\sqrt{3}}{2}$

$=\frac{50}{3}\pi-\frac{25\sqrt{3}}{2}\,(cm^2)$

04 $\triangle ABC=\frac{1}{2}\times\overline{AB}\times\overline{AC}\times\sin(180^\circ-A)$

$=\frac{1}{2}\times7\times10\times\sin(180^\circ-120^\circ)$

$=\frac{1}{2}\times7\times10\times\frac{\sqrt{3}}{2}=\frac{35\sqrt{3}}{2}\,(\text{cm}^2)$

05 $\triangle ABC=\frac{1}{2}\times\overline{BC}\times\overline{AC}\times\sin(180^\circ-150^\circ)$

$=\frac{1}{2}\times8\times\overline{AC}\times\frac{1}{2}$

$=2\overline{AC}$

즉, $2\overline{AC}=10\sqrt{3}$

따라서 $\overline{AC}=5\sqrt{3}\,(\text{cm})$

06 $\angle A=180^\circ-(\angle B+\angle C)=180^\circ-2\times15^\circ=150^\circ$

따라서

$\triangle ABC=\frac{1}{2}\times\overline{AB}\times\overline{AC}\times\sin(180^\circ-150^\circ)$

$=\frac{1}{2}\times2\sqrt{2}\times2\sqrt{2}\times\sin30^\circ$

$=2$

함정 피하기

삼각형 ABC의 세 내각 ∠A, ∠B, ∠C 중에서 sin 값을 쉽게 구할 수 있는 것을 선택한다.

07 $\triangle ABC$에서

$\overline{AB}=\overline{BC}\sin60^\circ=6\times\frac{\sqrt{3}}{2}=3\sqrt{3}\,(\text{cm})$

$\triangle ABD$에서

$\angle ABD=\angle ABC+\angle CBD=30^\circ+90^\circ=120^\circ$

따라서

$\triangle ABD=\frac{1}{2}\times\overline{AB}\times\overline{BD}\times\sin(180^\circ-120^\circ)$

$=\frac{1}{2}\times3\sqrt{3}\times6\times\frac{\sqrt{3}}{2}$

$=\frac{27}{2}\,(\text{cm}^2)$

08 $\overline{AB}=\overline{DC}=6\,\text{cm}$이므로

$\square ABCD=\overline{AB}\times\overline{BC}\times\sin60^\circ$

$=6\times8\times\frac{\sqrt{3}}{2}=24\sqrt{3}\,(\text{cm}^2)$

09 $\overline{BO}=\overline{DO}$이므로 $\triangle AOD=\triangle AOB$

$\angle BAD=\angle BCD=60^\circ$이므로

$\triangle AOD=\frac{1}{2}\triangle ABD=\frac{1}{4}\square ABCD$

$=\frac{1}{4}\times\overline{AB}\times\overline{AD}\times\sin60^\circ$

$=\frac{1}{4}\times3\times4\times\frac{\sqrt{3}}{2}$

$=\frac{3\sqrt{3}}{2}\,(\text{cm}^2)$

10 $\square ABCD=\overline{AB}\times\overline{AD}\times\sin(180^\circ-135^\circ)$

$=3\times\overline{AD}\times\sin45^\circ$

$=\frac{3\sqrt{2}}{2}\times\overline{AD}$

즉, $\frac{3\sqrt{2}}{2}\times\overline{AD}=18$

$\therefore\ \overline{AD}=6\sqrt{2}$

따라서

($\square ABCD$의 둘레의 길이)

$=3+3+6\sqrt{2}+6\sqrt{2}$

$=6+12\sqrt{2}$

11 마름모는 평행사변형이므로

(마름모의 넓이)$=6\times6\times\sin(180^\circ-150^\circ)$

$=6\times6\times\sin30^\circ$

$=18\,(\text{cm}^2)$

12 $\square ABCD=\frac{1}{2}\times\overline{AC}\times\overline{BD}\times\sin60^\circ$

$=\frac{1}{2}\times8\times12\times\frac{\sqrt{3}}{2}$

$=24\sqrt{3}\,(\text{cm}^2)$

13 $\square ABCD=\frac{1}{2}\times9\times12\times\sin x$

$=54\sin x$

$54\sin x=27\sqrt{3}$이므로

$\sin x=\frac{\sqrt{3}}{2}$

$0^\circ<\angle x<90^\circ$이므로 $\angle x=60^\circ$

따라서 $\cos60^\circ=\frac{1}{2}$

14 $\overline{AC}:\overline{BD}=5:4$이므로

$\overline{AC}=5a\,\text{cm}$, $\overline{BD}=4a\,\text{cm}$ $(a>0)$이라 하면

$\square ABCD=\frac{1}{2}\times\overline{AC}\times\overline{BD}\times\sin 45^\circ$

$=\frac{1}{2}\times 5a\times 4a\times\frac{\sqrt{2}}{2}$

$=5\sqrt{2}a^2$

즉, $5\sqrt{2}a^2=20\sqrt{2}$이므로 $a^2=4$

$a>0$이므로 $a=2$

따라서 $\overline{AC}=5a=10\,(\text{cm})$

15 $\triangle ACD$에서

$\overline{AC}=\frac{6}{\cos 30^\circ}=4\sqrt{3}\,(\text{cm})$

따라서

$\square ABCD=\triangle ABC+\triangle ACD$

$=\frac{1}{2}\times 4\times 4\sqrt{3}+\frac{1}{2}\times 6\times 4\sqrt{3}\times\sin 30^\circ$

$=8\sqrt{3}+6\sqrt{3}=14\sqrt{3}\,(\text{cm}^2)$

16 $\square ABCD=\triangle ABD+\triangle DBC$

$=\frac{1}{2}\times 4\times 4\times\sin(180^\circ-120^\circ)$

$+\frac{1}{2}\times 4\sqrt{3}\times 4\sqrt{3}\times\sin 60^\circ$

$=8\times\frac{\sqrt{3}}{2}+24\times\frac{\sqrt{3}}{2}$

$=4\sqrt{3}+12\sqrt{3}$

$=16\sqrt{3}$

다른 풀이

오른쪽 그림에서

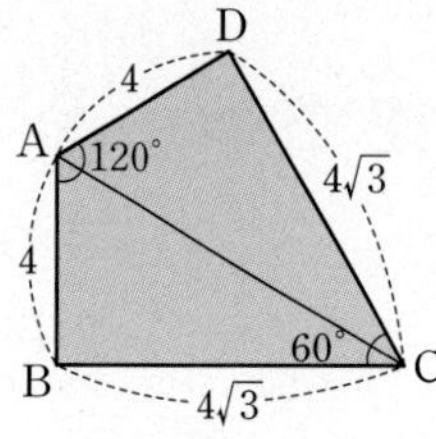

$\triangle ADC\equiv\triangle ABC$ (SSS 합동)

$\angle DAC=\angle BAC=60^\circ$

$\angle DCA=\angle BCA=30^\circ$

즉, $\angle D=\angle B=90^\circ$

따라서

$\square ABCD=2\triangle ABC$

$=2\times\frac{1}{2}\times\overline{AB}\times\overline{BC}$

$=2\times\frac{1}{2}\times 4\times 4\sqrt{3}=16\sqrt{3}$

Level 2

본문 36~37쪽

01 $9\sqrt{3}\,\text{cm}^2$ **02** ③ **03** ④ **04** $\frac{2}{3}\pi+\sqrt{3}$ **05** 60°
06 ③ **07** ① **08** $54\sqrt{3}\,\text{cm}^2$

01 중심각의 크기는 호의 길이에 비례하므로

$\angle AOB=360^\circ\times\frac{4}{4+5+3}$

$=360^\circ\times\frac{4}{12}=120^\circ$

따라서

$\triangle AOB=\frac{1}{2}\times 6\times 6\times\sin(180^\circ-120^\circ)$

$=\frac{1}{2}\times 6\times 6\times\frac{\sqrt{3}}{2}$

$=9\sqrt{3}\,(\text{cm}^2)$

02 $\tan A=2$이므로

오른쪽 그림과 같은 직각삼각형에서

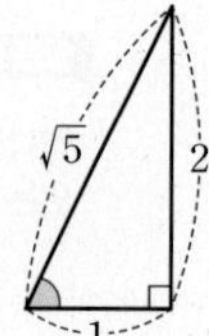

$\sin A=\frac{2}{\sqrt{5}}=\frac{2\sqrt{5}}{5}$

따라서

$\triangle ABC=\frac{1}{2}\times\overline{AB}\times\overline{AC}\times\sin A$

$=\frac{1}{2}\times 9\times 6\times\frac{2\sqrt{5}}{5}$

$=\frac{54\sqrt{5}}{5}$

실수하기 쉬운 부분 짚어보기

$\angle A$의 크기가 주어지면 주어진 삼각형의 $\overline{AB}$, $\overline{AC}$의 길이와 상관없이 삼각비의 값이 결정된다.
따라서 $\tan A=2$이므로 $\sin A$의 값도 위의 풀이와 같이 결정됨을 알 수 있다.

03 오른쪽 그림과 같이 점 A에서 $\overline{BC}$에 내린 수선의 발을 H라 하면

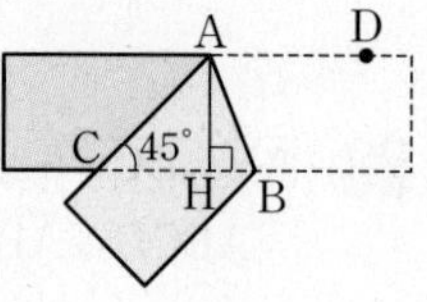

$\triangle ACH$에서

$\overline{AC}=\frac{6}{\sin 45^\circ}=6\div\frac{\sqrt{2}}{2}=6\sqrt{2}$

$\angle CAB=\angle DAB=\angle ABC$

$\triangle ABC$는 $\overline{AC}=\overline{BC}$인 이등변삼각형이므로

$$\triangle ABC=\frac{1}{2}\times\overline{AC}\times\overline{BC}\times\sin 45^\circ$$
$$=\frac{1}{2}\times6\sqrt{2}\times6\sqrt{2}\times\frac{\sqrt{2}}{2}$$
$$=18\sqrt{2}\,(\text{cm}^2)$$

함정 피하기

직사각형 모양의 종이테이프를 접으면 평행선에 의한 엇각의 크기가 같으므로 삼각형 ABC는 항상 이등변삼각형이 된다.

04 $\angle OCA=\angle OAC=30^\circ$

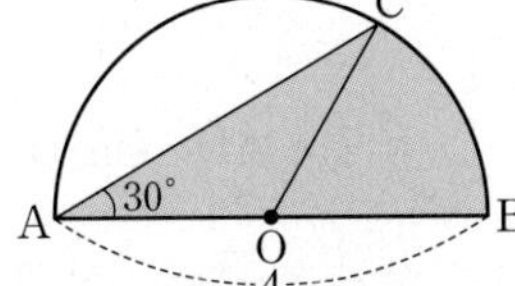

이므로

$\angle AOC=180^\circ-60^\circ=120^\circ$

이때 $\angle COB=60^\circ$

즉,

(부채꼴 COB의 넓이)

$$=\pi\times2^2\times\frac{60}{360}$$
$$=\frac{2}{3}\pi$$

이고

$$\triangle AOC=\frac{1}{2}\times2\times2\times\sin(180^\circ-120^\circ)$$
$$=\sqrt{3}$$

따라서

(색칠한 부분의 넓이)$=\frac{2}{3}\pi+\sqrt{3}$

참고 원에서 도형의 넓이를 구할 경우

부채꼴, 두 반지름을 두 변으로 하는 이등변삼각형으로 분할하여 생각한다.

05

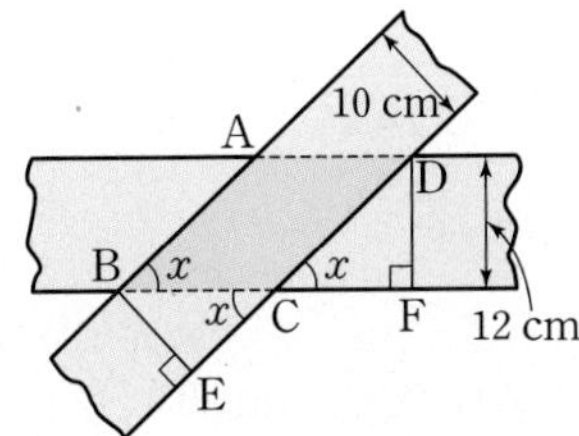

그림과 같이 두 점 B, D에서 두 직선 CD, BC에 내린 수선의 발을 각각 E, F라 하면

$\angle DCF=\angle ABC=\angle x$ (동위각)이고

$\angle BCE=\angle DCF=\angle x$ (맞꼭지각)

$\triangle BEC$에서

$$\overline{BC}=\frac{10}{\sin x}\,(\text{cm})$$

$\triangle DCF$에서

$$\overline{CD}=\frac{12}{\sin x}\,(\text{cm})$$

이때

$$\square ABCD=\overline{AB}\times\overline{BC}\times\sin x$$
$$=\overline{CD}\times\overline{BC}\times\sin x$$
$$=\frac{12}{\sin x}\times\frac{10}{\sin x}\times\sin x$$
$$=\frac{120}{\sin x}\,(\text{cm}^2)$$

이므로

$$\frac{120}{\sin x}=80\sqrt{3}$$

즉, $\sin x=\frac{\sqrt{3}}{2}$

이때 $0^\circ<\angle x<90^\circ$이므로 $\angle x=60^\circ$

다른 풀이

$$\overline{AD}=\overline{BC}=\frac{10}{\sin x}$$

오른쪽 그림과 같이 두 점 A, D에서 직선 BC 위에 내린 수선의 발을 각각 G, H라 하면

$\triangle ABG\equiv\triangle DCH$

이때

$$\square ABCD=\square AGHD$$
$$=\overline{AD}\times\overline{DH}$$
$$=\frac{10}{\sin x}\times12$$
$$=\frac{120}{\sin x}\,(\text{cm}^2)$$

이므로

$$\frac{120}{\sin x}=80\sqrt{3}$$

즉, $\sin x=\frac{\sqrt{3}}{2}$

이때 $0^\circ<\angle x<90^\circ$이므로 $\angle x=60^\circ$

06 $\triangle ABC \equiv \triangle DCB$ (SAS 합동)이므로
$\overline{AC}=\overline{BD}=4\sqrt{3}$, $\angle ACB=\angle DBC=30^\circ$
$\triangle OBC$에서 $\angle BOC=120^\circ$
따라서

$$\square ABCD=\frac{1}{2}\times 4\sqrt{3}\times 4\sqrt{3}\times \sin(180^\circ-120^\circ)$$
$$=\frac{1}{2}\times 4\sqrt{3}\times 4\sqrt{3}\times \sin 60^\circ$$
$$=12\sqrt{3}$$

07 두 대각선이 이루는 예각의 크기를 x라 하면
(사각형의 넓이)$=\frac{1}{2}\times 6\times 8\times \sin x=24\sin x\,(\mathrm{cm}^2)$
$0^\circ<x\leq 90^\circ$이므로 $0<\sin x\leq 1$
즉, $\sin x$의 값이 최대일 때, 사각형의 넓이가 최대이므로
$\sin x=1$일 때 사각형의 넓이의 최댓값은 $24\,\mathrm{cm}^2$이다.

오른쪽 그림에서 두 변 AB, BC의 길이가 각각 일정할 때 $\triangle ABC$의 넓이의 최댓값을 알아보자.
$\triangle ABC=\frac{1}{2}ac\sin B$이고
$0<\sin B\leq 1$이므로 $\sin B=1$일 때,
즉, $\angle B=90^\circ$일 때, $\triangle ABC$의 넓이가 최대이다.
따라서 $\triangle ABC$의 넓이의 최댓값은 $\triangle ABC=\frac{1}{2}ac$이다.

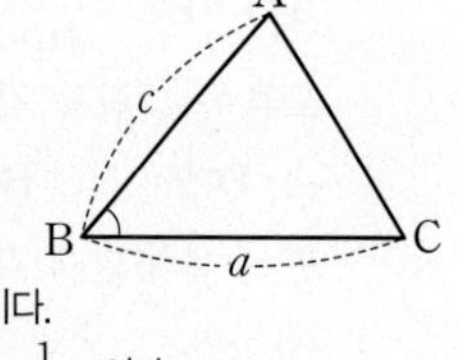

08 오른쪽 그림과 같이 정육각형의 넓이는 한 변의 길이가 6 cm인 정삼각형 6개의 넓이의 합과 같으므로

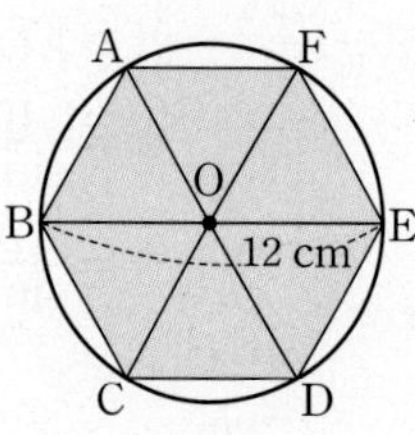

$$6\times\left(\frac{1}{2}\times 6\times 6\times \sin 60^\circ\right)$$
$$=6\times 9\sqrt{3}$$
$$=54\sqrt{3}\,(\mathrm{cm}^2)$$

Level 3

본문 38~39쪽

01 $\frac{40\sqrt{3}}{9}$	**02** $4\sqrt{3}-6$	**03** ②	**04** $\frac{16\sqrt{3}}{3}\,\mathrm{cm}^2$
05 $\frac{3}{5}$	**06** ④	**07** 44	**08** $18(\sqrt{2}-1)\,\mathrm{cm}^2$

01 $\triangle ABC=\frac{1}{2}\times\overline{AB}\times\overline{AC}\times\sin 60^\circ$
$$=\frac{1}{2}\times 10\times 8\times\frac{\sqrt{3}}{2}=20\sqrt{3}$$
또한
$\triangle ABD+\triangle ADC$
$$=\frac{1}{2}\times\overline{AB}\times\overline{AD}\times\sin 30^\circ+\frac{1}{2}\times\overline{AC}\times\overline{AD}\times\sin 30^\circ$$
$$=\frac{1}{2}\times\overline{AD}\times\sin 30^\circ\times(10+8)$$
$$=\frac{1}{2}\times\overline{AD}\times\frac{1}{2}\times 18$$
$$=\frac{9}{2}\overline{AD}$$
이때 $\frac{9}{2}\overline{AD}=20\sqrt{3}$이므로
$\overline{AD}=\frac{40\sqrt{3}}{9}$

02 $\triangle ABD\equiv\triangle ACD$ (SSS 합동)이므로 $\overline{AD}\perp\overline{BC}$
$\triangle ABD$에서
$\overline{BD}=\overline{AB}\times\cos 30^\circ=4\times\frac{\sqrt{3}}{2}=2\sqrt{3}$
$\overline{BC}=2\overline{BD}=4\sqrt{3}$
$\overline{ID}=r$라 하면
$\triangle ABC=\triangle ABI+\triangle BCI+\triangle CAI$
$$=\frac{r}{2}(\overline{AB}+\overline{BC}+\overline{CA})$$
$$=\frac{r}{2}(4+4\sqrt{3}+4)$$
$$=2r(2+\sqrt{3})$$
또한
$\triangle ABC=\frac{1}{2}\times\overline{AB}\times\overline{BC}\times\sin 30^\circ$
$$=\frac{1}{2}\times 4\times 4\sqrt{3}\times\frac{1}{2}=4\sqrt{3}$$
이때 $2r(2+\sqrt{3})=4\sqrt{3}$이므로
$$r=\frac{4\sqrt{3}}{2(2+\sqrt{3})}=\frac{4\sqrt{3}(2-\sqrt{3})}{2(2+\sqrt{3})(2-\sqrt{3})}=4\sqrt{3}-6$$

참고 삼각형의 넓이 공식

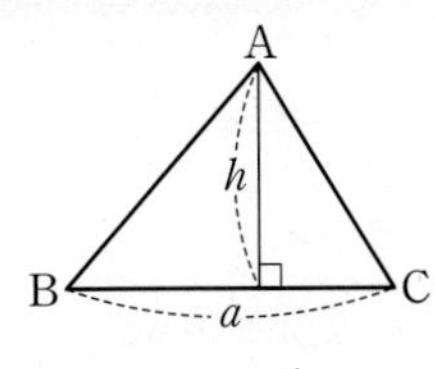 $\triangle ABC=\frac{1}{2}ah$	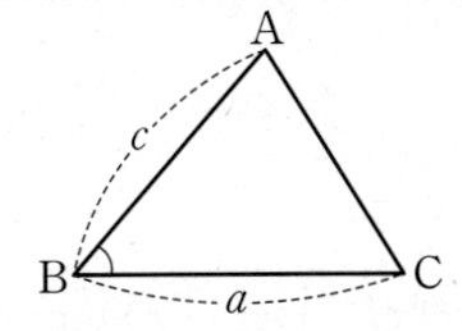 $\triangle ABC=\frac{1}{2}ac\sin B$
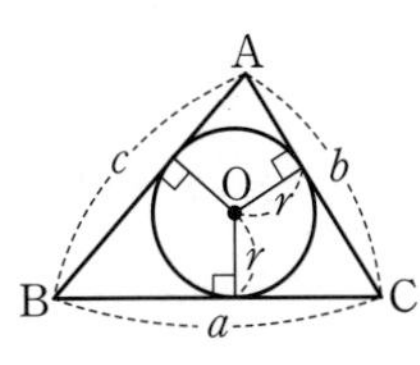 $\triangle ABC=\frac{r}{2}(a+b+c)$	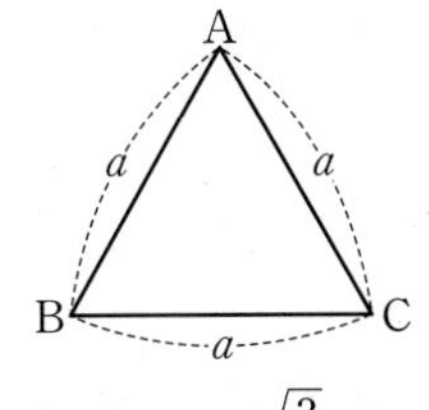 $\triangle ABC=\frac{\sqrt{3}}{4}a^2$

03 $\triangle ABC=\frac{1}{2}\times\overline{AB}\times\overline{BC}\times\sin B$이고

$\overline{BD}=\frac{7}{5}\overline{BC}$이므로

$\triangle EBD=\frac{1}{2}\times\overline{BE}\times\overline{BD}\times\sin B$

$=\frac{1}{2}\times\frac{1}{2}\overline{AB}\times\frac{7}{5}\overline{BC}\times\sin B$

$=\frac{7}{10}\times\left(\frac{1}{2}\times\overline{AB}\times\overline{BC}\times\sin B\right)$

$=\frac{7}{10}\triangle ABC$

따라서 $\triangle EBD$의 넓이는 $\triangle ABC$의 넓이의 $\frac{7}{10}$배이다.

다른 풀이

오른쪽 그림과 같이 두 점 A, E에서 $\overline{BC}$에 내린 수선의 발을 각각 G, F라 하면

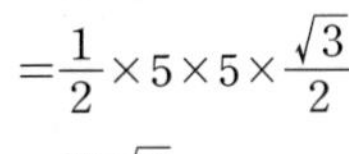

$\triangle EBF\backsim\triangle ABG$ (AA 닮음)

이고

$\overline{EB}:\overline{AB}=1:2$이므로

$\overline{EF}:\overline{AG}=1:2$

$\therefore\ \triangle EBD=\frac{1}{2}\times\overline{EF}\times\overline{BD}$

$=\frac{1}{2}\times\frac{1}{2}\overline{AG}\times\frac{7}{5}\overline{BC}$

$=\frac{7}{10}\times\left(\frac{1}{2}\times\overline{AG}\times\overline{BC}\right)$

$=\frac{7}{10}\triangle ABC$

따라서 $\triangle EBD$의 넓이는 $\triangle ABC$의 넓이의 $\frac{7}{10}$배이다.

04 $\triangle ABC$와 $\triangle ACD$에서

$\angle B=\angle ACD=30^\circ$, $\angle A$는 공통이므로

$\triangle ABC\backsim\triangle ACD$ (AA 닮음)

이때 $\overline{AB}:\overline{AC}=\overline{AC}:\overline{AD}$이므로

$4\sqrt{3}:4=4:\overline{AD}$, $\overline{AD}=\frac{4\sqrt{3}}{3}$ (cm)

$\therefore\ \overline{BD}=\overline{AB}-\overline{AD}=4\sqrt{3}-\frac{4\sqrt{3}}{3}=\frac{8\sqrt{3}}{3}$ (cm)

따라서

$\triangle BCD=\frac{1}{2}\times\overline{BC}\times\overline{BD}\times\sin 30^\circ$

$=\frac{1}{2}\times 8\times\frac{8\sqrt{3}}{3}\times\frac{1}{2}$

$=\frac{16\sqrt{3}}{3}$ (cm²)

05 $\overline{AM}=a$라 하면

$\triangle ABM$에서

$\overline{BM}=\sqrt{\overline{AB}^2+\overline{AM}^2}=\sqrt{4a^2+a^2}=\sqrt{5}a$

이때

$\triangle BMN=\square ABCD-\triangle ABM-\triangle BCN-\triangle MND$

$=4a^2-\frac{1}{2}\times 2a\times a-\frac{1}{2}\times 2a\times a-\frac{1}{2}\times a\times a$

$=\frac{3}{2}a^2$

이고

$\triangle BMN=\frac{1}{2}\times\overline{BM}\times\overline{BN}\times\sin x$

$=\frac{1}{2}\times\sqrt{5}a\times\sqrt{5}a\times\sin x$

$=\frac{5}{2}a^2\sin x$

이므로 $\frac{5}{2}a^2\sin x=\frac{3}{2}a^2$에서

$\sin x=\frac{3}{5}$

06 $\overline{AC}\,/\!/\,\overline{DE}$이므로

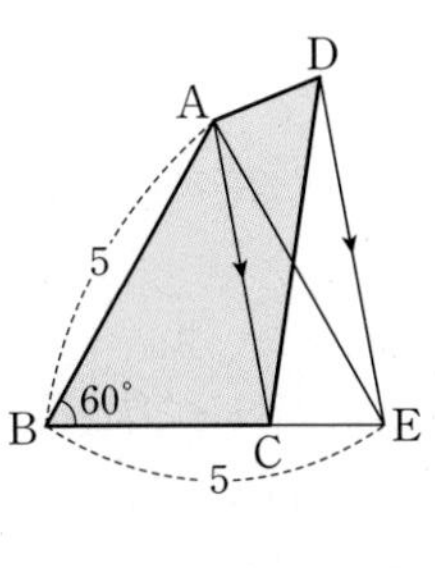

$\triangle ADC=\triangle AEC$

$\square ABCD=\triangle ABC+\triangle ADC$

$=\triangle ABC+\triangle AEC$

$=\triangle ABE$

$=\frac{1}{2}\times\overline{AB}\times\overline{BE}\times\sin 60^\circ$

$=\frac{1}{2}\times 5\times 5\times\frac{\sqrt{3}}{2}$

$=\frac{25\sqrt{3}}{4}$

참고 $l /\!/ m \Rightarrow \triangle ABC = \triangle A'BC$
밑변의 길이와 높이가 같으므로
$\triangle ABC$와 $\triangle A'BC$의 넓이는 같다.

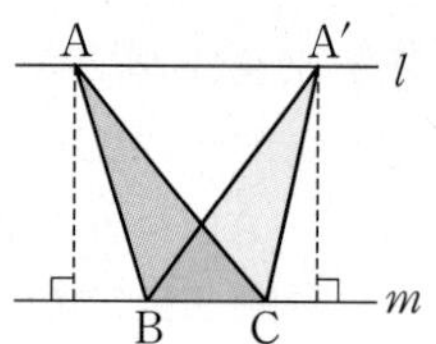

07 오른쪽 그림과 같이 점 A에서 $\overline{BC}$에 내린 수선의 발을 H라 하면
$\triangle ABH$에서

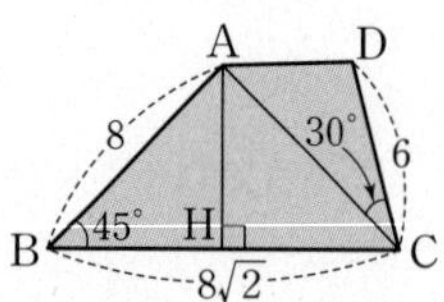

$\overline{AH} = \overline{AB} \times \sin B$
$= 8 \sin 45° = 8 \times \frac{\sqrt{2}}{2}$
$= 4\sqrt{2}$
$\overline{CH} = \overline{BC} - \overline{BH} = 8\sqrt{2} - 4\sqrt{2} = 4\sqrt{2}$
이므로 $\triangle AHC$에서
$\overline{AC} = \sqrt{\overline{AH}^2 + \overline{CH}^2}$
$= \sqrt{(4\sqrt{2})^2 + (4\sqrt{2})^2} = 8$
따라서
$\square ABCD$
$= \triangle ABC + \triangle ACD$
$= \frac{1}{2} \times \overline{AB} \times \overline{BC} \times \sin 45° + \frac{1}{2} \times \overline{AC} \times \overline{DC} \times \sin 30°$
$= \frac{1}{2} \times 8 \times 8\sqrt{2} \times \frac{\sqrt{2}}{2} + \frac{1}{2} \times 8 \times 6 \times \frac{1}{2}$
$= 44$

08 정사각형의 두 대각선이 이루는 각의 크기는 90°이므로
(정사각형의 넓이)
$= \frac{1}{2} \times 6 \times 6 \times \sin 90°$
$= 18\ (\text{cm}^2)$
또한 정팔각형은 이등변삼각형 8개로 이루어져 있고
꼭지각의 크기는 $\frac{360°}{8} = 45°$이므로
(정팔각형의 넓이) $= 8 \times \left(\frac{1}{2} \times 3 \times 3 \times \sin 45°\right)$
$= 8 \times \frac{9\sqrt{2}}{4} = 18\sqrt{2}\ (\text{cm}^2)$
따라서 정사각형과 정팔각형의 넓이의 차는
$18(\sqrt{2} - 1)\ \text{cm}^2$

Level 4

본문 40~41쪽

01 (1) $\frac{1}{2}$ (2) $(18\sqrt{3} - 6\pi)\text{cm}^2$ **02** 16 **03** ②
04 $22\ \text{cm}^2$
05 최댓값 : $144(4-\pi)\text{mm}^2$, 최솟값 : $144(2\sqrt{3}-\pi)\text{mm}^2$
06 ③ **07** $\frac{1}{2}xy + \frac{1}{4}yz + \frac{\sqrt{3}}{4}zx$

01 **풀이전략** 삼각형의 변의 길이의 비를 이용하여 내각의 크기를 구한 후, 삼각형과 부채꼴의 넓이를 구한다.

(1) $\overline{O'T} = 6\ \text{cm}$이고
$\overline{AO'} = 3 + 3 + 6 = 12\ (\text{cm})$
이므로 $\triangle ATO'$에서 $\angle AO'T = \angle x$라 하면
$\cos x = \frac{\overline{O'T}}{\overline{AO'}} = \frac{6}{12} = \frac{1}{2}$
(2) $\angle AO'T = 60°$이므로
(색칠한 부분의 넓이)
$= \triangle ATO' - $(부채꼴 $BO'T$의 넓이)
$= \frac{1}{2} \times 12 \times 6 \times \sin 60° - \pi \times 6^2 \times \frac{60}{360}$
$= 18\sqrt{3} - 6\pi\ (\text{cm}^2)$

02 **풀이전략** 삼각비를 이용한 삼각형의 넓이를 구하는 식을 세우고 각의 크기와 넓이의 관계를 이용하여 ab의 최솟값을 구한다.

$\angle BPC = \angle x$라 하면
$\triangle PBC = \frac{1}{2} \times \overline{PB} \times \overline{PC} \times \sin x = \frac{1}{2} ab \sin x$
또한 $\triangle PBC = \frac{1}{2} \times \overline{BC} \times \overline{AB} = \frac{1}{2} \times 4\sqrt{2} \times 2\sqrt{2} = 8$
이므로 $\frac{1}{2} ab \sin x = 8$, 즉 $ab = \frac{16}{\sin x}$
이때 $\sin x$의 값이 최댓값일 때, ab의 값이 최솟값을 가진다.
오른쪽 그림과 같이 점 P가 $\overline{AD}$의 중점일 때, $\angle BPC = 90°$이고 $\sin 90° = 1$로 최댓값을 가지므로 이때 ab의 최솟값은

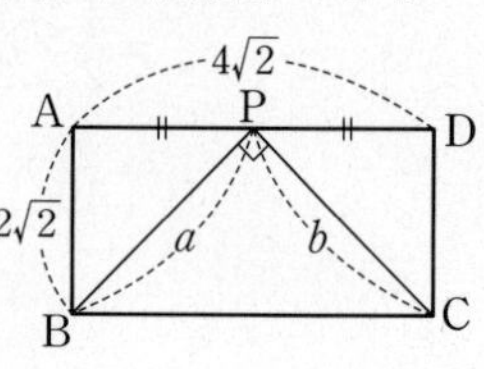

$\frac{16}{\sin 90°} = 16$

03 **풀이전략** 삼각비를 이용하여 평행사변형의 넓이를 구하고 이를 이용하여 a, b, c의 길이를 비교한다.

(평행사변형 A의 넓이) $=ab\sin 30^\circ=\frac{1}{2}ab$

(평행사변형 B의 넓이) $=ac\sin 45^\circ=\frac{\sqrt{2}}{2}ac$

(평행사변형 C의 넓이) $=bc\sin 60^\circ=\frac{\sqrt{3}}{2}bc$

이때 세 평행사변형의 넓이가 모두 같으므로

$\frac{1}{2}ab=\frac{\sqrt{2}}{2}ac=\frac{\sqrt{3}}{2}bc$

$\frac{1}{2}ab=\frac{\sqrt{2}}{2}ac$에서 $b=\sqrt{2}c$ …… ㉠

$\frac{1}{2}ab=\frac{\sqrt{3}}{2}bc$에서 $a=\sqrt{3}c$ …… ㉡

㉠, ㉡에서

$a:b:c=\sqrt{3}c:\sqrt{2}c:c=\sqrt{3}:\sqrt{2}:1$

04 **풀이전략** 삼각비를 이용한 삼각형의 넓이 공식과 평행사변형의 성질을 이용하여 주어진 삼각형의 넓이를 구한다.

$\overline{AB}=a$, $\overline{AD}=b$라 하면

$\square ABCD=ab\sin 45^\circ=\frac{\sqrt{2}}{2}ab=48\ (cm^2)$에서

$ab=48\sqrt{2}\ (cm^2)$

$\overline{BE}=\frac{1}{2}\overline{CE}$이므로

$\overline{BE}=\frac{1}{3}\overline{BC}=\frac{1}{3}b$, $\overline{CE}=2\overline{BE}=\frac{2}{3}b$

$\overline{CF}=3\overline{DF}$이므로

$\overline{DF}=\frac{1}{4}\overline{DC}=\frac{1}{4}a$, $\overline{CF}=3\overline{DF}=\frac{3}{4}a$

따라서

$\triangle AEF$

$=\square ABCD-\triangle ABE-\triangle ADF-\triangle CEF$

$=\frac{\sqrt{2}}{2}ab-\frac{1}{2}\times\overline{AB}\times\overline{BE}\times\sin 45^\circ$

$\quad-\frac{1}{2}\times\overline{AD}\times\overline{DF}\times\sin 45^\circ$

$\quad-\frac{1}{2}\times\overline{CF}\times\overline{CE}\times\sin(180^\circ-135^\circ)$

$=\frac{\sqrt{2}}{2}ab-\frac{1}{2}\times a\times\frac{1}{3}b\times\frac{\sqrt{2}}{2}-\frac{1}{2}\times b\times\frac{1}{4}a\times\frac{\sqrt{2}}{2}$

$\quad-\frac{1}{2}\times\frac{3}{4}a\times\frac{2}{3}b\times\frac{\sqrt{2}}{2}$

$=\frac{\sqrt{2}}{2}ab\left(1-\frac{1}{6}-\frac{1}{8}-\frac{1}{4}\right)$

$=\frac{11\sqrt{2}}{48}ab$

$=\frac{11\sqrt{2}}{48}\times 48\sqrt{2}=22\ (cm^2)$

05 **풀이전략** 마름모와 부채꼴의 넓이를 이용하여 주어진 도형의 넓이를 구하고 삼각비의 값의 범위를 이용하여 최댓값과 최솟값을 각각 구한다.

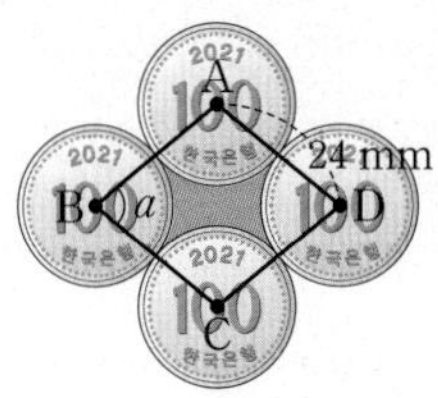

그림과 같이 $\angle B=\angle a$라 하면 $\square ABCD$는 마름모이고 네 내각의 크기의 합은 360°이므로 내부에 있는 4개의 부채꼴의 넓이의 합은 반지름의 길이가 12 mm인 원의 넓이와 같다.

(색칠한 부분의 넓이) $=24\times24\times\sin a-12^2\pi$

$=144(4\sin a-\pi)(mm^2)$

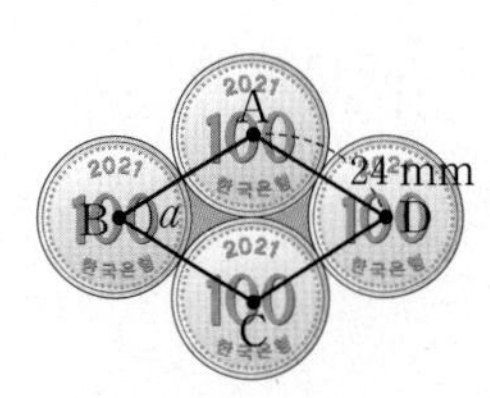

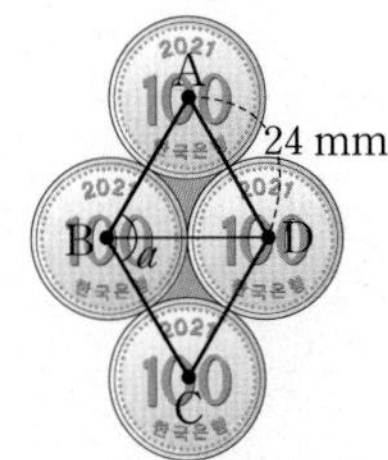

[그림 1] [그림 2]

$\angle a$의 크기는 [그림 1]과 같이 $\overline{AB}=\overline{AC}$일 때 가장 작으므로

$\angle a=60^\circ$

[그림 2]와 같이 $\overline{AB}=\overline{BD}$일 때 가장 크므로 $\angle a=120^\circ$

즉, $60^\circ\le\angle a\le120^\circ$

이때 $\frac{\sqrt{3}}{2}\le\sin a\le1$

색칠한 부분의 넓이의 최댓값은 $\sin a=1$일 때이므로

$144(4\sin a-\pi)=144(4-\pi)(mm^2)$

이고, 최솟값은 $\sin a=\frac{\sqrt{3}}{2}$일 때이므로

$144(4\sin a-\pi)=144\left(4\times\frac{\sqrt{3}}{2}-\pi\right)$

$=144(2\sqrt{3}-\pi)(mm^2)$

06 **풀이전략** 삼각비를 이용한 삼각형의 넓이와 변의 길이 사이의 관계를 이용한다.

$\angle ACB=\angle a$라 하면 $\angle DAC=\angle ACB=\angle a$ (엇각)

$\overline{BC}=\overline{AD}=x$, $\overline{AC}=y$라 하면

$\triangle ABC=\frac{1}{2}\times\overline{AC}\times\overline{BC}\times\sin a=\frac{1}{2}xy\sin a$

$\square ABCD$는 평행사변형이므로

$\triangle ACD=\triangle ABC=\frac{1}{2}xy\sin a$

이때

$\square$FHIG$=\triangle$CFH$-\triangle$CGI

$=\frac{1}{2}\times\frac{2}{3}x\times\frac{1}{2}y\times\sin a-\frac{1}{2}\times\frac{1}{3}x\times\frac{1}{4}y\times\sin a$

$=\frac{1}{8}xy\sin a=\frac{1}{4}\triangle$ABC

$=\frac{1}{8}\square$ABCD

$\square$JFGK$=\triangle$AKG$-\triangle$AJF

$=\frac{1}{2}\times\frac{2}{3}x\times\frac{3}{4}y\times\sin a-\frac{1}{2}\times\frac{1}{3}x\times\frac{1}{2}y\times\sin a$

$=\frac{1}{6}xy\sin a=\frac{1}{3}\triangle$ABC

$=\frac{1}{6}\square$ABCD

$\therefore$ (색칠한 부분의 넓이)$=\square$FHIG$+\square$JFGK

$=\frac{1}{8}\square$ABCD$+\frac{1}{6}\square$ABCD

$=\frac{7}{24}\square$ABCD

따라서 색칠한 부분의 넓이는 $\square$ABCD의 넓이의 $\frac{7}{24}$배이다.

07 **풀이전략** 삼각형의 세 변의 길이의 비를 이용하여 세 내각의 크기를 구한 후 주어진 도형의 넓이를 구한다.

$\triangle$ABC에서

$\tan A=\frac{\overline{BC}}{\overline{AB}}=\frac{5\sqrt{3}}{5}=\sqrt{3}$이므로

$\angle A=60^\circ$ $\therefore \angle DPF=120^\circ$

$\angle C=180^\circ-90^\circ-60^\circ=30^\circ$이므로

$\angle EPF=150^\circ$

이때 $\angle DPE=360^\circ-120^\circ-150^\circ=90^\circ$

따라서

$\triangle$DEF

$=\triangle$DPF$+\triangle$EPF$+\triangle$EPD

$=\frac{1}{2}\times x\times z\times\sin(180^\circ-120^\circ)$

$+\frac{1}{2}\times y\times z\times\sin(180^\circ-150^\circ)+\frac{1}{2}\times x\times y\times\sin 90^\circ$

$=\frac{1}{2}xy+\frac{1}{4}yz+\frac{\sqrt{3}}{4}zx$

대단원 마무리 Level 종합

본문 42~43쪽

01 ④ **02** $2\sqrt{3}$ **03** $\frac{5\sqrt{3}}{9}$ **04** $\sin a-2\cos a+\tan a$ **05** ④

06 71 m **07** $6\sqrt{3}$ **08** $125\sqrt{3}\,\text{cm}^2$

01 $\tan A=\frac{(\text{도로의 경사도})}{100}=\frac{20}{100}=\frac{1}{5}$

오른쪽 그림과 같이 $\tan A=\frac{1}{5}$을 만족시키고 $\angle B=90^\circ$인 직각삼각형 ABC에서

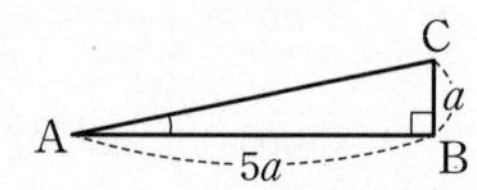

$\overline{AC}=\sqrt{(5a)^2+a^2}=\sqrt{26}a$

오르막 도로를 1300 m 움직였으므로

$\sqrt{26}a=1300,\ a=50\sqrt{26}$

따라서 높이는 $50\sqrt{26}$ m 더 높아진다.

02 $\angle A+\angle B+\angle C=180$이므로

$\angle A=180^\circ\times\frac{1}{1+2+3}$

$=180^\circ\times\frac{1}{6}=30^\circ$

$\angle B=180^\circ\times\frac{2}{6}=180^\circ\times\frac{1}{3}=60^\circ$

따라서

$\frac{\tan 60^\circ+1}{\tan 60^\circ-1}+\frac{\sin 30^\circ-1}{\cos 30^\circ+1}$

$=\frac{\sqrt{3}+1}{\sqrt{3}-1}+\left(\frac{1}{2}-1\right)\div\left(\frac{\sqrt{3}}{2}+1\right)$

$=\frac{(\sqrt{3}+1)^2}{2}-\frac{1}{2}\times\frac{2}{\sqrt{3}+2}$

$=2+\sqrt{3}-(2-\sqrt{3})=2\sqrt{3}$

03 $\sin x=\frac{1}{3}$이므로

$\triangle$ABC에서

$\sin x=\frac{\overline{BC}}{\overline{AC}}=\frac{3}{\overline{AC}},\ \overline{AC}=9$

$\overline{AB}=\sqrt{9^2-3^2}=6\sqrt{2}$

$\triangle$ABE에서

$\overline{AE}=\sqrt{\overline{AB}^2+\overline{BE}^2}=\sqrt{(6\sqrt{2})^2+6^2}=6\sqrt{3}$

이때 $\triangle ABC\backsim\triangle EDC$ (AA 닮음)이므로

$\overline{BC} : \overline{DC} = \overline{AC} : \overline{EC}$

즉, $3 : \overline{DC} = 9 : 3$이므로 $\overline{DC} = 1$

$\triangle ADE$에서

$\cos y = \dfrac{\overline{AD}}{\overline{AE}} = \dfrac{10}{6\sqrt{3}} = \dfrac{5\sqrt{3}}{9}$

04 $45° < \angle a < 90°$일 때, $\sin a > \cos a$이고

$\tan a > \sin a$이므로

$2\sqrt{(\cos a - \sin a)^2} + \sqrt{(\sin a - \tan a)^2}$

$= -2(\cos a - \sin a) - (\sin a - \tan a)$

$= -2\cos a + 2\sin a - \sin a + \tan a$

$= \sin a - 2\cos a + \tan a$

실수하기 쉬운 부분 짚어보기

$\angle a$의 범위가 주어질 때, $\angle a$의 삼각비의 크기 비교하기 (1)

⇒ 주어진 범위를 만족하는 특수각을 찾아 삼각비의 값을 비교한다.

$45° < \angle a < 90°$이므로 $\angle a = 60°$일 때의 삼각비를 비교한다.

$\sin 60° = \dfrac{\sqrt{3}}{2}$, $\cos 60° = \dfrac{1}{2}$, $\tan 60° = 1$이므로

$\cos a < \sin a < \tan a$

$\angle a$의 범위가 주어질 때, $\angle a$의 삼각비의 크기 비교하기 (2)

⇒ 오른쪽 그림과 같이 반지름의 길이가 1인 사분원에서 45°를 기준으로 하여 $\angle a$의 삼각비의 값과 같은 선분의 길이로 비교하여 그 대소 관계를 정한다.

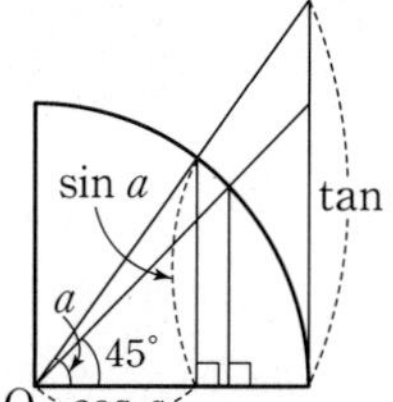

05 오른쪽 그림과 같이 점 E에서 $\overline{BC}$에 내린 수선의 발을 H라 하면

$\triangle ECH$에서 $\angle C = 60°$이므로

$\overline{EH} = \overline{EC} \sin 60°$

$= 3 \times \dfrac{\sqrt{3}}{2} = \dfrac{3\sqrt{3}}{2}$

$\overline{CH} = \overline{EC} \cos 60°$

$= 3 \times \dfrac{1}{2} = \dfrac{3}{2}$

이때 $\overline{DH} = \overline{DC} - \overline{CH} = 5 - \dfrac{3}{2} = \dfrac{7}{2}$

$\triangle EDH$에서

$\overline{DE} = \sqrt{\overline{DH}^2 + \overline{EH}^2} = \sqrt{\left(\dfrac{7}{2}\right)^2 + \left(\dfrac{3\sqrt{3}}{2}\right)^2}$

$= \sqrt{\dfrac{76}{4}} = \sqrt{19}$

따라서 $\triangle DEF$의 한 변의 길이는 $\sqrt{19}$이다.

다른 풀이

$\triangle DEF$의 한 변의 길이를 a라 하면

$\triangle ABC = \triangle AFE + \triangle BFD + \triangle CDE + \triangle DEF$

$\dfrac{1}{2} \times 8 \times 8 \times \sin 60°$

$= 3 \times \left(\dfrac{1}{2} \times 3 \times 5 \times \sin 60°\right) + \dfrac{1}{2} \times a \times a \times \sin 60°$

$32 \times \dfrac{\sqrt{3}}{2} = \dfrac{45}{2} \times \dfrac{\sqrt{3}}{2} + \dfrac{a^2}{2} \times \dfrac{\sqrt{3}}{2}$

$19\sqrt{3} = \sqrt{3}a^2$

즉, $a^2 = 19$

$a > 0$이므로 $a = \sqrt{19}$

따라서 $\triangle DEF$의 한 변의 길이는 $\sqrt{19}$이다.

06 오른쪽 그림과 같이 꼭짓점 B에서 변 AC에 내린 수선의 발을 H라 하자.

$\triangle ABH$에서

$\overline{BH} = \overline{AB} \times \sin 40°$

$= 100 \times 0.64 = 64(\text{m})$

$\triangle ABC$에서

$\angle ACB = 180° - 40° - 76° = 64°$

$\triangle BCH$에서

$\overline{BC} = \dfrac{\overline{BH}}{\sin 64°} = \dfrac{64}{0.90} = 71.1\cdots(\text{m})$

따라서 구하는 두 지점 B, C 사이의 거리는 71 m이다.

07 $\square ABCD = \dfrac{1}{2} \times 4 \times 6 \times \sin(180° - 120°)$

$= \dfrac{1}{2} \times 4 \times 6 \times \dfrac{\sqrt{3}}{2}$

$= 6\sqrt{3}$

08 $\overline{AC} = 20 \sin 60° = 20 \times \dfrac{\sqrt{3}}{2} = 10\sqrt{3}(\text{cm})$

$\angle ACB = 180° - (90° + 60°) = 30°$이므로

$\angle ACD = 90° - 30° = 60°$

따라서

$\square ABCD$

$= \triangle ABC + \triangle ACD$

$= \dfrac{1}{2} \times \overline{AB} \times \overline{AC} + \dfrac{1}{2} \times \overline{AC} \times \overline{DC} \times \sin(\angle ACD)$

$= \dfrac{1}{2} \times 10 \times 10\sqrt{3} + \dfrac{1}{2} \times 10\sqrt{3} \times 10\sqrt{3} \times \sin 60°$

$= 100 \times \dfrac{\sqrt{3}}{2} + 150 \times \dfrac{\sqrt{3}}{2}$

$= 50\sqrt{3} + 75\sqrt{3}$

$= 125\sqrt{3}(\text{cm}^2)$

Ⅵ. 원의 성질

4 원과 현

Level 1

본문 46~49쪽

01 ② 02 14 03 ③ 04 11 05 $8\sqrt{5}$ 06 ④ 07 $8\sqrt{21}$
08 2 09 $4\sqrt{5}$ 10 ③ 11 10 12 7 13 ④ 14 $3\sqrt{2}$
15 70° 16 50°

01 원의 중심 O에서 현 AB에 내린 수선은 그 현을 이등분하므로
$\overline{BD}=\overline{AD}=4$
△OBD는 직각삼각형이므로
$r^2=4^2+4^2$, $r^2=32$
따라서
$r=\sqrt{32}=4\sqrt{2}$

02 오른쪽 그림에서 $\overline{AO}=r$라 하면
원의 둘레의 길이가 20π이므로
$2\pi r=20\pi$ $\quad \therefore r=10$
점 C는 원의 중심 O에서 $\overline{AB}$에 내린 수선의 발이므로
$\overline{AC}=\overline{BC}$에서 $x=6$
△OAC는 직각삼각형이므로
$10^2=y^2+6^2$, $y^2=64$ $\quad \therefore y=8$
따라서 $x+y=6+8=14$

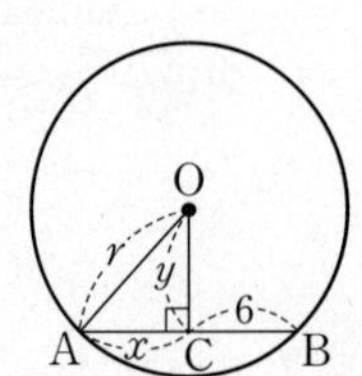

03 오른쪽 그림과 같이 반지름의 길이가 6 cm인 원 O의 중심에서 $\overline{AB}$에 내린 수선의 발을 H라 하면 $\overline{OH}$의 길이는 점 O에서 $\overline{AB}$까지의 거리이므로
$\overline{OH}=2\text{ cm}$
△OAH는 직각삼각형이므로
$\overline{AH}=\sqrt{6^2-2^2}=4\sqrt{2}\text{ (cm)}$
따라서 $\overline{AB}=2\overline{AH}=8\sqrt{2}\text{ (cm)}$

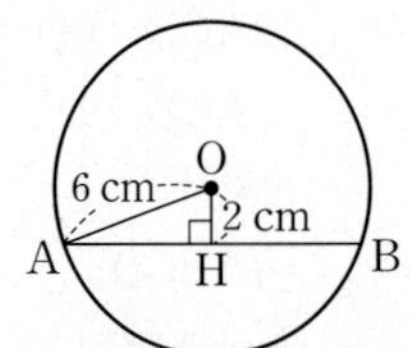

함정 피하기
반지름과 현에 내린 수선으로 이루어진 직각삼각형을 그리고 피타고라스 정리를 이용하여 선분의 길이를 구한다.

04 원의 중심에서 현에 내린 수선은 그 현을 수직이등분하므로
$\overline{AD}=\overline{BD}$, $\overline{AF}=\overline{CF}$, $\overline{BE}=\overline{CE}$
두 점 D, F는 각각 $\overline{AB}$, $\overline{AC}$의 중점이므로
$\overline{DF}=\frac{1}{2}\overline{BC}$
마찬가지로
$\overline{DE}=\frac{1}{2}\overline{AC}$이고 $\overline{EF}=\frac{1}{2}\overline{AB}$
따라서
(△DEF의 둘레의 길이)
$=\overline{EF}+\overline{FD}+\overline{DE}$
$=\frac{1}{2}(\overline{AB}+\overline{BC}+\overline{CA})$
$=\frac{22}{2}=11$

참고 삼각형의 두 변의 중점을 연결한 선분의 성질
△ABC에서
$\overline{AM}=\overline{BM}$, $\overline{AN}=\overline{CN}$이면
$\overline{MN}\,/\!/\,\overline{BC}$, $\overline{MN}=\frac{1}{2}\overline{BC}$

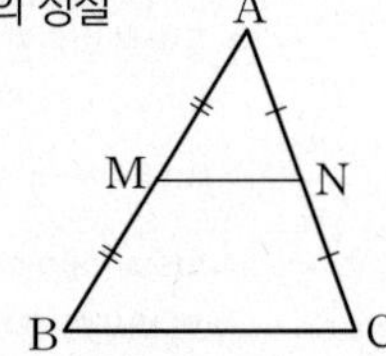

05 $\overline{DC}=\overline{OC}-\overline{OD}=\overline{OB}-\overline{OD}$
$=16-6=10$
△OBD는 직각삼각형이므로
$\overline{BD}=\sqrt{16^2-6^2}=2\sqrt{55}$
이때 $\overline{AD}=\overline{BD}=2\sqrt{55}$
△ACD는 직각삼각형이므로
$\overline{AC}^2=\overline{CD}^2+\overline{AD}^2$
따라서
$\overline{AC}=\sqrt{10^2+(2\sqrt{55})^2}=\sqrt{320}=8\sqrt{5}$

함정 피하기
원에서 반지름의 길이는 모두 같기 때문에 우선 주어진 그림에서 반지름을 모두 찾아 그 길이를 이용한다.

06 $\overline{OD}=\overline{DC}=\frac{1}{2}\overline{OC}$
$=\frac{1}{2}\times 12=6$
△AOD가 직각삼각형이므로
$\overline{AD}=\sqrt{\overline{AO}^2-\overline{OD}^2}$
$=\sqrt{12^2-6^2}=6\sqrt{3}$
점 D는 원의 중심 O에서 $\overline{AB}$에 내린 수선의 발이므로
$\overline{BD}=\overline{AD}=6\sqrt{3}$

07 $\overline{OB}=\overline{OD}=\overline{OC}+\overline{CD}$

$=8+12=20$

$\triangle BCO$는 직각삼각형이므로

$\overline{BC}=\sqrt{\overline{OB}^2-\overline{OC}^2}$

$=\sqrt{20^2-8^2}$

$=4\sqrt{21}$

따라서

$\overline{AB}=2\overline{BC}=8\sqrt{21}$

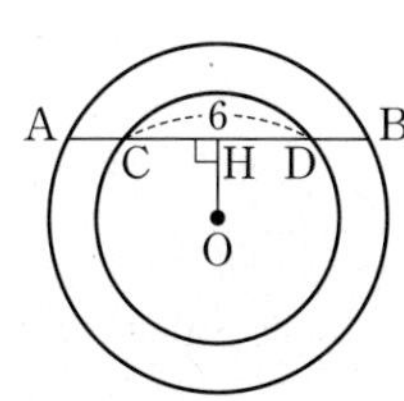

08 $\overline{AB}=\frac{5}{3}\overline{CD}=\frac{5}{3}\times6=10$

원의 중심에서 현에 내린 수선의 발을 H라 하면

$\overline{AH}=\frac{1}{2}\times\overline{AB}=\frac{1}{2}\times10=5$,

$\overline{CH}=\frac{1}{2}\times\overline{CD}=\frac{1}{2}\times6=3$

따라서

$\overline{AC}=\overline{AH}-\overline{CH}=5-3=2$

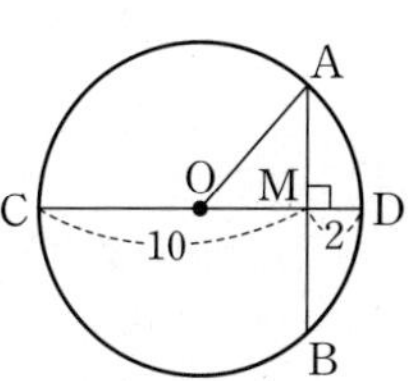

09 오른쪽 그림에서

$\overline{CD}=\overline{CM}+\overline{MD}=10+2=12$

이므로 $\overline{OA}=6$ (반지름)

$\overline{OM}=\overline{CM}-\overline{OC}=10-6=4$

$\triangle OAM$이 직각삼각형이므로

$\overline{AM}=\sqrt{\overline{OA}^2-\overline{OM}^2}$

$=\sqrt{6^2-4^2}=2\sqrt{5}$

따라서

$\overline{AB}=2\overline{AM}=4\sqrt{5}$

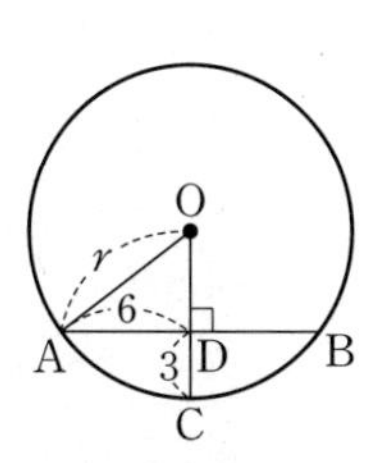

함정 피하기

주어진 그림에 반지름이 없으면 직각삼각형을 만들 수 있는 반지름을 추가로 그려서 생각한다.

10 반지름의 길이를 r라 하면

$\overline{OA}=\overline{OC}=r$,

$\overline{OD}=\overline{OC}-\overline{CD}=r-3$

$\triangle OAD$는 직각삼각형이므로

$r^2=(r-3)^2+6^2$

$6r=45$에서 $r=\frac{15}{2}$

따라서 원 O의 반지름의 길이는 $\frac{15}{2}$이다.

실수하기 쉬운 부분 짚어보기

① 직각삼각형을 만들기 위한 반지름 AO를 그린다.
② 반지름 AO의 길이를 r로 놓는다.
③ 직각삼각형의 세 변의 길이를 알아본다.
이때 $\overline{OD}$의 길이는 $r-3$으로 나타내고 피타고라스 정리를 이용하여 r에 대한 이차방정식을 세운다.
④ 이차방정식의 해를 구한다.

11 $\overline{OM}=\overline{ON}$이므로 $\overline{AB}=\overline{CD}$이다.

따라서

$\overline{CD}=\overline{AB}=2\overline{BM}=2\times5=10$

12 원의 중심에서 현에 내린 수선은 그 현을 이등분하므로

$\overline{AB}=2\overline{BM}=24$

$\overline{AB}=\overline{CD}$이므로 $\overline{ON}=\overline{OM}$

따라서 $\overline{ON}=7$

13 $\overline{OM}=\overline{ON}$, 즉 원의 중심에서 같은 거리에 있는 현의 길이는 같으므로 $\overline{AB}=\overline{CD}$

$\triangle OAM$에서

$\overline{AM}=\sqrt{8^2-5^2}$

$=\sqrt{64-25}=\sqrt{39}$ (cm)

이때 $\overline{CN}=\frac{1}{2}\overline{CD}=\frac{1}{2}\overline{AB}$

$=\overline{AM}=\sqrt{39}$ (cm)

따라서

$\overline{CD}=2\overline{CN}=2\sqrt{39}$ (cm)

14 $\overline{ON}=\overline{OM}$이므로

$\overline{CD}=\overline{AB}=6$

$\overline{CN}\perp\overline{ON}$이므로 $\overline{CN}=\overline{DN}=3$

$\triangle OCN$에서

$\overline{OC}=\frac{\overline{CN}}{\cos 45^\circ}=3\div\frac{\sqrt{2}}{2}=3\sqrt{2}$

따라서 원 O의 반지름의 길이는 $3\sqrt{2}$이다.

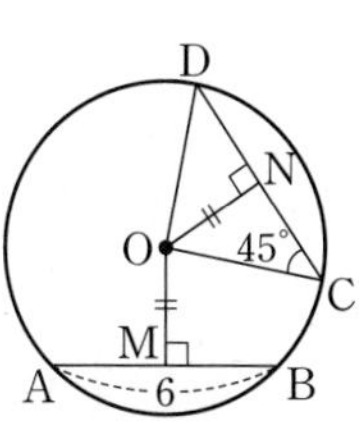

15 $\overline{OM}=\overline{ON}$이므로 $\overline{AB}=\overline{AC}$

즉, $\triangle ABC$는 이등변삼각형이다.

$\angle B=55^\circ$이므로

$\angle A=180^\circ-(55^\circ+55^\circ)=70^\circ$

16 $\overline{OM}=\overline{ON}$이므로 $\overline{AB}=\overline{AC}$

즉, $\triangle ABC$는 이등변삼각형이다.

$\square OHCN$에서

$\angle NCH=360^\circ-(90^\circ+115^\circ+90^\circ)=65^\circ$

따라서 $\triangle ABC$에서

$\angle A=180^\circ-(65^\circ+65^\circ)=50^\circ$

Level 2

본문 50~51쪽

01 $8\sqrt{3}$ **02** $32\sqrt{2}$ **03** ④ **04** 1 cm **05** 5

06 $4\sqrt{3}$ cm **07** 25 **08** $\sqrt{2}$

01 점 O에서 $\overline{AB}$에 내린 수선의 발을 H라 하면

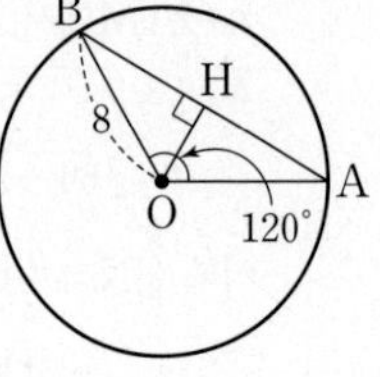

$\angle AOH=60^\circ$

$\triangle AHO$에서

$\overline{AH}=\overline{OA}\times\sin 60^\circ$

$=8\times\frac{\sqrt{3}}{2}=4\sqrt{3}$

따라서

$\overline{AB}=2\overline{AH}$

$=8\sqrt{3}$

02 점 O에서 $\overline{AB}$에 내린 수선의 발을 H라 하면

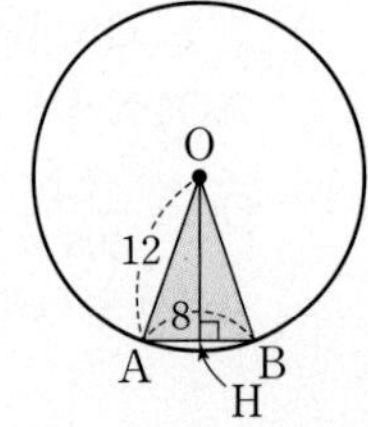

$\overline{AH}=\frac{1}{2}\overline{AB}=4$

$\triangle OAH$는 직각삼각형이므로

$\overline{OH}=\sqrt{12^2-4^2}=8\sqrt{2}$

따라서

$\triangle OAB=\frac{1}{2}\times\overline{AB}\times\overline{OH}$

$=\frac{1}{2}\times8\times8\sqrt{2}$

$=32\sqrt{2}$

03 오른쪽 그림과 같이 반지름의 길이가 r cm인 원 O에서 현 AB에 내린 수선의 발을 H라 하면

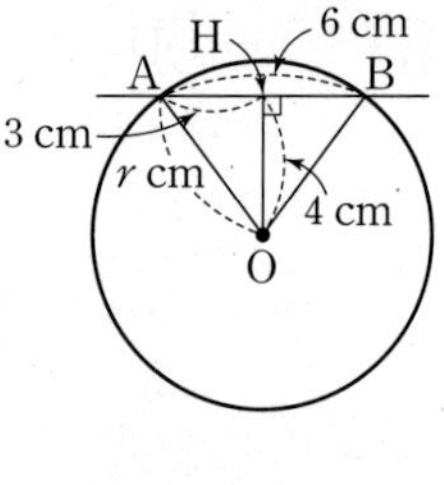

$\triangle OHA$에서

$r^2=\overline{AH}^2+\overline{OH}^2$

$=3^2+4^2=25$

즉, $r=5$

따라서

(원 O의 넓이)$=5^2\pi=25\pi\ (\text{cm}^2)$

04 $\overline{BM}=x$ (cm)라 하면

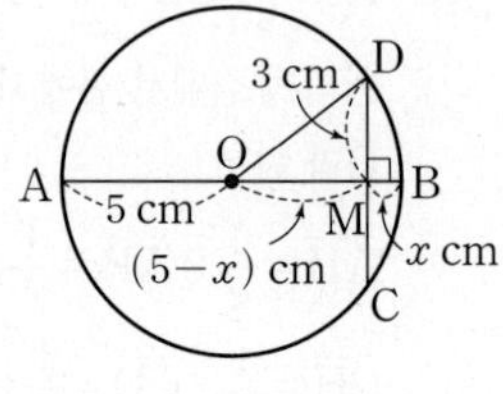

$\triangle OMD$에서

$5^2=(5-x)^2+3^2$

$x^2-10x+9=0$

$(x-1)(x-9)=0$에서

$x=1\ (0<x<5)$

따라서 $\overline{BM}=1$ cm

05 원 O에서 반지름의 길이를 r라 하면

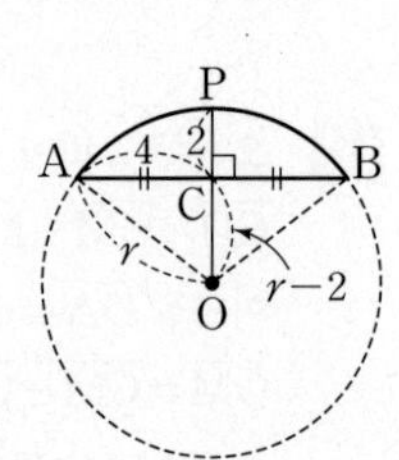

$\overline{OC}=\overline{OP}-\overline{CP}=r-2$

$\triangle AOC$가 직각삼각형이므로

$r^2=(r-2)^2+4^2$

$r^2=r^2-4r+4+16,\ 4r=20,\ r=5$

따라서 원의 반지름의 길이는 5이다.

참고 반지름의 길이를 구하기 위해 원의 나머지 부분을 그려 반지름을 한 변으로 하는 직각삼각형을 그린다.

06 점 O에서 $\overline{AB}$에 내린 수선의 발을 M이라 하면

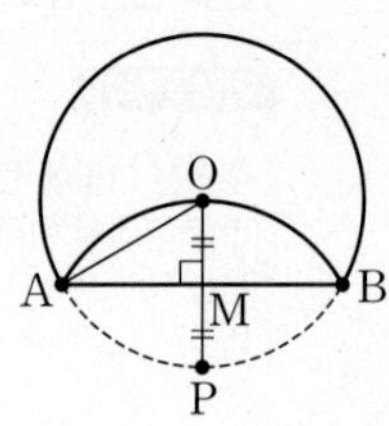

$\overline{OA}=\overline{OP}=4$ (cm) (반지름)

$\overline{OM}=\overline{PM}$이므로

$\overline{OM}=\frac{1}{2}\overline{OP}=2$ (cm)

$\triangle OAM$이 직각삼각형이므로

$\overline{AM}=\sqrt{\overline{OA}^2-\overline{OM}^2}=\sqrt{4^2-2^2}$

$=2\sqrt{3}$ (cm)

따라서

$\overline{AB}=2\overline{AM}=4\sqrt{3}$ (cm)

함정 피하기

점 P가 원의 중심 O와 겹치므로 $\overline{AB}$를 기준으로 두 활꼴이 합동이다.
따라서 $\overline{OM}=\overline{PM}$, $\overline{OM}\perp\overline{AB}$

07 $\overline{OM}=\overline{ON}$이므로

$\overline{AB}=\overline{AC}=2\overline{AN}=10$

따라서

$\triangle ABC=\frac{1}{2}\times\overline{AB}\times\overline{AC}\times\sin 30°$

$=\frac{1}{2}\times 10\times 10\times\frac{1}{2}=25$

실수하기 쉬운 부분 짚어보기

(1) 원의 중심에서 현에 내린 수선은 그 현을 이등분한다.

(2)

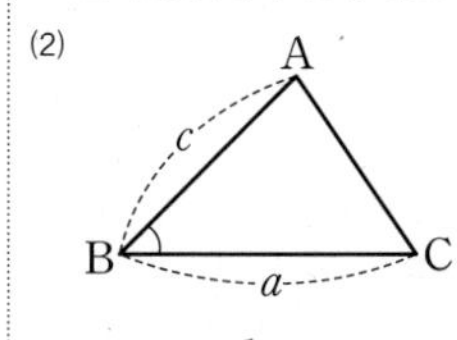

$\triangle ABC=\frac{1}{2}ac\sin B$

08 오른쪽 그림과 같이 원의 중심 O에서 $\overline{AB}$에 내린 수선의 발을 G라 하면

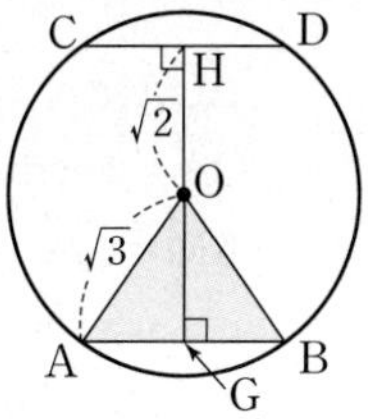

$\overline{AB}=\overline{CD}$이므로

$\overline{OG}=\overline{OH}=\sqrt{2}$

$\triangle OAG$가 직각삼각형이므로

$\overline{AG}=\sqrt{(\sqrt{3})^2-(\sqrt{2})^2}=1$에서

$\overline{AB}=2\overline{AG}=2$

따라서

$\triangle OAB=\frac{1}{2}\times\overline{AB}\times\overline{OG}$

$=\frac{1}{2}\times 2\times\sqrt{2}=\sqrt{2}$

실수하기 쉬운 부분 짚어보기

(1) 원의 중심에서 현에 수선을 내려 직각삼각형을 만든다.

(2) 길이가 같은 두 현은 원의 중심에서 같은 거리에 있다.

본문 52~53쪽

01 6 cm **02** $\frac{13}{4}$ **03** 26π **04** $12(4+\sqrt{7})$ **05** $\frac{25}{3}\pi$

06 $2\sqrt{5}$ **07** $16\sqrt{10}$ cm **08** $\frac{16}{3}\pi$

01 가장 긴 현은 지름이므로 오른쪽 그림과 같이 지름이 20 cm인 원 O에서 현 AB에 내린 수선의 발을 H라 하면

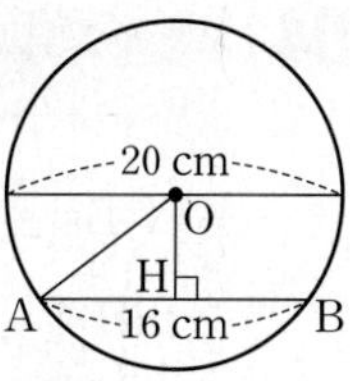

$\overline{OA}=\frac{1}{2}\times 20=10$ (cm)

원의 중심에서 현에 내린 수선은 그 현을 수직이등분하므로

$\overline{AH}=\frac{1}{2}\overline{AB}=\frac{1}{2}\times 16=8$ (cm)

$\triangle OAH$가 직각삼각형이므로

$\overline{OH}=\sqrt{\overline{OA}^2-\overline{AH}^2}=\sqrt{10^2-8^2}=6$ (cm)

02 오른쪽 그림에서

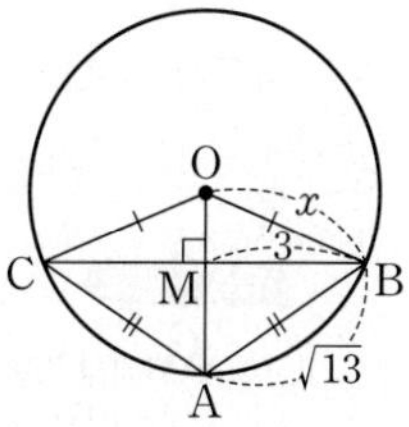

$\triangle OCA\equiv\triangle OBA$ (SSS 합동)이므로

$\overline{CB}\perp\overline{OA}$

$\overline{AM}=\sqrt{(\sqrt{13})^2-3^2}=2$

원 O의 반지름의 길이를 x라 하면

$\triangle OMB$가 직각삼각형이므로

$x^2=3^2+(x-2)^2$

$x^2=9+x^2-4x+4,\ 4x=13,\ x=\frac{13}{4}$

따라서 원 O의 반지름의 길이는 $\frac{13}{4}$이다.

03 오른쪽 그림과 같이 원의 중심 O에서 $\overline{AB}$, $\overline{CD}$에 내린 수선의 발을 각각 P, Q라 하면

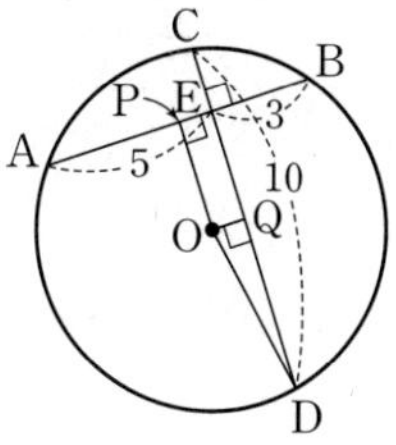

원의 중심에서 현에 내린 수선은 현을 수직이등분하므로

$\overline{AP}=\frac{1}{2}\overline{AB}=\frac{1}{2}\times 8=4$이고

$\overline{PE}=\overline{AE}-\overline{AP}=5-4=1$

$\therefore\ \overline{OQ}=\overline{PE}=1$

$\overline{OQ}\perp\overline{CD}$이므로 $\overline{CQ}=\overline{DQ}$

이때 $\overline{DQ}=\frac{1}{2}\overline{CD}=\frac{1}{2}\times 10=5$이므로

$\triangle ODQ$에서

$\overline{OD}=\sqrt{\overline{OQ}^2+\overline{DQ}^2}=\sqrt{5^2+1^2}=\sqrt{26}$

즉, 원의 반지름의 길이는 $\sqrt{26}$이므로

(원의 넓이)$=(\sqrt{26})^2\pi=26\pi$

함정 피하기

반지름의 길이를 구하기 위해 원의 중심에서 각 현에 수선을 내려 반지름을 한 변으로 하는 직각삼각형의 나머지 변의 길이를 구한다.

04 오른쪽 그림과 같이 점 P에서 $\overline{AB}$에 내린 수선의 발을 H라 하면

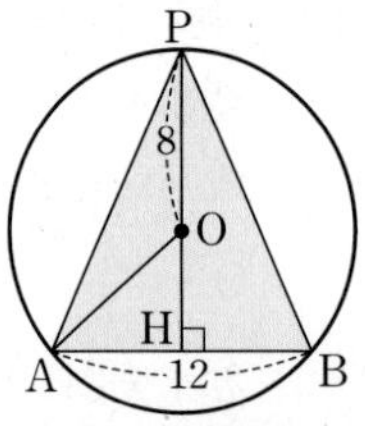

$\triangle PAB=\frac{1}{2}\times\overline{AB}\times\overline{PH}$

즉, $\overline{PH}$의 길이가 최대일 때 $\triangle PAB$의 넓이가 최대가 된다.

한편 $\overline{PH}$의 길이가 최대인 경우는 $\overline{PH}$가 원 O의 중심을 지날 때이고 원의 중심에서 내린 수선은 그 현을 수직이등분하므로

$\overline{AH}=\frac{1}{2}\overline{AB}=\frac{1}{2}\times12=6$

$\triangle OAH$에서

$\overline{OH}=\sqrt{\overline{AO}^2-\overline{AH}^2}=\sqrt{8^2-6^2}$

$=\sqrt{28}=2\sqrt{7}$

$\therefore \overline{PH}=\overline{PO}+\overline{OH}=8+2\sqrt{7}$

따라서 $\triangle ABP$의 넓이의 최댓값은

$\frac{1}{2}\times12\times(8+2\sqrt{7})=12(4+\sqrt{7})$

함정 피하기

$\triangle PAB$에서 밑변 AB의 길이는 정해져 있고 높이는 점 P가 원 위를 따라 움직이면서 그 값이 변한다. 이때 높이가 가장 큰 지점은 점 P가 $\overline{AB}$의 수직이등분선 위에 있을 때이다.

05 $\overline{AB}\perp\overline{OC}$이므로

$\overline{AM}=\overline{BM}=\frac{1}{2}\overline{AB}=4$

$\triangle ACM$이 직각삼각형이므로

$\overline{MC}=\sqrt{\overline{AC}^2-\overline{AM}^2}$

$=\sqrt{5^2-4^2}=3$

$\overline{OB}=\overline{OC}=r$라 하면

$\overline{OM}=r-3$

$\triangle OBM$이 직각삼각형이므로

$r^2=4^2+(r-3)^2$에서

$r^2=16+r^2-6r+9,\ r=\frac{25}{6}$

따라서

(원의 둘레의 길이)$=2\pi\times\frac{25}{6}=\frac{25}{3}\pi$

06 오른쪽 그림과 같이 점 A에서 $\overline{BC}$에 내린 수선의 발을 H라 하면

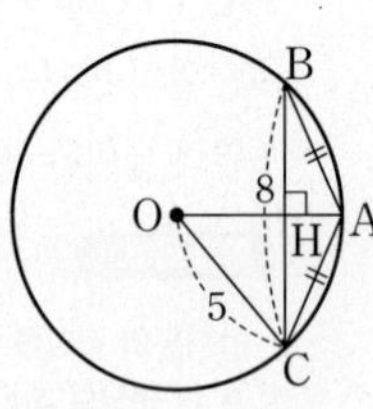

$\overline{BH}=\overline{CH}=\frac{1}{2}\overline{BC}=4$

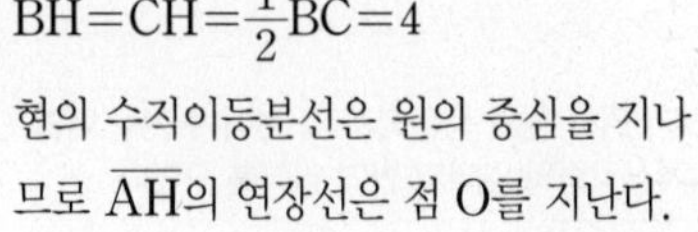

현의 수직이등분선은 원의 중심을 지나므로 $\overline{AH}$의 연장선은 점 O를 지난다.

$\triangle COH$가 직각삼각형이므로

$\overline{OH}=\sqrt{5^2-4^2}=3$,

$\overline{AH}=\overline{AO}-\overline{OH}=5-3=2$

따라서 $\triangle ACH$에서

$\overline{AC}=\sqrt{4^2+2^2}=2\sqrt{5}$

참고 (1) 이등변삼각형의 꼭지각에서 밑변에 내린 수선은 밑변을 이등분한다.

(2) 현의 수직이등분선은 원의 중심을 지난다.

07 오른쪽 그림과 같이 원 O의 중심에서 $\overline{AB}$, $\overline{CD}$에 내린 수선의 발을 각각 M, N이라 하면

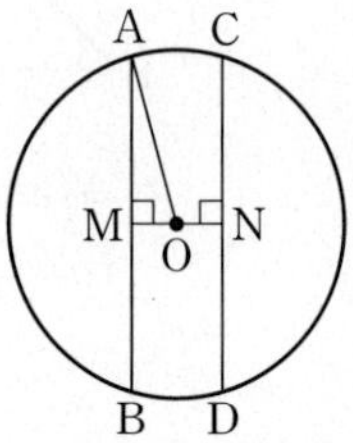

$\overline{AB}=\overline{CD}$이므로 두 현 AB, CD는 원의 중심으로부터 같은 거리에 있다.

즉, $\overline{OM}=\overline{ON}=\frac{1}{2}\overline{MN}=6\,(\text{cm})$

$\triangle OAM$이 직각삼각형이고,

$\overline{OA}=26\,\text{cm}$(반지름)이므로

$\overline{AM}=\sqrt{26^2-6^2}=\sqrt{640}$

$=8\sqrt{10}\,(\text{cm})$

원의 중심에서 현에 내린 수선은 그 현을 수직이등분하므로

$\overline{AB}=2\overline{AM}=16\sqrt{10}\,(\text{cm})$

참고 두 현의 길이가 같으므로 원의 중심으로부터 같은 거리에 있음을 이용하여 직각삼각형을 만든다.

08 $\overline{OD}=\overline{OE}=\overline{OF}$이므로

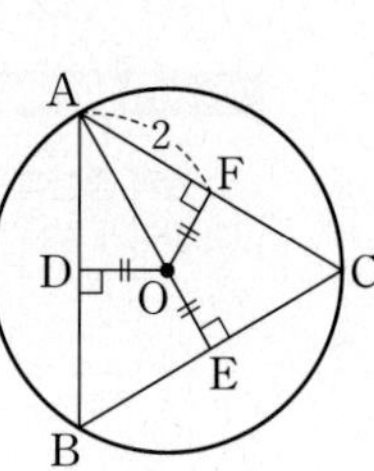

$\overline{AB}=\overline{BC}=\overline{CA}$

즉, $\triangle ABC$는 정삼각형이므로

$\angle BAC=60^\circ$

점 O는 $\triangle ABC$의 내심이므로

$\angle OAF=30^\circ$

$\triangle OAF$에서

$\overline{AO}=\frac{\overline{AF}}{\cos 30^\circ}=2\div\frac{\sqrt{3}}{2}$

$=2\times\frac{2}{\sqrt{3}}=\frac{4\sqrt{3}}{3}$

따라서

(원 O의 넓이)$=\left(\frac{4\sqrt{3}}{3}\right)^2\pi=\frac{16}{3}\pi$

Level 4

본문 54~55쪽

01 $\frac{96}{5}$ **02** ② **03** $\frac{24}{5}a$ **04** $4\pi\ \text{cm}^2$

05 가장 긴 현: 20, 가장 짧은 현: 12 **06** 24

01 **풀이전략** 원의 중심에서 현에 내린 수직이등분선의 성질과 삼각형의 넓이를 이용하여 선분 BC의 길이를 구한다.

점 F는 작은 원과 $\overline{AB}$와의 접점이므로

$\overline{AB}\perp\overline{OF}$

원의 중심에서 현에 내린 수선은 그 현을 수직이등분하므로

$\overline{AF}=\overline{BF}$

$\triangle OAF$가 직각삼각형이므로

$\overline{AF}=\sqrt{10^2-8^2}=6$

$\therefore\ \overline{AB}=2\overline{AF}=12$

$\triangle OAB=\frac{1}{2}\times\overline{AB}\times\overline{OF}$

$=\frac{1}{2}\times\overline{OA}\times\overline{BE}$

이므로

$\frac{1}{2}\times12\times8=\frac{1}{2}\times10\times\overline{BE}$, $\overline{BE}=\frac{48}{5}$

이때 $\overline{BC}$는 큰 원의 현이고 점 E는 원의 중심에서 현에 내린 수선의 발이므로

$\overline{BC}=2\overline{BE}=\frac{96}{5}$

실수하기 쉬운 부분 짚어보기

원의 중심 O에서 현 BC에 내린 수선 OE는 $\overline{BC}\perp\overline{OE}$

따라서 $\overline{BE}$를 둔각삼각형 AOB의 높이로 놓고, 넓이를 생각한다.

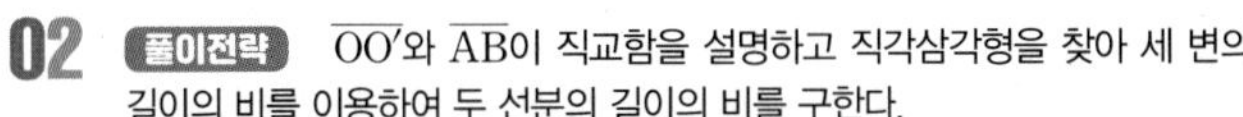

02 **풀이전략** $\overline{OO'}$와 $\overline{AB}$이 직교함을 설명하고 직각삼각형을 찾아 세 변의 길이의 비를 이용하여 두 선분의 길이의 비를 구한다.

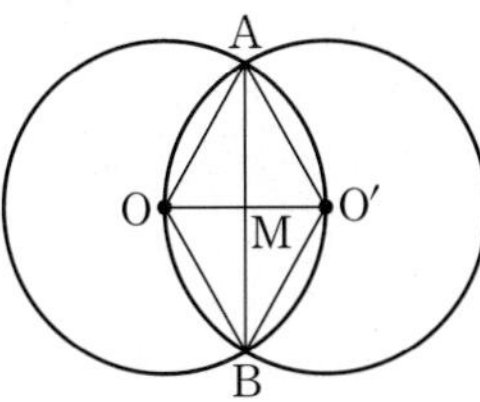

$\overline{OO'}$과 $\overline{AB}$의 교점을 M이라 하면

$\overline{AM}=\overline{BM}$, $\overline{AB}\perp\overline{OO'}$

$\overline{OM}=a$라 하면

반지름의 길이가 같은 두 원에서 길이가 같은 현은 각 원의 중심으로부터 같은 거리에 있으므로

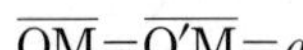

$\overline{OM}=\overline{O'M}=a$

즉, $\overline{OO'}=2a$

$\triangle AOO'$은 한 변의 길이가 $2a$인 정삼각형이므로

$\overline{AM}=\frac{\sqrt{3}}{2}\times2a=\sqrt{3}a$

이때 $\overline{AB}=2\overline{AM}=2\sqrt{3}a$

따라서

$\overline{OO'}:\overline{AB}=2a:2\sqrt{3}a=1:\sqrt{3}$

참고

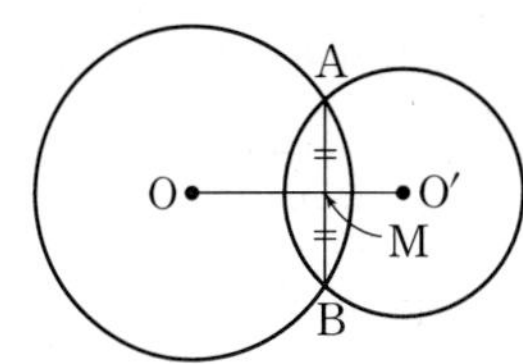

두 원이 두 점 A, B에서 만날 때, $\overline{AB}\perp\overline{OO'}$, $\overline{AM}\perp\overline{BM}$

03 **풀이전략** 삼각형 POO′와 QOO′에서 각각 세 변의 길이의 비를 구한 후 이를 이용한다.

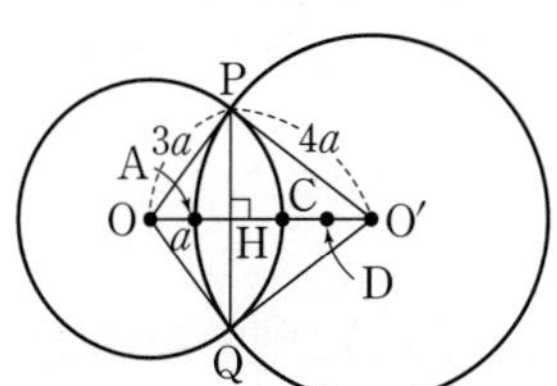

그림과 같이 $\overline{PO}$, $\overline{PO'}$을 그리면

$\overline{OA}=a$이므로 원 O의 반지름인 $\overline{PO}=\overline{OC}=3a$,

원 O′의 반지름인 $\overline{PO'}=\overline{AO'}=4a$,

$\overline{OO'}=5a$

이때 $\overline{PO}^2+\overline{PO'}^2=(3a)^2+(4a)^2$

$=25a^2=\overline{OO'}^2$

이므로 $\triangle POO'$은 $\angle OPO'=90°$인 직각삼각형이다.

두 점 O, O′에서 $\overline{PQ}$에 내린 수선의 발은 같은 점에서 만나므로 이를 H라 하면

$\overline{PH}=\overline{QH}$, $\overline{PQ}\perp\overline{OO'}$

$\therefore\ \triangle POO'=\frac{1}{2}\times\overline{PO}\times\overline{PO'}$

$=\frac{1}{2}\times\overline{OO'}\times\overline{PH}$

즉, $\frac{1}{2}\times3a\times4a=\frac{1}{2}\times5a\times\overline{PH}$

$\therefore\ \overline{PH}=\frac{12}{5}a$

따라서

$\overline{PQ}=2\overline{PH}=2\times\frac{12}{5}a=\frac{24}{5}a$

04 **풀이전략** 한 원에서 길이가 같은 현의 중점과 원의 중심 사이의 거리는 항상 같음을 이용하여 현의 중점의 자취를 생각한다.

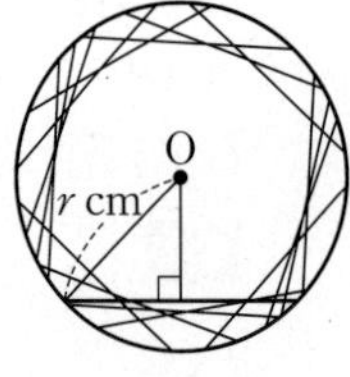

현의 길이가 같으면 원의 중심으로부터 현의 중점까지의 거리는 항상 일정하므로 현의 중점의 자취는 원이 된다.
원 O의 반지름의 길이를 r cm라 하면 원의 중심에서 현에 내린 수선은 그 현을 이등분하므로
(점 O에서 현의 중심까지의 거리)
$=\sqrt{r^2-2^2}$ (cm)
따라서
(구하는 넓이)=(큰 원의 넓이)−(작은 원의 넓이)
$=\pi r^2-\pi(\sqrt{r^2-2^2})^2$
$=\pi r^2-\pi r^2+2^2\pi=4\pi$ (cm^2)

함정 피하기
여러 개의 현을 그려 보고 현들의 자취의 규칙을 생각한다.

05 **풀이전략** 원에서 현의 길이는 원의 중심에서의 거리가 가까울수록 길고, 멀수록 짧음을 이용하여 점 P를 지나는 현들을 생각한다.

가장 긴 현은 지름이므로 그 길이는 20이다.
가장 짧은 현은 오른쪽 그림의 $\overline{AB}$와 같이 점 P를 지나고 $\overline{OP}$에 수직인 현이다.
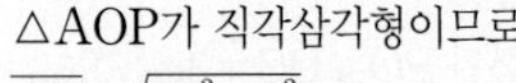
△AOP가 직각삼각형이므로
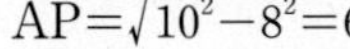
$\overline{AP}=\sqrt{10^2-8^2}=6$
이고 원의 중심에서 현에 내린 수선은 그 현을 이등분하므로
$\overline{AB}=2\overline{AP}=2\times6=12$
따라서 가장 짧은 현의 길이는 12이다.

함정 피하기
점 P를 지나는 여러 개의 현을 그려 보고 가장 짧은 현이 반지름과 수직인 현이라는 것을 직관적으로 인식한다.

06 **풀이전략** 두 현 사이의 거리와 반지름으로 이루어진 직각삼각형을 이용하기 위해 직각삼각형을 2개 만든다. 이때 현을 길이가 각각 x와 $2-x$인 두 개의 선분으로 놓는다.

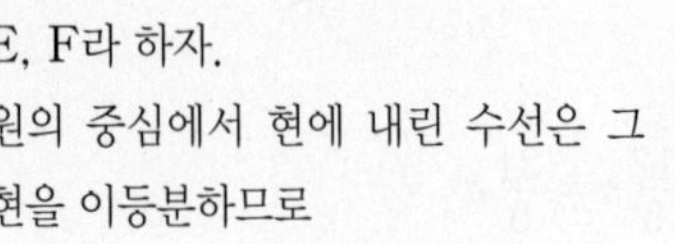
오른쪽 그림과 같이 점 O에서 $\overline{AB}$, $\overline{CD}$에 내린 수선의 발을 각각 E, F라 하자.
원의 중심에서 현에 내린 수선은 그 현을 이등분하므로

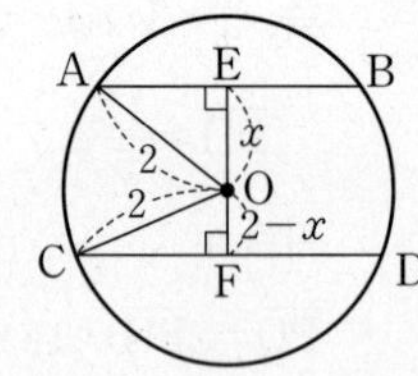

$\overline{AE}=\overline{BE}$, $\overline{CF}=\overline{DF}$
$\overline{OE}=x(0<x<2)$라 하면
$\overline{OF}=\overline{EF}-\overline{OE}=2-x$
△AOE가 직각삼각형이므로
$\overline{AE}=\sqrt{2^2-x^2}$
이때 $\overline{AB}=2\overline{AE}=2\sqrt{4-x^2}$
△COF가 직각삼각형이므로
$\overline{CF}=\sqrt{2^2-(2-x)^2}=\sqrt{4x-x^2}$
이때 $\overline{CD}=2\overline{CF}=2\sqrt{4x-x^2}$
따라서
$\overline{AB}^2+\overline{CD}^2=(2\sqrt{4-x^2})^2+(2\sqrt{4x-x^2})^2$
$=4(4-x^2)+4(4x-x^2)$
$=-8x^2+16x+16$
$=-8(x-1)^2+24$
$0<x<2$이므로 $x=1$일 때, $\overline{AB}^2+\overline{CD}^2$의 최댓값은 24이다.

5 원의 접선

Level 1

본문 58~61쪽

01 $2\pi\ \text{cm}^2$　02 $4\pi\ \text{cm}^2$　03 $\left(\frac{32}{3}\pi+16\sqrt{3}\right)\text{cm}^2$

04 $3\pi\ \text{cm}^2$　05 16 cm　06 $4\sqrt{21}$ cm

07 $9\pi\ \text{cm}^2$　08 3π cm　09 6 cm

10 $40\ \text{cm}^2$　11 $18\pi\ \text{cm}^2$　12 6 cm

13 $36\pi\ \text{cm}^2$　14 $60\ \text{cm}^2$　15 $16\ \text{cm}^2$

16 4 cm

01 색칠한 부분의 넓이는 부채꼴 DOC의 넓이에서 원 O′의 넓이를 빼면 된다.
오른쪽 그림에서 원 O′의 반지름의 길이를 x cm라 하면
△OO′B에서
$\overline{OO'}=(6-x)$ cm이고
$\sin 30^\circ=\frac{x}{\overline{OO'}}=\frac{1}{2}$에서
$\frac{x}{6-x}=\frac{1}{2}$, $2x=6-x$
$3x=6$　∴ $x=2$
따라서 색칠한 부분의 넓이는
$6^2\pi\times\frac{60}{360}-2^2\pi=6\pi-4\pi=2\pi\ (\text{cm}^2)$

02 $\angle PAO=\angle PBO=90^\circ$이고,
$\angle P=60^\circ$이므로

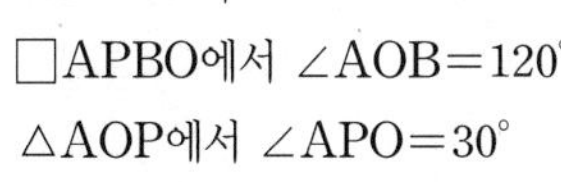

□APBO에서 $\angle AOB=120^\circ$
△AOP에서 $\angle APO=30^\circ$
이므로

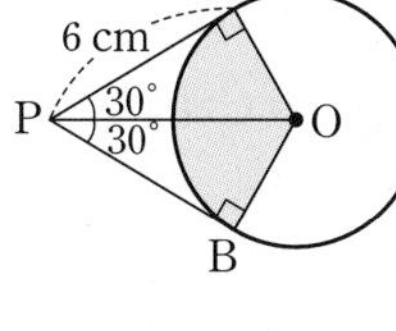

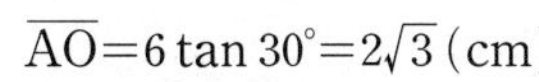

$\overline{AO}=6\tan 30^\circ=2\sqrt{3}\ (\text{cm})$
따라서 부채꼴 AOB의 넓이는
$(2\sqrt{3})^2\pi\times\frac{120}{360}=4\pi\ (\text{cm}^2)$

03

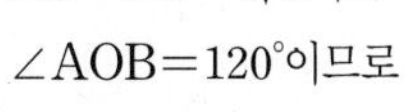

$\tan 30^\circ=\frac{\overline{BO}}{\overline{BP}}=\frac{\overline{AO}}{\overline{AP}}$에서
$\overline{PA}=\overline{PB}=4\sqrt{3}$이고
$\angle AOB=120^\circ$이므로

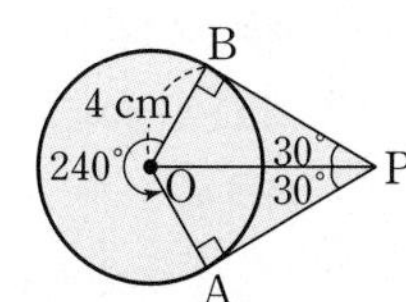

색칠한 도형의 넓이는 중심각의 크기가 240°인 부채꼴 BOA의 넓이와 □BOAP의 넓이의 합이다. 즉,
$4^2\pi\times\frac{240}{360}+\left(\frac{1}{2}\times4\times4\sqrt{3}\right)\times2=\frac{32}{3}\pi+16\sqrt{3}\ (\text{cm}^2)$

04 큰 원의 반지름의 길이를 x cm,
작은 원의 반지름의 길이를 y cm라 하자.

원의 중심 O에서 $\overline{AB}$에 내린 수선의 발을 H라 하면
$\overline{AH}=\frac{1}{2}\overline{AB}=\sqrt{3}\ (\text{cm})$
직각삼각형 OAH에서
$x^2-y^2=(\sqrt{3})^2=3$
따라서
(색칠한 부분의 넓이)$=x^2\pi-y^2\pi$
$=(x^2-y^2)\pi$
$=3\pi\ (\text{cm}^2)$

05 원 O의 반지름의 길이를 x cm라 할 때
$\overline{AO}$를 그으면
$\angle PAO=90^\circ$이므로
직각삼각형 PAO에서
$x^2+12^2=(x+4)^2$
즉, $x^2+144=x^2+8x+16$
$8x=128$
∴ $x=16$
따라서 원 O의 반지름의 길이는 16 cm이다.

06 $\overline{AC}=x$ cm라 하면
직각삼각형 ACO에서
$4^2+x^2=10^2$이므로
$x=\sqrt{84}=2\sqrt{21}$
따라서
$\overline{AB}=2\overline{AC}=4\sqrt{21}\ (\text{cm})$

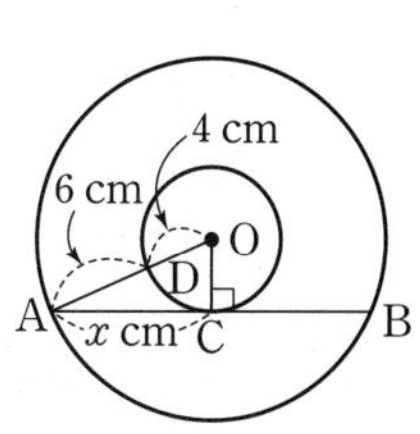

07 원 O의 반지름의 길이를 x cm라 하면
$\overline{AB}=x+12\ (\text{cm})$,
$\overline{BC}=x+5\ (\text{cm})$
직각삼각형 ABC에서
$(x+5)^2+(x+12)^2=17^2$

즉, $2x^2+34x-120=0$
$x^2+17x-60=0$
$(x-3)(x+20)=0$에서
$x>0$이므로 $x=3$
따라서 (원 O의 넓이)$=3^2\pi=9\pi\ (\text{cm}^2)$

08 원 O의 반지름의 길이를 x cm라 하면
$\triangle AOB \backsim \triangle AO'C$이고
$\overline{AO'}=\sqrt{8^2+6^2}=10\ (\text{cm})$
$\overline{AO}=\overline{AO'}-\overline{OO'}$
$=10-(6+x)$
$=4-x\ (\text{cm})$
이므로
$(4-x):x=10:6$
$10x=24-6x$
$\therefore x=\frac{3}{2}$
따라서
(원 O의 둘레의 길이)$=2\times\frac{3}{2}\pi=3\pi\ (\text{cm})$

09 직각삼각형 APB에서
$\overline{AB}=\sqrt{10^2-6^2}=8\ (\text{cm})$
$\overline{BD}=\overline{BE}=x$ cm라 하면
$\overline{AC}=\overline{AE}=8-x\ (\text{cm})$
$\overline{PC}=\overline{PD}$에서
$\overline{PA}+\overline{AC}=\overline{PB}+\overline{BD}$
이므로
$10+(8-x)=6+x$
$\therefore x=6$
따라서 $\overline{BD}$의 길이는 6 cm

10 $\overline{AD}\perp\overline{AB}$, $\overline{BC}\perp\overline{AB}$이므로
□ABCD는 $\overline{AD}/\!/\overline{BC}$인 사다리꼴이다. 이때
$\overline{AD}+\overline{BC}=\overline{CD}=10(\text{cm})$
따라서
□ABCD$=\frac{1}{2}(\overline{AD}+\overline{BC})\times\overline{AB}$
$=\frac{1}{2}\times10\times8=40\ (\text{cm}^2)$

11 점 C에서 $\overline{AD}$에 내린 수선의 발을 H라 하고,
반원 O의 반지름의 길이를 x cm라 하면
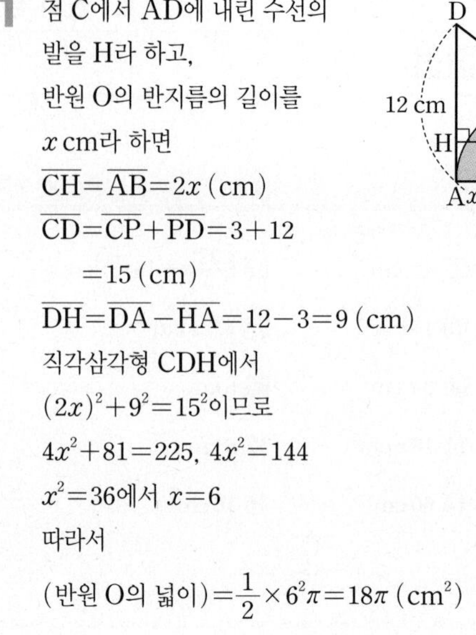
$\overline{CH}=\overline{AB}=2x\ (\text{cm})$
$\overline{CD}=\overline{CP}+\overline{PD}=3+12$
$=15\ (\text{cm})$
$\overline{DH}=\overline{DA}-\overline{HA}=12-3=9\ (\text{cm})$
직각삼각형 CDH에서
$(2x)^2+9^2=15^2$이므로
$4x^2+81=225$, $4x^2=144$
$x^2=36$에서 $x=6$
따라서
(반원 O의 넓이)$=\frac{1}{2}\times6^2\pi=18\pi\ (\text{cm}^2)$

12 $\overline{AD}=x$ cm라 하면
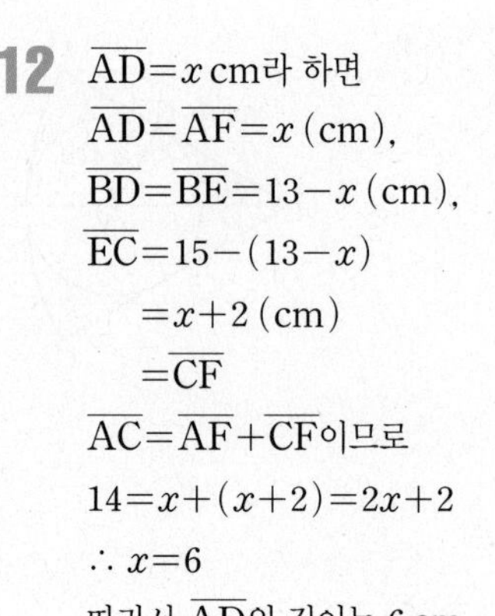
$\overline{AD}=\overline{AF}=x\ (\text{cm})$,
$\overline{BD}=\overline{BE}=13-x\ (\text{cm})$,
$\overline{EC}=15-(13-x)$
$=x+2\ (\text{cm})$
$=\overline{CF}$
$\overline{AC}=\overline{AF}+\overline{CF}$이므로
$14=x+(x+2)=2x+2$
$\therefore x=6$
따라서 $\overline{AD}$의 길이는 6 cm

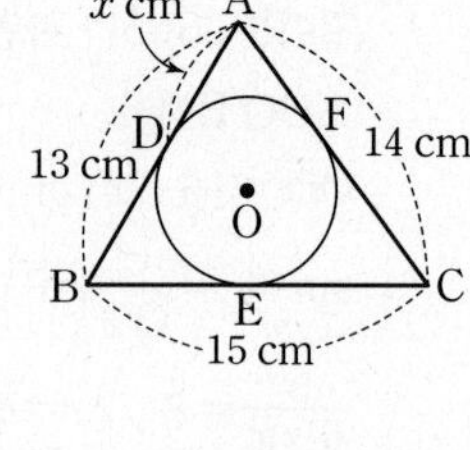

13 점 C에서 $\overline{AB}$에 내린 수선의 발을 H라 하면
$\overline{BG}=\overline{BF}=9$ cm,
$\overline{CE}=\overline{CG}=13-9=4\ (\text{cm})$
이므로
$\overline{BH}=9-4=5\ (\text{cm})$
직각삼각형 BCH에서
$\overline{CH}=\sqrt{13^2-5^2}=12\ (\text{cm})$이고,
$\overline{EF}=\overline{CH}$이므로
원 O의 반지름의 길이는 6 cm이다.
따라서
(원 O의 넓이)$=6^2\pi=36\pi\ (\text{cm}^2)$

14 $\overline{AE}=\overline{AF}=x$ cm라 하면
$\overline{AB}=x+5$ (cm),
$\overline{AC}=x+3$ (cm)
$\triangle ABC$가 직각삼각형이므로
$(x+5)^2=8^2+(x+3)^2$
$x^2+10x+25=64+x^2+6x+9$
$4x=48$에서 $x=12$
따라서
$\triangle ABC=\frac{1}{2}\times 8\times 15=60$ (cm²)

15 사각형 ABCD는 원 O에 외접하므로

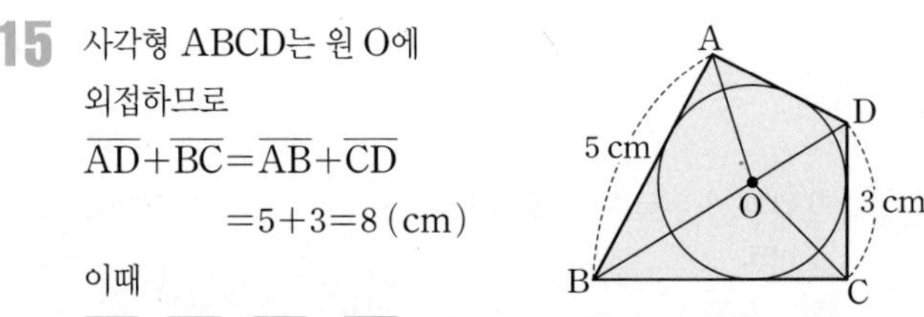

$\overline{AD}+\overline{BC}=\overline{AB}+\overline{CD}$
$=5+3=8$ (cm)
이때
$\overline{AB}+\overline{BC}+\overline{CD}+\overline{DA}=8+8=16$ (cm)
따라서
$\square ABCD=\triangle ABO+\triangle BCO+\triangle CDO+\triangle DAO$
$=\frac{1}{2}\times 2\times(\overline{AB}+\overline{BC}+\overline{CD}+\overline{DA})$
$=\frac{1}{2}\times 2\times(8+8)=16$ (cm²)

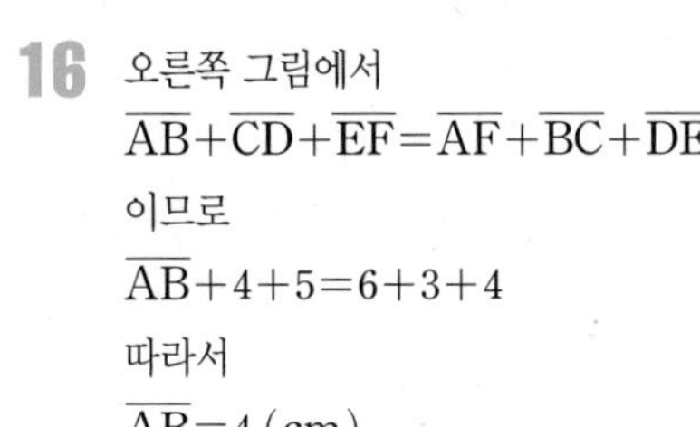

16 오른쪽 그림에서
$\overline{AB}+\overline{CD}+\overline{EF}=\overline{AF}+\overline{BC}+\overline{DE}$
이므로
$\overline{AB}+4+5=6+3+4$
따라서
$\overline{AB}=4$ (cm)

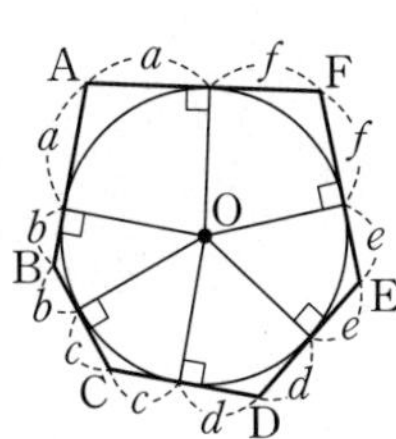

실수하기 쉬운 부분 짚어보기

사각형, 육각형 등 변의 개수가 짝수개인 다각형에서 같은 원리를 적용할 수 있다.

Level 2

본문 62~65쪽

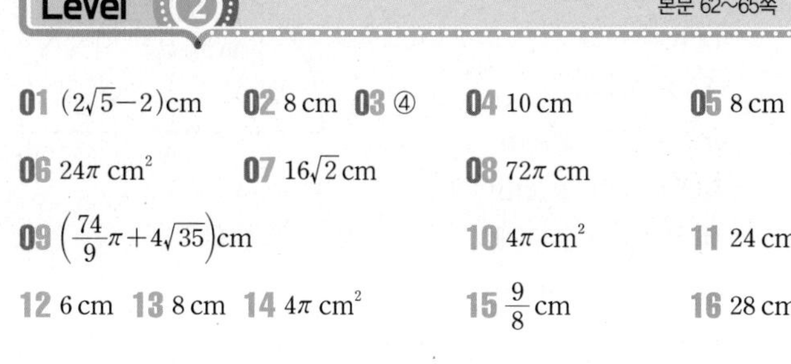

01 $(2\sqrt{5}-2)$cm **02** 8 cm **03** ④ **04** 10 cm **05** 8 cm
06 24π cm² **07** $16\sqrt{2}$ cm **08** 72π cm
09 $\left(\frac{74}{9}\pi+4\sqrt{35}\right)$cm **10** 4π cm² **11** 24 cm
12 6 cm **13** 8 cm **14** 4π cm² **15** $\frac{9}{8}$ cm **16** 28 cm

01 $(4\sqrt{5})^2+8^2=12^2$이므로
삼각형 ABC는 직각삼각형이다.
원 O의 반지름의 길이를 r cm라 하면
$\triangle ABC=\frac{1}{2}(4\sqrt{5}+12+8)r$
$=\frac{1}{2}\times 8\times 4\sqrt{5}=16\sqrt{5}$
$(10+2\sqrt{5})r=16\sqrt{5}$에서
$r=\frac{16\sqrt{5}}{10+2\sqrt{5}}=\frac{16\sqrt{5}(10-2\sqrt{5})}{(10+2\sqrt{5})(10-2\sqrt{5})}$
$=2\sqrt{5}-2$ (cm)

02 $\overline{BF}$의 길이를 x cm라 하면
$\overline{AF}=\overline{AE}=2$ (cm),
$\overline{AB}=2+x$ (cm),
$\overline{AC}=6$ (cm),
$\overline{BC}=4+x$ (cm)이므로
직각삼각형 ABC에서
$(x+4)^2=(x+2)^2+6^2$
$x^2+8x+16=x^2+4x+4+36$
$4x=24$에서 $x=6$
따라서
$\overline{AB}=6+2=8$ (cm)

03 ㄱ. $\overline{AE}=\overline{AD}$이지만, $\overline{AC}=\overline{AB}$인지는 알 수 없다. (×)
ㄴ. 원 외부의 점에서 그은 접선이므로 두 선분의 길이는 같다. (○)
ㄷ. $\overline{CF}\neq\overline{BF}$이므로 $\square OFBD\neq\square OECF$ (×)
ㄹ. $\triangle ABC$의 둘레의 길이는 $\overline{AE}+\overline{AD}$와 같은데 $\overline{AD}=\overline{AE}$이므로 $\triangle ABC$의 둘레의 길이는 $2\overline{AD}$이다. (○)

04 원 O′의 반지름의 길이를 x cm라 하면

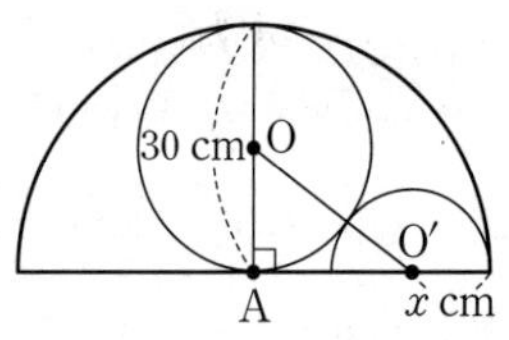

$\overline{OA}=15$ cm,
$\overline{OO'}=(15+x)$cm,
$\overline{AO'}=(30-x)$cm이고
직각삼각형 OAO′에서
$(x+15)^2=(30-x)^2+15^2$
$x^2+30x+225=900-60x+x^2+225$
$90x=900$에서 $x=10$
따라서 반원 O′의 반지름의 길이는 10 cm이다.

05 $\overline{AB}=x$ cm라 하자.
점 E에서 $\overline{AB}$에 내린 수선의 발을 H라 하면

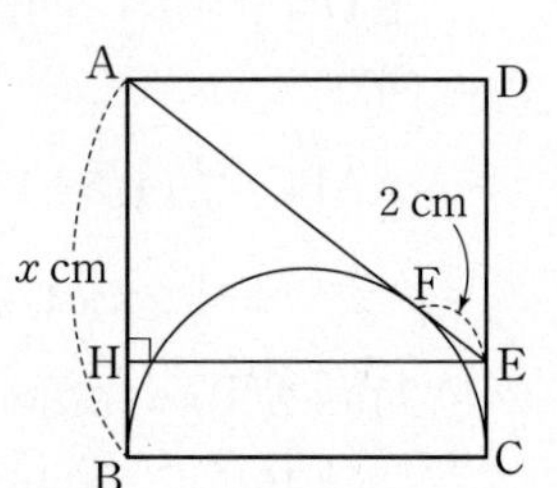

$\overline{AB}=\overline{AF}=\overline{BC}=x$ cm,
$\overline{BH}=\overline{EC}=\overline{EF}=2$ cm
이므로
$\overline{AE}=\overline{AF}+\overline{FE}=x+2$ (cm),
$\overline{AH}=\overline{AB}-\overline{BH}=x-2$ (cm)
이때 △AHE가 직각삼각형이므로
$(x+2)^2=(x-2)^2+x^2$
$x^2+4x+4=x^2-4x+4+x^2$
$x^2-8x=0$, $x(x-8)=0$
$x>0$이므로 $x=8$
따라서 $\overline{AB}=8$ cm

06 원의 반지름의 길이를 x cm라 하면
정삼각형의 한 변의 길이는
$(4x+2\sqrt{3}x)$cm이므로
$(4+2\sqrt{3})x=8+4\sqrt{3}$
에서 $x=2$
즉, 원 하나의 넓이는 4π cm^2
이므로 원 6개의 넓이는
$6\times4\pi=24\pi$ (cm^2)

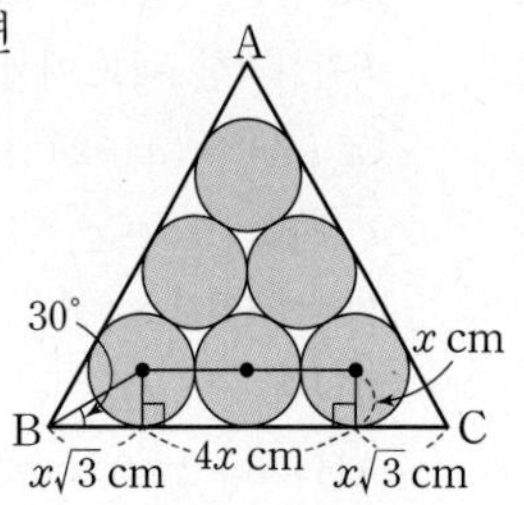

07 원 O의 반지름의 길이를 x cm라 할 때,
점 D에서 $\overline{BC}$에 내린 수선의 발을 F라 하면

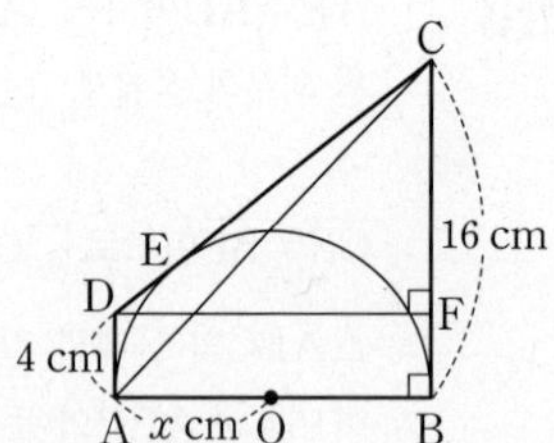

$\overline{DF}=\overline{AB}=2x$ (cm),
$\overline{CF}=16-4=12$ (cm),
$\overline{CD}=\overline{CE}+\overline{DE}$
$=\overline{CF}+\overline{DA}$
$=16+4=20$ (cm)
직각삼각형 CDF에서
$20^2=(2x)^2+12^2$이므로
$400=4x^2+144$, $4x^2=256$, $x^2=64$
$x>0$이므로 $x=8$에서
$\overline{AB}=2x=16$ (cm)
이때 △ABC가 직각삼각형이므로
$\overline{AC}=\sqrt{\overline{AB}^2+\overline{BC}^2}$
$=\sqrt{16^2+16^2}$
$=\sqrt{512}=16\sqrt{2}$ (cm)

08 원 O의 반지름의 길이를 x cm라 하면
$\overline{BD}=\overline{BP}=12$ cm
이므로
직각삼각형 ABD에서
$\overline{AD}=\sqrt{15^2-12^2}$
$=\sqrt{81}=9$ (cm)
$\overline{AO}=\overline{AD}+\overline{OD}=9+x$ (cm)
이때 △ADB∽△APO (AA 닮음)이므로
$\overline{AB}:\overline{AO}=\overline{BD}:\overline{OP}$
즉, $15:9+x=12:x$이므로
$12(9+x)=15x$, $3x=108$
$\therefore x=36$
따라서 원 O의 둘레의 길이는
$2\pi\times36=72\pi$ (cm)

09 벨트의 최소 길이는 $\overline{AB}$가 곧은 선일 때이다.
점 O′에서 $\overline{BO}$에 내린 수선의 발을 E라 하면
직각삼각형 OEO′에서
$\overline{O'E}=\sqrt{12^2-2^2}=2\sqrt{35}$
$\therefore \overline{AB}=\overline{O'E}=2\sqrt{35}$ (cm)
$\cos(\angle O'OE)=\dfrac{\overline{OE}}{\overline{OO'}}=\dfrac{1}{6}$에서
$\angle O'OE=80°$
이때 $\angle BOD=360°-2\times80°=200°$,
$\angle AO'C=360°-2\times100°=160°$

따라서

(색칠한 도형의 둘레의 최소 길이)

$=$(부채꼴 AO′C의 호의 길이)

$+$(부채꼴 BOD의 호의 길이)$+\overline{AB}+\overline{CD}$

$=6\pi\times\frac{160}{360}+10\pi\times\frac{200}{360}+2\overline{AB}$

$=\frac{74}{9}\pi+4\sqrt{35}$ (cm)

10 $\overline{BE}=\overline{BC}=10$ cm이므로

△ABE에서 피타고라스 정리에 의해

$\overline{AE}=\sqrt{10^2-6^2}=8$ (cm)

원 O의 반지름의 길이를 r cm라 하면

△ABE의 넓이는

$\frac{1}{2}\times6\times8=\frac{1}{2}r(6+8+10)$, $24=12r$

$\therefore r=2$

따라서

(원 O의 넓이)$=4\pi$ (cm^2)

11 원 O의 반지름의 길이를 r cm라 하면

△ABC가 이등변삼각형이므로

$\overline{AO}$와 $\overline{BC}$는 수직으로 만난다.

그 교점을 F라 하면

$\overline{CF}=\overline{BF}=\overline{BD}$

$=\frac{1}{2}\overline{BC}=8$ cm

이므로

△ACF에서 피타고라스 정리에 의해

$\overline{AF}=\sqrt{10^2-8^2}=6$ (cm)

△AFC∽△AEO (AA 닮음)이므로

$\overline{AF}:\overline{AE}=\overline{CF}:\overline{OE}$

즉, $6:18=8:r$이므로 $6r=144$

$\therefore r=24$

따라서 원 O의 반지름의 길이는 24 cm

12 $\overline{ID}=x$ cm라 하면

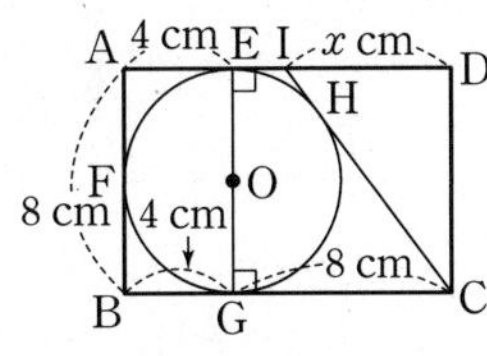

$\overline{AE}=\overline{AF}=4$ cm이므로

$\overline{IH}=\overline{IE}=12-(4+x)$

$=8-x$ (cm)

$\overline{CI}=\overline{CH}+\overline{HI}=8+(8-x)$

$=16-x$ (cm)

△CDI에서 피타고라스 정리에 의해

$(16-x)^2=8^2+x^2$

$256-32x+x^2=64+x^2$

$32x=192$에서 $x=6$

따라서 $\overline{ID}$의 길이는 6 cm

13 원 O의 반지름의 길이를

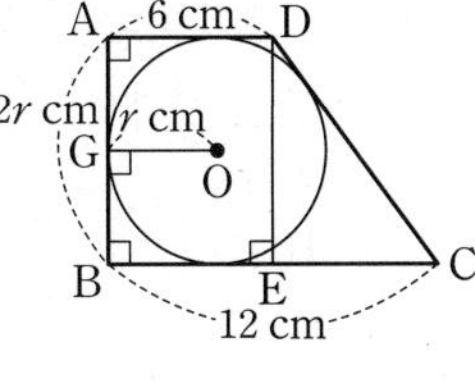

r cm라 하면

$\overline{AB}=2r$ cm

점 D에서 $\overline{BC}$에 내린 수선의 발을 E라 하면

$\overline{AD}+\overline{BC}=\overline{AB}+\overline{DC}$이므로

$6+12=2r+\overline{DC}$

$\therefore \overline{DC}=18-2r$

$\overline{CE}=12-6=6$ (cm)

$\overline{DE}=\overline{AB}=2r$ cm

△CDE가 직각삼각형이므로

$(18-2r)^2=6^2+(2r)^2$

$4r^2-72r+324=36+4r^2$

$72r=288$에서 $r=4$

따라서

$\overline{AB}=2r=8$ (cm)

14 □ABCD가 원 O에 외접하므로

$\overline{AD}+\overline{BC}=\overline{AB}+\overline{CD}$

즉, $\overline{AE}+\overline{ED}+\overline{BC}=\overline{AB}+\overline{CD}$

이므로

$1+\overline{ED}+10=8+5=13$에서

$\overline{ED}=2$ cm

즉, 원 O의 반지름의 길이가 2 cm이므로

원 O의 넓이는 4π cm^2

15 $\overline{CE}=x$ cm라 하고

$\overline{AE}$가 반원과 접하는 점을 F라 하면

$\overline{BE}=8-x$ (cm)

△ABE가 직각삼각형이므로

$(8+x)^2=(8-x)^2+6^2$

$64+16x+x^2=64-16x+x^2+36$

$32x=36$에서 $x=\frac{9}{8}$

따라서 $\overline{CE}$의 길이는 $\frac{9}{8}$ cm

16 $\overline{AE}=\overline{AF}=x$라 할 때, 원 밖의 한 점에서 그 원에 그은 접선의 길이가 같음을 이용하여 각 변의 길이를 x로 나타내면 다음과 같다.

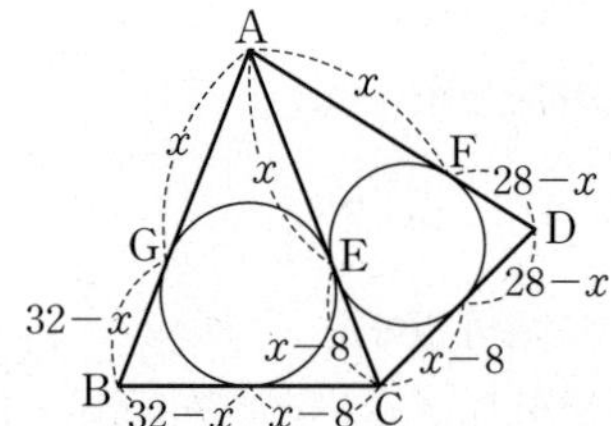

따라서
$\overline{AD}=x+(28-x)=28\,(\text{cm})$

본문 66~67쪽

01 $(25+5\sqrt{5}+5\sqrt{10})$cm **02** 4 cm **03** $(8\sqrt{2}-8)$cm **04** 12 cm
05 30 **06** $(16-8\sqrt{3})$cm

01 원 O의 반지름의 길이를 x cm라 하면
$\overline{AC}=15+x\,(\text{cm})$,
$\overline{AB}=10+x\,(\text{cm})$
△ABC는 직각삼각형이므로
$25^2=(10+x)^2+(15+x)^2$
$625=100+20x+x^2+225+30x+x^2$
$2x^2+50x-300=0,\ x^2+25x-150=0$
$(x-5)(x+30)=0$에서
$x=5\ (\because x>0)$
즉, 원 O의 반지름의 길이는 5 cm이다.
따라서 △OBC의 둘레의 길이는
$15+10+\overline{OB}+\overline{OC}=25+\sqrt{10^2+5^2}+\sqrt{15^2+5^2}$
$=25+5\sqrt{5}+5\sqrt{10}\,(\text{cm})$

02 $\overline{CE}=3$ cm (반지름)
피타고라스 정리에 의해
$\overline{BE}=\sqrt{5^2-3^2}=4\,(\text{cm})$
$\overline{DF}=x$ cm라 하면
$\overline{AB}=3$ cm,
$\overline{AF}=5-x$ cm,

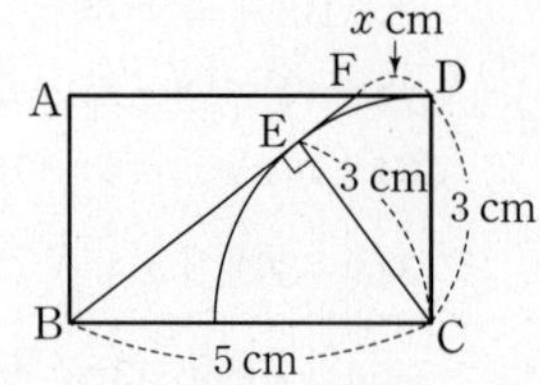

$\overline{BF}=4+x\,(\text{cm})$이므로
피타고라스 정리에 의해
$(x+4)^2=(5-x)^2+3^2$
$x^2+8x+16=25-10x+x^2+9$
$18x=18$에서 $x=1$
즉, $\overline{AF}=5-x=4\,(\text{cm})$

03 원 O′의 반지름의 길이를 r cm라 하면
$\overline{OO'}=8-r\,(\text{cm})$
점 O′에서 $\overline{OA}$에 내린 수선의 발을 H라 하면 △O′OH에서
피타고라스 정리에 의해
$r^2+r^2=(8-r)^2$
$r>0$이므로 $r=8\sqrt{2}-8\,(\text{cm})$
따라서 원 O′의 반지름의 길이는
$8\sqrt{2}-8\,(\text{cm})$

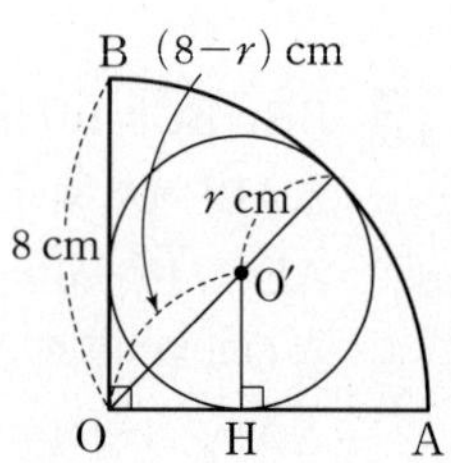

04 △ABC와 내접원의 교점을 각각 D, E, F라 하자.
△PQC의 둘레의 길이는 $2\overline{CD}$이고, $\overline{CD}$의 길이를 x cm라 하면
$\overline{AD}=13-x\,(\text{cm})$,
$\overline{BF}=\overline{BE}=15-(13-x)$
$=2+x\,(\text{cm})$
$\overline{BC}=\overline{BF}+\overline{FC}=(2+x)+x=14$
이므로
$x=6\,(\text{cm})$
따라서 $\overline{CD}$의 길이가 6 cm이므로 △PQC의 둘레의 길이는 12 cm

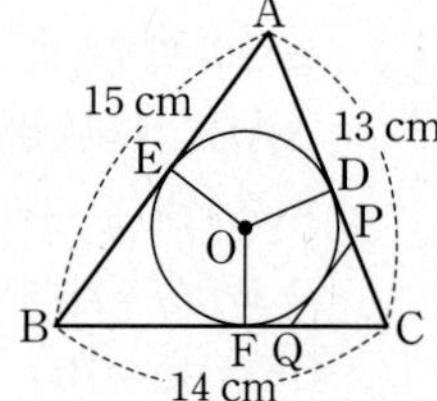

05 직육면체를 단면으로 보면 다음과 같다.

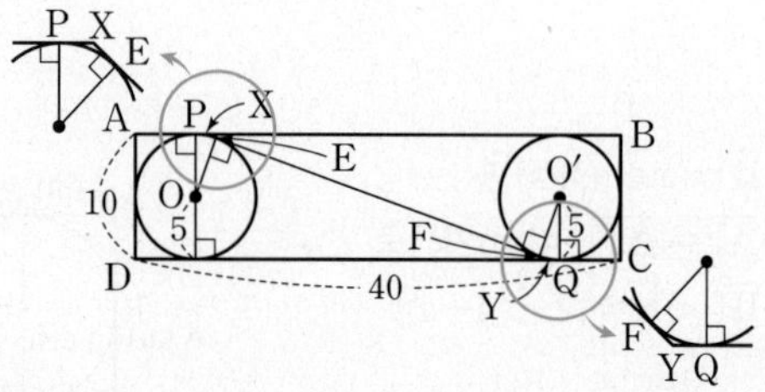

접선(철판)과 각 원의 접점을 각각 E, F라 하고 접선(철판)과 $\overline{AB}$, $\overline{CD}$와의 교점을 각각 X, Y라 하자.

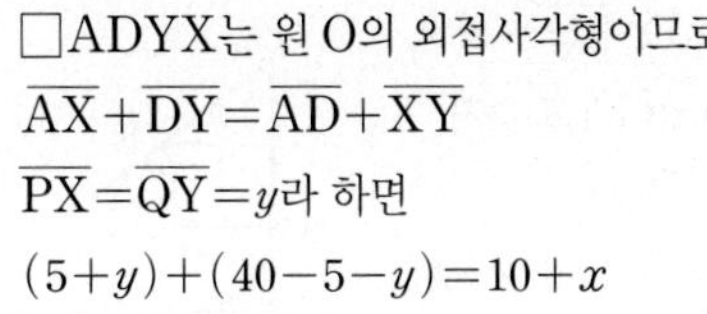

□ADYX는 원 O의 외접사각형이므로

$\overline{AX}+\overline{DY}=\overline{AD}+\overline{XY}$

$\overline{PX}=\overline{QY}=y$라 하면

$(5+y)+(40-5-y)=10+x$

따라서 $x=30$

06

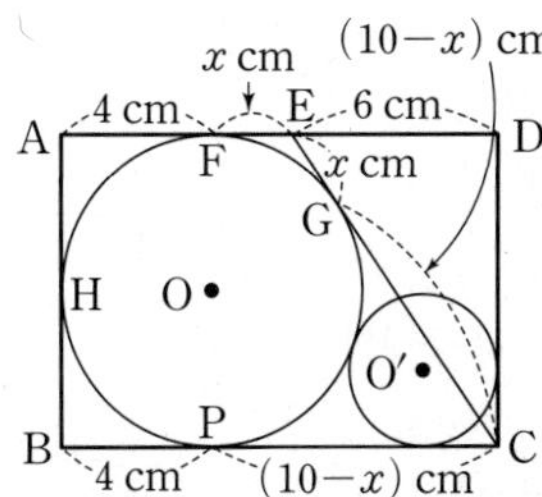

직각삼각형 CDE에서

$\overline{CD}=\sqrt{10^2-6^2}=8\text{ (cm)}$

$\overline{AB}=\overline{DC}=8$ cm이므로 원 O의 반지름의 길이는 4 cm이다.

$\overline{EF}=x$ cm라 하면 $\overline{CP}=\overline{CG}=10-x\text{ (cm)}$

$\overline{AD}=\overline{BC}$이므로

$4+x+6=4+(10-x)$, $2x=4$

$\therefore x=2$

즉, $\overline{AD}=4+2+6=12\text{ (cm)}$

다음 그림과 같이 원 O′의 반지름의 길이를 r cm라 하고, 점 O에서 $\overline{BC}$에 내린 수선의 발을 P, 점 O′에서 $\overline{OP}$에 내린 수선의 발을 Q라 하자.

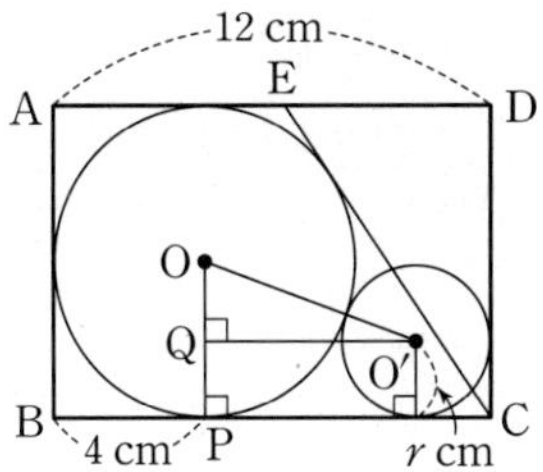

$\overline{OO'}=(4+r)$cm,

$\overline{QO}=(4-r)$cm,

$\overline{QO'}=(8-r)$cm

이므로 피타고라스 정리에 의해

$(4+r)^2=(4-r)^2+(8-r)^2$

$16+8r+r^2=16-8r+r^2+64-16r+r^2$

$r^2-32r+64=0$

그런데 $r<4$이므로 $r=16-8\sqrt{3}$

따라서 원 O′의 반지름의 길이는 $(16-8\sqrt{3})$cm이다.

Level 

본문 68~69쪽

01 원 O: 3 cm, 원 O′: 2 cm **02** $(3-\sqrt{3})$cm **03** 9 cm

04 36 cm **05** $\frac{25}{4}\pi$ **06** $\frac{13-\sqrt{5}}{4}$ cm

01 **풀이전략** 원 O의 지름의 길이와 $\overline{AB}$의 길이가 같으므로 이를 문자로 두고 길이를 구하고, △ABE의 넓이를 이용하여 원 O′의 반지름의 길이를 구한다.

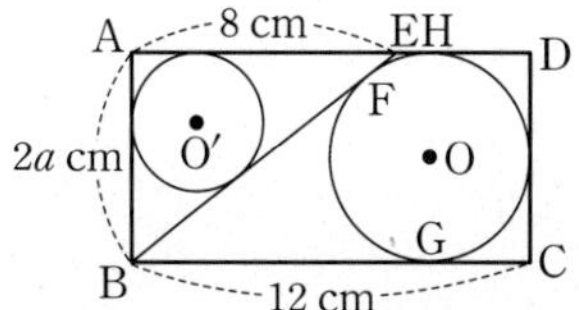

원 O의 반지름의 길이를 a cm, 원 O′의 반지름의 길이를 b cm라 하자.

원 O와 세 변 BE, BC, ED의 접점을 F, G, H라 하고,

$\overline{AB}=2a$ cm라 하면

$\overline{BF}=\overline{BG}=(12-a)$cm,

$\overline{EF}=\overline{EH}=(4-a)$cm,

$\overline{BE}=(12-a)+(4-a)=16-2a$

이고

△ABE가 직각삼각형이므로

$(2a)^2+8^2=(16-2a)^2$

$4a^2+64=256-64a+4a^2$

$64a=192$에서 $a=3$

$\triangle ABE=\frac{1}{2}\times8\times6$

$=\frac{1}{2}\times b\times(6+8+10)=24\text{ (cm}^2)$

에서 $b=2$

따라서 원 O의 반지름의 길이는 3 cm, 원 O′의 반지름의 길이는 2 cm이다.

02 **풀이전략** 특수각의 삼각비를 이용하여 길이를 구한 후 원에 외접하는 사각형의 성질을 이용한다.

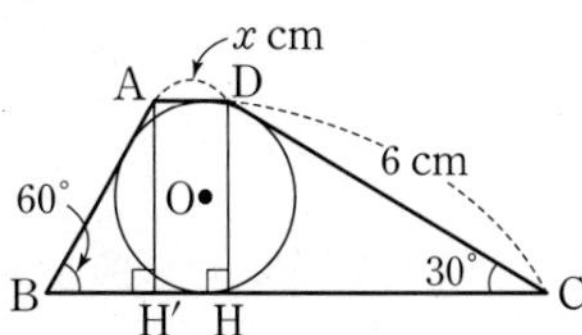

두 점 A, D에서 $\overline{BC}$에 내린 수선의 발을 각각 H′, H라 하면 직각삼각형 DHC에서

$\overline{DH}=6\sin 30^\circ=3\,(\text{cm})$, $\overline{CH}=6\cos 30^\circ=3\sqrt{3}\,(\text{cm})$

△ABH′에서

$\overline{AB}=\dfrac{\overline{AH'}}{\sin 60^\circ}=\dfrac{3}{\sin 60^\circ}$

$=2\sqrt{3}\,(\text{cm})$

이므로

$\overline{BH'}=\sqrt{3}\,(\text{cm})$

$\overline{AD}=x\,\text{cm}$라 하면

$\overline{AB}+\overline{CD}=\overline{AD}+\overline{BC}$에서

$2\sqrt{3}+6=x+(\sqrt{3}+x+3\sqrt{3})$

이므로

$2x=6-2\sqrt{3}$

$\therefore x=3-\sqrt{3}$

따라서 $\overline{AD}$의 길이는 $(3-\sqrt{3})\,\text{cm}$이다.

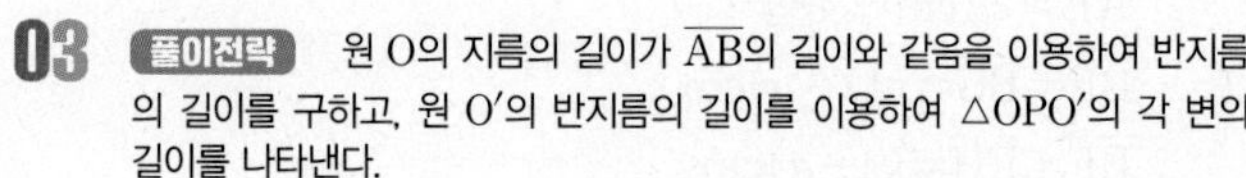

03 풀이전략 원 O의 지름의 길이가 $\overline{AB}$의 길이와 같음을 이용하여 반지름의 길이를 구하고, 원 O′의 반지름의 길이를 이용하여 △OPO′의 각 변의 길이를 나타낸다.

$\overline{AB}$의 길이와 원 O의 지름의 길이가 같으므로 원 O의 반지름의 길이는 25 cm이다.

원 O′의 반지름의 길이를 $x\,\text{cm}$라 할 때, 점 O에서 $\overline{BC}$에 내린 수선과 점 O′에서 $\overline{CD}$에 내린 수선의 교점을 점 P라 하자.

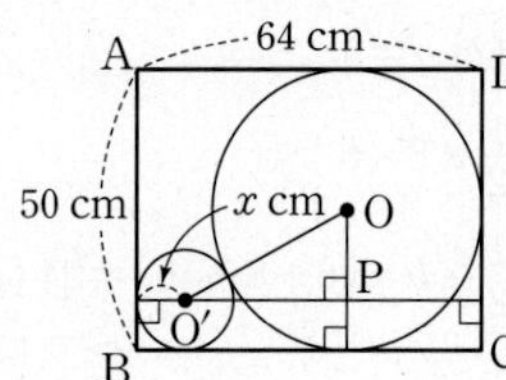

△OPO′가 직각삼각형이므로

$(x+25)^2=(25-x)^2+(64-25-x)^2$

$(x+25)^2=(25-x)^2+(39-x)^2$

$x^2-178x+1521=0$

$(x-169)(x-9)=0$

그런데 원 O′의 반지름의 길이는 25 cm보다 작으므로

$x=9\,(\text{cm})$

따라서 원 O′의 반지름의 길이는 9 cm

04 풀이전략 문제 조건을 삼각형의 세 변의 길이로 나타내면 $\overline{AB}+\overline{BC}=3\overline{AC}$와 같다.

$\overline{AC}$와 원의 접점을 D, $\overline{BC}$와 원의 접점을 E, $\overline{CD}=x\,\text{cm}$라고 하자.

$\overline{AB}+\overline{BC}=3\overline{AC}$이므로

$(3+\overline{BE})+(\overline{BE}+x)=3(3+x)$

이므로

$\overline{BE}=x+3$

△ABC에서

$(x+3)^2+(x+6)^2=(2x+3)^2$

$x^2-3x-18=0$

$(x+3)(x-6)=0$

이때 $x>0$이므로 $x=6$

따라서 △ABC의 둘레의 길이는

$9+12+15=36\,(\text{cm})$

05 풀이전략 큰 원과 반원, 작은 원의 중심을 이어 피타고라스 정리를 이용한다.

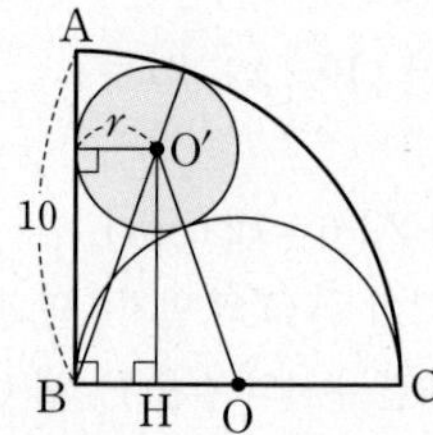

원의 중심 O′에서 $\overline{BC}$에 내린 수선의 발을 H라 하고, 원 O′의 반지름의 길이를 r라 하면

$\overline{O'B}=10-r$, $\overline{OO'}=5+r$,

$\overline{BH}=r$, $\overline{OH}=5-r$

△O′BH에서

$\overline{O'H}=\sqrt{(10-r)^2-r^2}$,

△O′HO에서

$\overline{O'H}=\sqrt{(5+r)^2-(5-r)^2}$

이므로

$\overline{O'H}=\sqrt{(10-r)^2-r^2}=\sqrt{(5+r)^2-(5-r)^2}$

양변을 제곱하여 정리하면

$100=40r \quad \therefore r=\dfrac{5}{2}$

따라서 원 O′의 넓이는 $\dfrac{25}{4}\pi$

06 풀이전략 가장 큰 원의 지름이 4cm이므로 작은 원과 반원의 반지름을 문자로 두고, 원의 중심들을 이어 직각삼각형의 변의 길이를 피타고라스 정리를 이용하여 구한다.

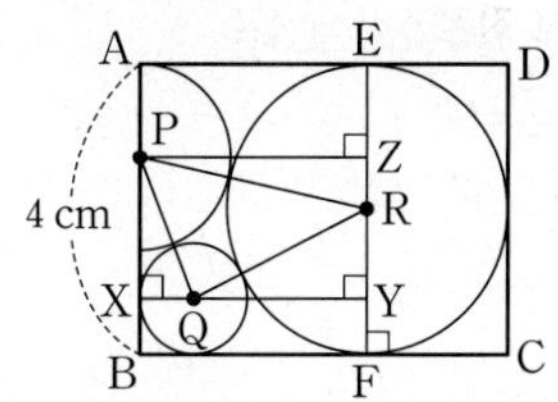

원 R와 $\overline{AD}$, $\overline{BC}$와의 접점을 각각 E, F라 하고, 점 Q에서 $\overline{AB}$, $\overline{EF}$에 내린 수선의 발을 각각 X, Y, 점 P에서 $\overline{EF}$에 내린 수선의 발을 Z라 하자.

반원 P의 반지름의 길이를 p cm, 원 Q의 반지름의 길이를 q cm라 하면 △PXQ에서

$(p+q)^2=(4-p-q)^2+q^2$

이때 $p+q=A$라 하면

$A^2=(4-A)^2+q^2$

$0=16-8A+q^2$

$0=16-8(p+q)+q^2$

$8p=16-8q+q^2$

$8p=(4-q)^2$ …… ①

$\overline{XY}=\overline{XQ}+\overline{QY}$에서

$\overline{XY}=q+\sqrt{(2+q)^2-(2-q)^2}$

$\overline{XY}=\overline{PZ}$에서

$\overline{XY}=\sqrt{(2+p)^2-(2-p)^2}$

$q+\sqrt{(2+q)^2-(2-q)^2}=\sqrt{(2+p)^2-(2-p)^2}$

을 정리하면 $q+2\sqrt{2q}=\sqrt{8p}$

식 ①을 대입하면

$q+2\sqrt{2q}=4-q$ ($\because q<2$)

즉, $\sqrt{2q}=2-q$이므로 양변을 제곱하여 정리하면

$q^2-6q+4=0$

$\therefore q=3-\sqrt{5}$ ($\because q<2$)

$p=\frac{1}{8}(4-q)^2=\frac{1}{8}(1+\sqrt{5})^2=\frac{3+\sqrt{5}}{4}$

따라서

$\overline{BP}=4-p=\frac{13-\sqrt{5}}{4}$ (cm)

6 원주각의 성질

Level 

본문 72~75쪽

01 110° **02** 70° **03** 121° **04** $\frac{32\sqrt{2}}{3}$ cm **05** 155° **06** 72°
07 180° **08** 56° **09** 56° **10** 62° **11** 80° **12** 93° **13** 48°
14 22° **15** $\frac{16}{3}$ cm **16** 50°

01 $\overset{\frown}{AB}$에 대하여 $\angle C=\angle D=40°$

점 I는 △ABC의 내심이므로

$\angle AIB=90°+\frac{1}{2}\angle ACB$

$=90°+\frac{1}{2}\times 40°$

$=110°$

다른 풀이

$\angle IAC=\angle IAB$,

$\angle IBA=\angle IBC$이고

$\angle BAC+\angle ABC=140°$이므로

$\angle IAB+\angle IBA=70°$

따라서 $\angle AIB=180°-70°=110°$

02 $\overline{CE}$를 그으면 □ABCE가 원의 내접사각형이므로

$\angle ECB=180°-100°=80°$,

$\angle ECD=115°-80°=35°$

따라서

$\angle DOE=2\angle ECD$

$=2\times 35°=70°$

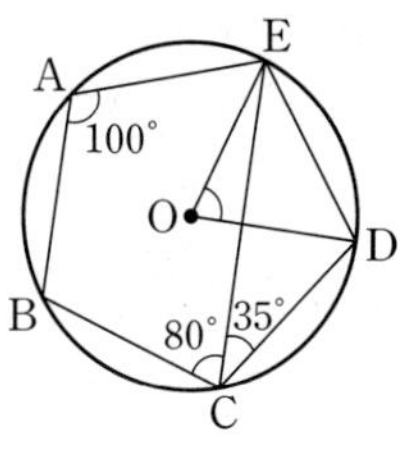

03 $\overline{AO}$와 $\overline{BO}$를 그으면

$\angle AOB=180°-62°=118°$

따라서

$\angle ACB=\frac{1}{2}(360°-118°)$

$=121°$

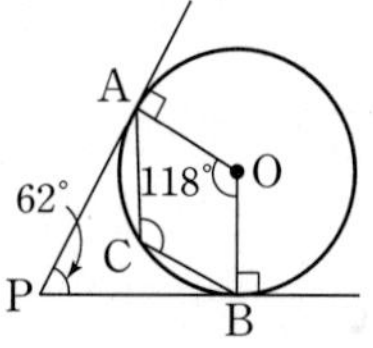

04 $\overline{AO'}=8+4=12\,(cm)$,
$\overline{PO'}=4\,cm$, $\angle APO'=90°$이므로
피타고라스 정리에 의해
$\overline{AP}=\sqrt{12^2-4^2}=8\sqrt{2}\,(cm)$
반원에 대한 원주각의 크기가 90°이므로
$\triangle APO' \backsim \triangle AQB$ (AA 닮음)
$\overline{AP}:\overline{AQ}=\overline{AO'}:\overline{AB}$이므로
$8\sqrt{2}:\overline{AQ}=12:16$
따라서 $\overline{AQ}=\frac{32\sqrt{2}}{3}\,(cm)$

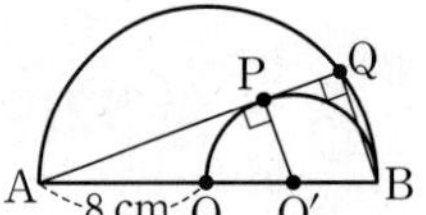

05 $\angle AQB=25°$이므로
$\angle AOB=2\times25°=50°$
$\angle APB$는 호 AQB에 대한 원주각이고 호 AQB에 대한 중심각의 크기는
$360°-50°=310°$
따라서
$\angle APB=\frac{1}{2}\times310°=155°$

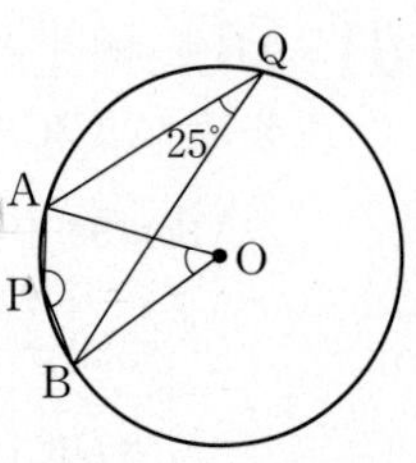

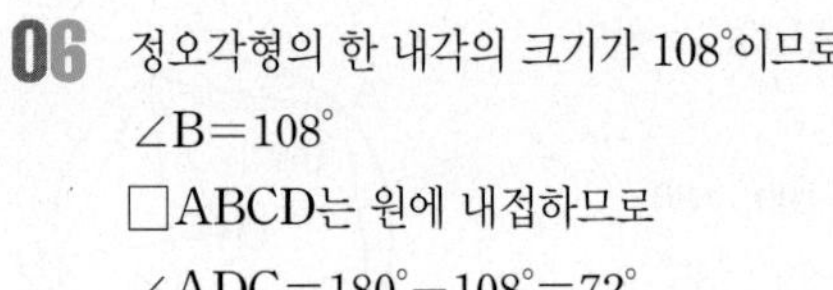

□QAPB가 원에 내접하는 사각형이므로
$\angle APB+\angle AQB=180°$
따라서
$\angle APB=180°-25°=155°$

06 정오각형의 한 내각의 크기가 108°이므로
$\angle B=108°$
□ABCD는 원에 내접하므로
$\angle ADC=180°-108°=72°$

07 각 호에 대한 원주각의 크기의 합은 항상 180°이므로
$\angle A+\angle B+\angle C+\angle D+\angle E+\angle F+\angle G=180°$

08 $\widehat{BF}$에 대한 원주각이 62°이므로
($\widehat{AC}$에 대한 원주각의 크기)+($\widehat{AE}$에 대한 원주각의 크기)
$=2\times62°=124°$
모든 호에 대한 원주각의 크기의 합이 180°이므로
$\widehat{CE}$에 대한 원주각의 크기는
$180°-124°=56°$
따라서 $\angle CAE=56°$

09 $\angle AOB=180°-68°$
$=112°$
이므로
$\angle C=\frac{1}{2}\times112°=56°$

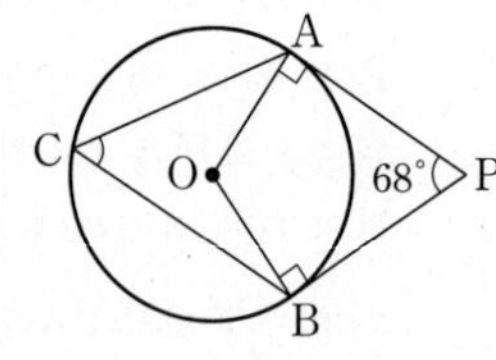

10 원에 내접하는 사각형의 성질에 의해
$\angle EAD=\angle C=\angle x$
삼각형의 한 외각의 크기는 그와 이웃하지 않는 두 내각의 크기의 합과 같으므로
$\angle CDA=30°+x$
$\triangle DFC$의 세 내각의 크기의 합은 180°이므로
$(30°+x)+26°+x=56°+2x=180°$
$2x=124°$
따라서 $\angle x=62°$

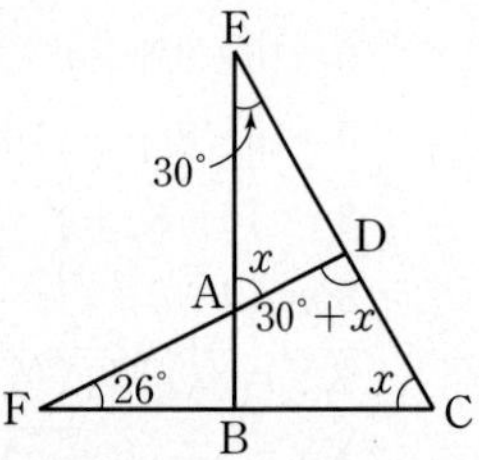

11 $\angle BAC=\angle BDC$이므로
□ABCD는 원에 내접한다.
즉, $\angle ACD=\angle ABD=20°$,
$\angle ADB=\angle ACB=30°$
$\triangle ACD$에서
$\angle DAC+30°+50°+20°$
$=\angle DAC+100°=180°$
따라서 $\angle DAC=80°$

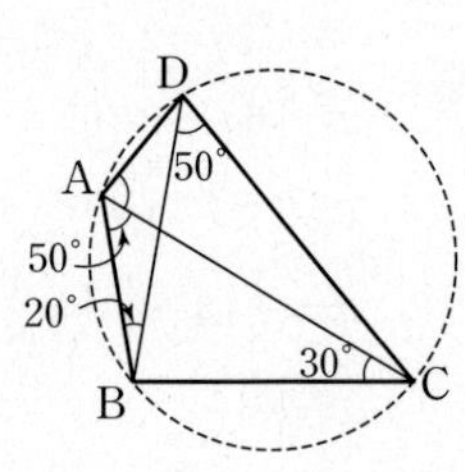

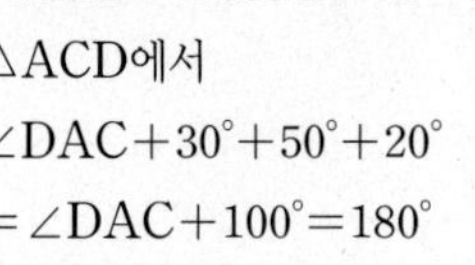

12 원의 접선과 현이 이루는 각의 성질에 의해
$\angle DBE=\angle BAD=31°$
반원에 대한 원주각의 크기가 90°이므로 $\angle ABD=90°$
$\angle ADB=90°-31°$
$=59°$
$\widehat{AB}$에 대한 원주각의 크기는 같으므로
$\angle ACB=\angle ADB=59°$

$\overline{AC} /\!/ \overline{BE}$이므로

$\angle CBE = \angle ACB = 59°$

$\angle CBD = 59° - 31°$

$= 28°$

따라서

$\angle x = 180° - 59° - 28°$

$= 93°$

13 $\angle APB = 60°$이므로 $\angle AOB = 180° - 60° = 120°$

이때 $\angle ACB = \frac{1}{2}\angle AOB = 60°$

$\angle BAC + \angle ABC = 120°$이고, $\widehat{AC} : \widehat{BC} = 2 : 3$이므로

$\angle ABC = 120° \times \frac{2}{5}$

$= 48°$

14 $\angle ABT = \angle ATP = 34°$,

$\angle ATB = 90°$이므로

$\angle P = 180° - (34° + 90° + 34°)$

$= 22°$

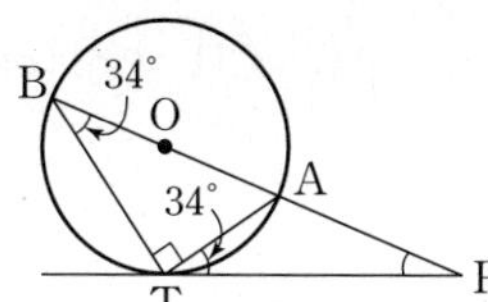

15 원의 접선과 현이 이루는 각의 성질에 의해

$\angle PTA = \angle B$

$\angle P$가 공통이므로

$\triangle PTA \backsim \triangle PBT$ (AA 닮음)

즉, $\overline{PT} : \overline{PB} = \overline{TA} : \overline{BT}$이므로

$6 : 9 = \overline{TA} : 8$

따라서 $\overline{TA} = \frac{16}{3}$ (cm)

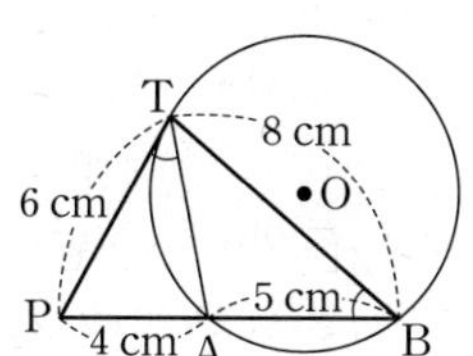

16 $\angle C = 180° - 52° - 48°$

$= 80°$

이고 $\overline{CE} = \overline{CD}$이므로

$\triangle CDE$는 이등변삼각형이다.

즉, $\angle EDC = \frac{1}{2} \times (180° - 80°)$

$= 50°$

따라서

$\angle DFE = \angle EDC = 50°$

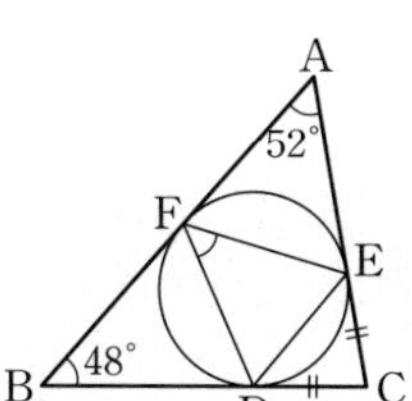

Level 2

본문 76~79쪽

01 15° **02** 40° **03** 2π cm^2 **04** 540° **05** $\frac{8\sqrt{2}}{3}$ cm

06 20° **07** $2\sqrt{5}$ cm **08** 104° **09** 7π **10** 54° **11** 78°

12 110° **13** 80° **14** 87° **15** 70° **16** 80°

01 원주각의 성질에 의해

$\angle ADC = \angle ABC$

삼각형의 외각의 성질에 의해

$\angle P + \angle ABC = \angle BCD$

이므로

$\angle BQD = \angle ABC + \angle BAD$

$= \angle ABC + \angle BCD$

$= \angle ADC + \angle P + \angle ADC$

즉, $70° = 40° + 2\angle ABC$

따라서 $\angle ADC = 15°$

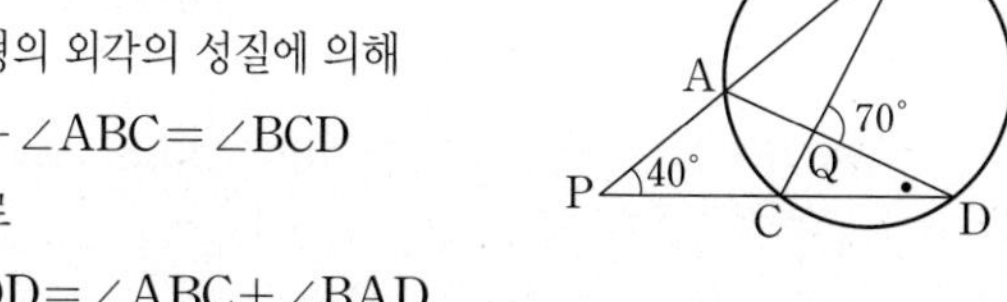

02 $\overline{AD}$를 그으면 $\overline{AB}$가 원 O의 지름이므로

$\angle ADB = 90°$

$\triangle ADE$의 세 내각의 크기의 합이 180°이므로

$\angle CAD = 20°$

따라서

$\angle COD = 2\angle CAD = 40°$

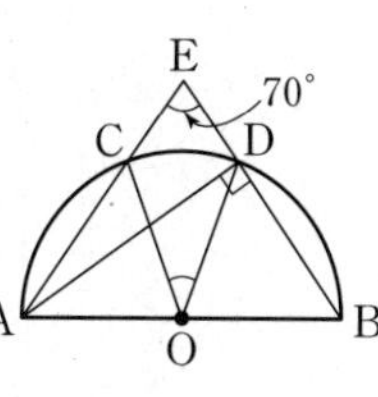

03

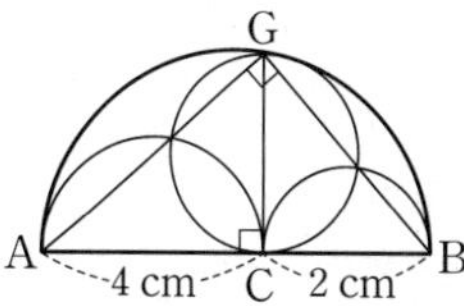

반원에 대한 원주각의 크기가 90°이므로

$\angle AGB = 90°$

$\overline{GC} \perp \overline{AB}$이므로

$\angle ACG = 90°$

이때 $\triangle ACG \backsim \triangle GCB$ (AA 닮음)이므로

$\overline{AC} : \overline{GC} = \overline{CG} : \overline{CB}$

즉, $\overline{AC} \times \overline{CB} = \overline{CG}^2$, $4 \times 2 = \overline{CG}^2$

$\therefore \overline{CG} = \sqrt{8} = 2\sqrt{2}$

따라서 $\overline{CG}$를 지름으로 하는 원의 넓이는 2π cm^2

04 호의 길이와 원주각 사이의 관계에 의해
각 호에 대한 원주각의 크기의 합은 180°이다.
각 호에 대한 원주각이 구하는 각의 크기의 합에 세 개씩 포함되어 있으므로 모두 합하면
$180^\circ \times 3 = 540^\circ$

함정 피하기

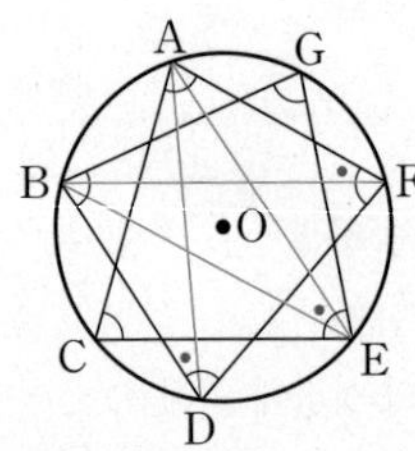

예를 들어 $\widehat{AB}$에 대한 원주각은 $\angle ADB$, $\angle AEB$, $\angle AFB$의 총 세 개가 포함되어 있다.

05

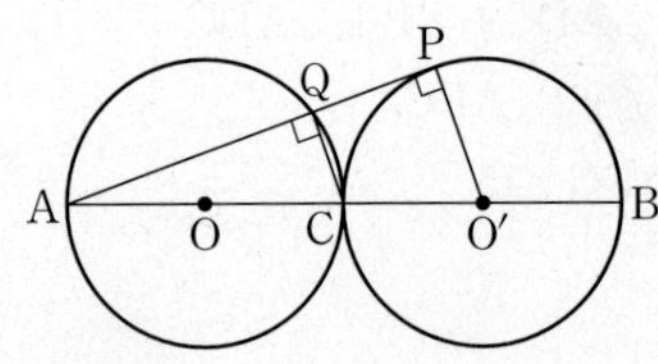

$\overline{AB}=8\text{ cm}$이므로
$\overline{AC}=4\text{ cm}$, $\overline{AO'}=6\text{ cm}$, $\overline{O'P}=2\text{ cm}$
$\triangle APO'$에서 피타고라스 정리에 의해
$\overline{AP}=\sqrt{36-4}=4\sqrt{2}\text{ (cm)}$
$\triangle AQC \backsim \triangle APO'$ (AA 닮음)이므로
$\overline{AQ} : \overline{AP} = \overline{AC} : \overline{AO'}$
즉, $\overline{AQ} : 4\sqrt{2} = 4 : 6$
따라서
$\overline{AQ}=\frac{16\sqrt{2}}{6}=\frac{8\sqrt{2}}{3}\text{ (cm)}$

06 $\angle OCE=\angle ODE$이므로
□COED의 네 꼭짓점은 한 원 위에 있다.

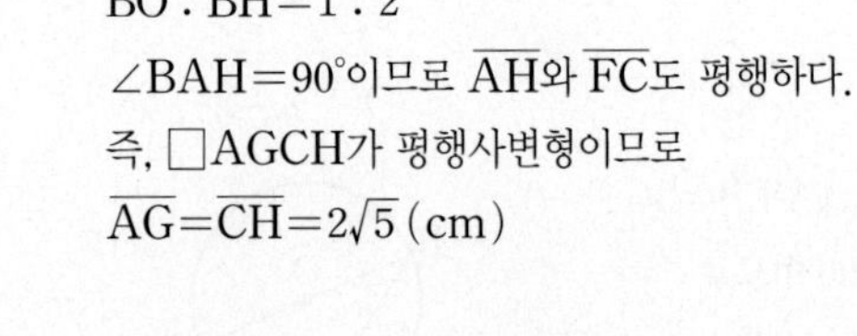

$\angle DOB=\angle DOE$
$=\angle DCB+\angle BCE$
$=\frac{1}{2}\angle DOB+\angle BCE$
이므로 $\angle BCE=\frac{1}{2}\angle DOB$
$\triangle AOC$가 이등변삼각형이므로
$\angle ACO=65^\circ$이고,
$\overline{AB}$가 원 O의 지름이므로
$\angle ACB=90^\circ=\angle ACO+\angle OCE+\angle BCE$
$=65^\circ+15^\circ+\frac{1}{2}\angle DOB$
즉, $\frac{1}{2}\angle DOB=10^\circ$
따라서 $\angle DOB=20^\circ$

07 반지름의 길이가 3 cm이므로
$\overline{BO}=3\text{ cm}$
$\triangle BOD$에서 피타고라스 정리에 의해
$\overline{OD}=\sqrt{9-4}=\sqrt{5}\text{ (cm)}$
$\overline{BH}$가 원 O의 지름이므로
$\angle BCH=90^\circ$
따라서 $\overline{OD}$와 $\overline{HC}$는 평행하다.
$\triangle BOD \backsim \triangle BHC$이므로
$\overline{BO} : \overline{BH}=1 : 2$
$\angle BAH=90^\circ$이므로 $\overline{AH}$와 $\overline{FC}$도 평행하다.
즉, □AGCH가 평행사변형이므로
$\overline{AG}=\overline{CH}=2\sqrt{5}\text{ (cm)}$

08 $\angle BAC=\angle BCA=\angle x$라 하자.
$\triangle ABC$의 세 내각의 크기의 합이 180°이므로

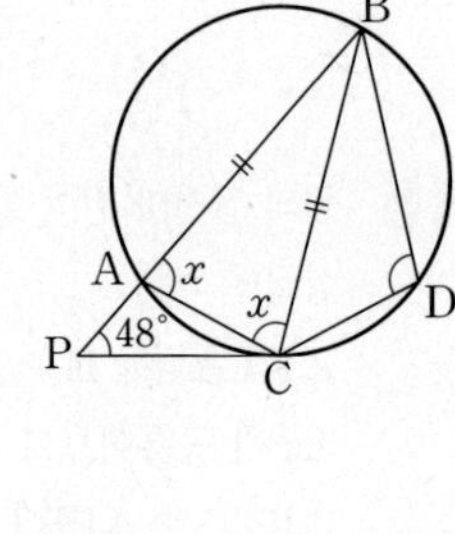

$\angle ABC=180^\circ-2x$
원의 접선과 현이 이루는 각의 성질에 의해
$\angle ACP=180^\circ-2x$
$\triangle APC$에서 외각의 성질에 의해
$x=48^\circ+180^\circ-2x$, $3x=228^\circ$
즉, $\angle x=76^\circ$
따라서
$\angle BDC=180^\circ-\angle BAC$
$=180^\circ-76^\circ$
$=104^\circ$

09 $\angle ABC+\angle ACB=180^\circ-40^\circ=140^\circ$
$\widehat{PA}$에 대한 원주각은 $\angle PCA$,
$\widehat{AQ}$에 대한 원주각은 $\angle QBA$이고
삼각형의 내심은 세 내각의 이등분선의 교점이므로

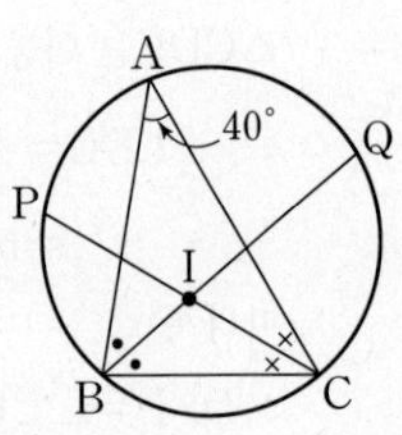

$\angle ABC+\angle ACB$
$=2\angle PCA+2\angle QBA$
$=2(\angle PCA+\angle QBA)$
따라서 $\angle PCA+\angle QBA=70^\circ$
원주의 길이는 18π이고,
한 원에서 원주각의 크기의 합은 180°이므로
$\widehat{PA}+\widehat{AQ}=18\pi\times\frac{70^\circ}{180^\circ}=7\pi$

10 $\angle BAC=180^\circ\times\frac{2}{5}=72^\circ$
$\angle B=\angle CAD$이고,
$\triangle ABD$의 세 내각의 크기의 합이 180°이므로
$72^\circ+2\angle ABD+2\angle BDE=180^\circ$
따라서 $\angle ABD+\angle BDE=54^\circ$
$\triangle EBD$에서 외각의 성질에 의해
$\angle AEF=\angle ABD+\angle BDE=54^\circ$

11 $\triangle AFC$에서 외각의 성질에 의해
$\angle AFE=\angle CAB+\angle ACE$
이때 $\angle CAB=\angle CEB=180^\circ\times\frac{1}{2}\times\frac{1}{5}=18^\circ$
그런데 $\widehat{AD}=\widehat{DE}=\widehat{EB}$이므로
$\angle ACE=180^\circ\times\frac{1}{2}\times\frac{2}{3}=60^\circ$
따라서
$\angle AFE=18^\circ+60^\circ=78^\circ$

12 원의 접선과 현이 이루는 각의 성질에 의해
$\angle D=\angle CAB$,
$\angle C=\angle DAB$
□ACBD의 내각의 크기의 합이 360°이므로
$2\angle DAB+2\angle CAB+140^\circ=360^\circ$
따라서
$\angle DAC=\angle DAB+\angle CAB$
$=110^\circ$

13 원 외부의 한 점에서 그은 접선의 길이는 서로 같으므로
$\angle AFE=\angle AEF=70^\circ$
원의 접선과 현이 이루는 각의 성질에 의해
$\angle EDF=\angle AEF=70^\circ$
따라서
$\angle EFD=180^\circ-30^\circ-70^\circ=80^\circ$

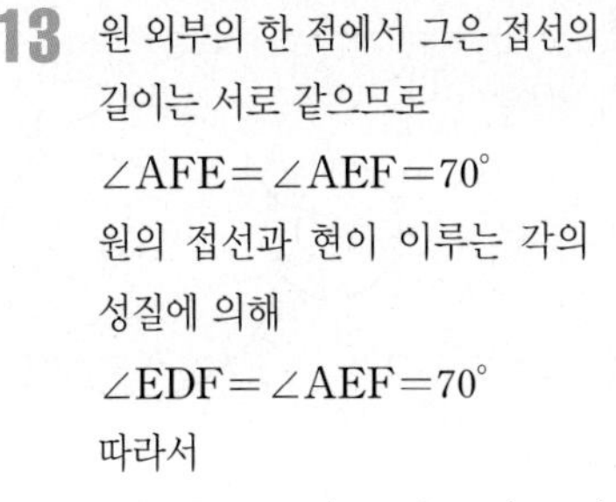

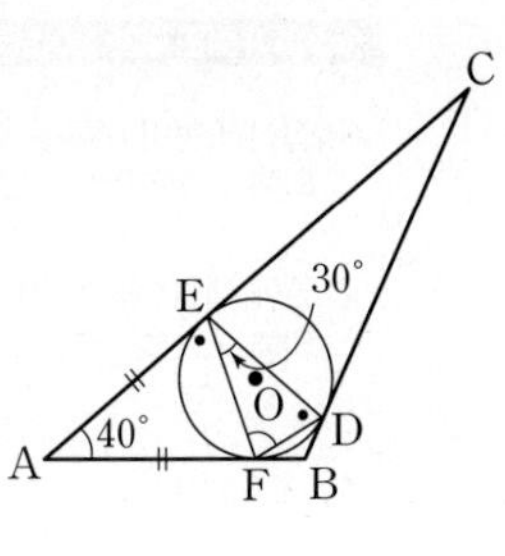

14 $\triangle AOP$가 이등변삼각형이므로
$\angle APO=\angle PAO=31^\circ$
$\triangle AOP$에서 외각의 성질에 의해
$\angle POB=\angle PAO+\angle APO$
$=62^\circ$
그런데 $\angle AOQ=\angle APO=31^\circ$
따라서
$\angle QOP=180^\circ-31^\circ-62^\circ$
$=87^\circ$

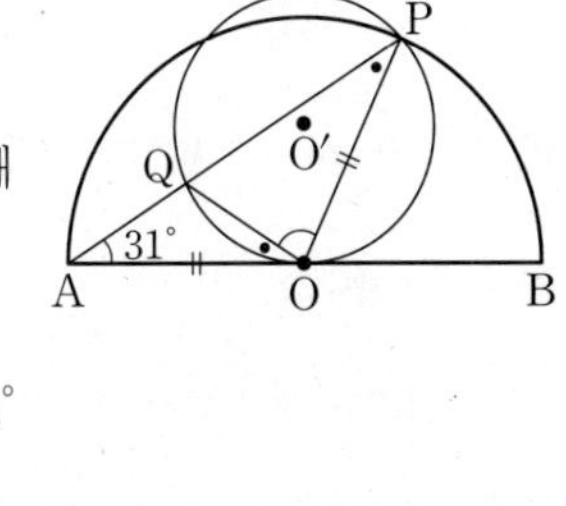

15 원에 내접하는 사각형의 성질에 의해
$\angle ABC=80^\circ$
$\triangle PAB$에서 외각의 성질에 의해
$50^\circ+\angle BAP=80^\circ$이므로
$\angle BAP=30^\circ$
원의 접선과 현이 이루는 각의 성질에 의해
즉, $\angle PCA=30^\circ$
따라서
$\angle BAC=180^\circ-\angle PCA-\angle ABC$
$=180^\circ-30^\circ-80^\circ=70^\circ$

16 원의 접선과 현이 이루는 각의 성질에 의해
$\angle APT=\angle ABP$이고
□ABCD가 원에 내접하는 사각형이므로 내접하는 사각형의 성질에 의해 $\angle ABP=\angle D=80^\circ$
따라서 $\angle APT=80^\circ$

실수하기 쉬운 부분 짚어보기

(1) 접선과 현이 이루는 각의 성질에 의해 $\angle APT=\angle ABP$

(2) 원에 내접하는 사각형의 성질에 의해 $\angle ABP=\angle D$

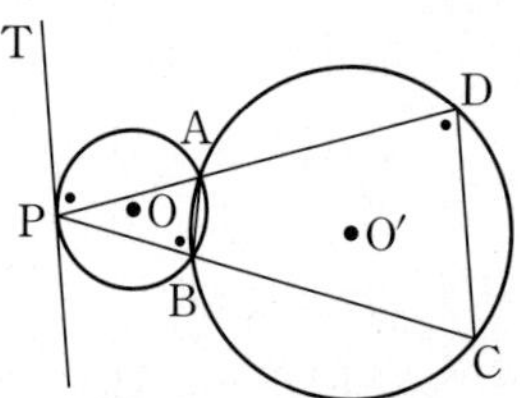

Level 3

본문 80~81쪽

01 $\dfrac{1+\sqrt{5}}{2}$ cm **02** 32° **03** $\dfrac{17}{5}\pi$ cm **04** $\dfrac{8\sqrt{2}}{3}$

05 62° **06** 31°

01 정오각형의 내각의 크기가 모두 같으므로 나뉜 호 5개의 길이는 모두 같다.

$\overline{CE}$와 $\overline{BD}$의 교점을 F라 하고 $\overline{BE}=\overline{CE}=x$라 하면

$\angle ABE=\angle ECD=\angle AEB$
$=\angle BDC$

이므로 $\triangle ABE$와 $\triangle FCD$가 닮음이다.

즉, $\triangle ABE\backsim\triangle FCD$ (AA 닮음)에서

$\overline{AB}:\overline{FC}=\overline{BE}:\overline{CD}$이므로

$1:\overline{FC}=x:1$

$\therefore \overline{CF}=\dfrac{1}{x}$ cm, $\overline{EF}=\left(x-\dfrac{1}{x}\right)$ cm

$\triangle ABE\equiv\triangle FEB$ (SAS 합동)에서

$\overline{AB}=\overline{EF}$이므로 $1=x-\dfrac{1}{x}$

$x^2-x-1=0$에서 $x=\dfrac{1+\sqrt{5}}{2}$ ($\because x>0$)

따라서 $\overline{BE}=\dfrac{1+\sqrt{5}}{2}$ (cm)

02 $\angle AQC=\angle ABQ$이고,

$\triangle AQC$의 외각의 성질에 의해

$\angle BCQ=26^\circ+\angle AQC$

원의 접선과 현이 이루는 각의 성질에 의해

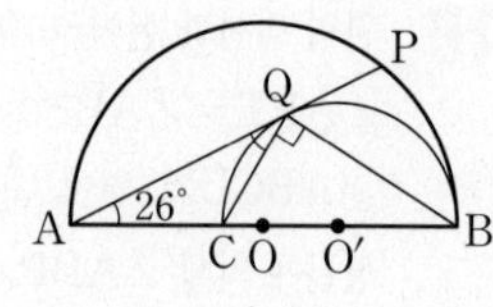

$\angle BQP=\angle QCB$

반원의 원주각은 90°이므로

$\angle CQB=90^\circ$

$\angle AQC+\angle CQB+\angle PQB=180^\circ$이므로

$\angle AQC+90^\circ+\angle PQB=180^\circ$

그런데 $\angle PQB=\angle BCQ=\angle AQC+26^\circ$이므로

$\angle AQC+\angle PQB=\angle AQC+\angle AQC+26^\circ$
$=90^\circ$

따라서 $\angle AQC=32^\circ$

다른 풀이 1

$\angle AQO'=90^\circ$이므로

$\angle QO'A=90^\circ-26^\circ=64^\circ$

$\overline{O'Q}=\overline{CO'}$에서

$\angle O'QC=\angle O'CQ$
$=\dfrac{1}{2}(180^\circ-64^\circ)=58^\circ$

$\triangle ACQ$에서

$\angle CAQ+\angle AQC=\angle QCO'$이므로

$\angle AQC=\angle QCO'-\angle CAQ$
$=58^\circ-26^\circ=32^\circ$

다른 풀이 2

점 Q가 접점이므로 $\triangle AO'Q$에서

$\angle AO'Q=90^\circ-26^\circ=64^\circ$

따라서

$\angle AQC=\angle QBC=\dfrac{1}{2}\angle AO'Q=32^\circ$

03 원의 접선과 현이 이루는 각의 성질에 의해

$\angle BCD=\angle EDB=62^\circ$

$\angle BDC=90^\circ$이므로 $\angle ADC=28^\circ$

$\therefore \angle DAC=62^\circ-28^\circ=34^\circ$

따라서

$\overset{\frown}{BE}=18\pi\times\dfrac{34^\circ}{180^\circ}=\dfrac{17}{5}\pi$ (cm)

04 점 O에서 $\overline{AC}$에 내린 수선의 발을 D, 점 A에서 $\overline{BC}$에 내린 수선의 발을 E라 하면

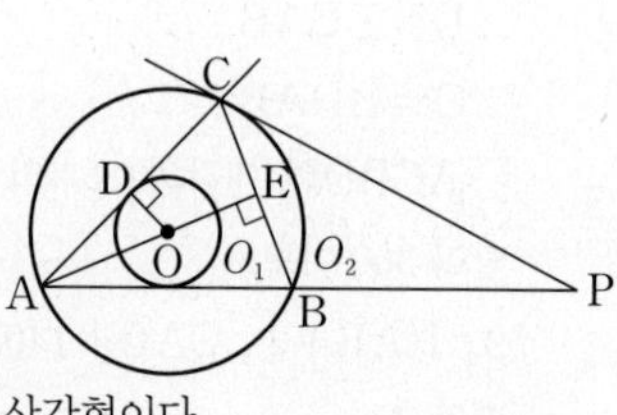

$\triangle AOD$와 $\triangle ACE$는 닮은 삼각형이다.

$\overline{AO}=3$, $\overline{OD}=1$

피타고라스 정리에 의해

$\overline{AD}=2\sqrt{2}$, $\overline{AC}=4\sqrt{2}$
따라서 두 삼각형의 닮음비는
$\triangle AOD \backsim \triangle ACE$ (AA 닮음)에서
$\overline{AO} : \overline{AC}=3 : 4\sqrt{2}$
즉, $3 : 4\sqrt{2}=1 : \overline{CE}$
$\therefore \overline{CE}=\dfrac{4\sqrt{2}}{3}$
따라서
$\overline{BC}=2\overline{CE}=\dfrac{8\sqrt{2}}{3}$

05 길이가 같은 호에 대한 원주각의 크기는 같으므로
$\angle CBE=\angle DCB$
이때 엇각의 크기가 같으므로 $\overline{CD}$와 $\overline{BE}$는 평행하다.
엇각의 성질에 의해
$\angle ABE=31^\circ$
이고, 중심각과 원주각 사이의 관계에 의해
$\angle AOE=2\angle ABE=62^\circ$
참고 엇각의 크기가 같은 두 직선은 서로 평행하다.

06 $\overset{\frown}{BC}$에 대한 원주각의 크기가 21°이므로
$\overset{\frown}{CT}$에 대한 원주각의 크기는 42°이다.
또 $\overset{\frown}{BT}$에 대한 원주각의 크기는 63°이므로
$\angle BAT=63^\circ$
이때 $\angle P+\angle ATP=\angle BAT$이고,
$\angle ATP=\angle PBT$이므로
$32^\circ+\angle PBT=63^\circ$
따라서 $\angle PBT=31^\circ$

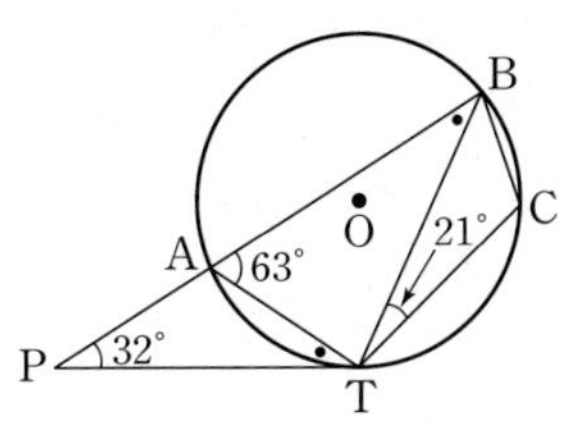

본문 82~83쪽

01 $(3\sqrt{2}-\sqrt{6})$cm **02** 20 **03** $\dfrac{36}{5}$ cm **04** 55° **05** 45°
06 2 cm

01 **풀이전략** 삼각비를 이용하여 삼각형 변의 길이를 구한 후 원주각의 성질을 이용하여 크기를 알고 있는 각과 같은 크기를 갖는 각을 찾는다.

$\angle BAD$가 직각이므로 $\overline{BD}$는 원의 지름이다.
따라서
$\overline{BD}=8$ cm, $\overline{BC}=4$ cm,
$\overline{BP}=2$ cm, $\overline{PC}=2\sqrt{3}$ cm
$\angle CPD=\angle CQD=90^\circ$이므로
네 점 P, C, D, Q는 한 원 위에 있다.
$\triangle ABD$가 직각이등변삼각형이므로
$\angle PCQ=\angle PDQ=45^\circ$
$\overline{PD}$와 $\overline{CQ}$의 교점을 X라 하면
$\triangle PCX$와 $\triangle QXD$도 직각이등변삼각형이다.
즉, $\overline{PX}=\overline{PC}=2\sqrt{3}$ cm
$\overline{DX}=8-\overline{BX}$
$=8-2-2\sqrt{3}$
$=6-2\sqrt{3}$ (cm)
따라서
$\overline{DQ}=\dfrac{1}{\sqrt{2}}\overline{DX}=\dfrac{6-2\sqrt{3}}{\sqrt{2}}$
$=3\sqrt{2}-\sqrt{6}$ (cm)

02 **풀이전략** 호의 길이와 원주각의 크기를 알면 비례식을 이용하여 원주의 길이를 구할 수 있으므로 길이를 알고 있는 호의 원주각을 찾는다.

엇각의 성질에 의해
$\angle DCE=\angle CEB$
이므로 $\overset{\frown}{DE}$의 길이는 4π
$\angle C=63^\circ$이므로
$\overset{\frown}{DF}$에 대한 원주각의 크기는 63°이다.
$\overset{\frown}{DF}$의 길이는 전체 원주의 $\dfrac{63^\circ}{180^\circ}=\dfrac{7}{20}$
마찬가지로 $\angle B=63^\circ$이므로
$\overset{\frown}{AE}$에 대한 원주각의 크기는 63°이다.
즉,
($\overset{\frown}{AF}$의 길이)=($\overset{\frown}{DE}$의 길이)
$=4\pi$
$\overset{\frown}{CD}$의 길이가 12π이고, $\overset{\frown}{CF}$의 길이가 14π이므로
$\angle CDF : \angle CFD=14\pi : 12\pi$
$=7 : 6$
삼각형의 세 내각의 크기의 합이 180°이므로
$63^\circ+\angle CDF+\angle CFD=180^\circ$

즉, $\angle CFD=54°$, $\angle CDF=63°$

이때 길이가 12π인 호에 대한 원주각의 크기가 $54°$이므로

전체 원주의 길이는

$\dfrac{12\pi\times180°}{54°}=40\pi$

따라서 원의 반지름의 길이는 20이다.

03 **풀이전략** 반원의 원주각이 직각임을 이용하여 크기가 같은 각을 찾고, 이를 이용하여 $\triangle BEF$와 닮은 삼각형을 찾아 길이를 구한다.

$\overline{AC}$가 원의 지름이므로

$\angle ABC=\angle ADC=90°$,

$\angle BAC+\angle ACB=90°$

원주각의 성질에 의해

$\angle BAC=\angle BDC$

이고 $\angle ECB+\angle CBE=90°$이므로

$\angle BAC=\angle EBC$

따라서 직각삼각형 ABC와 직각삼각형 BEC는 닮음이다.

$\overline{AC}=25\text{ cm}$, $\overline{AB}=20\text{ cm}$이므로

피타고라스 정리에 의해

$\overline{BC}=15\text{ cm}$

$20:\overline{BE}=25:15$이므로

$\overline{BE}=12\text{ cm}$

또 직각삼각형 BEF와 직각삼각형 ACB는 닮음이므로

$12:25=\overline{EF}:15$

따라서 $\overline{EF}=\dfrac{36}{5}\text{ cm}$

04 **풀이전략** 합동인 삼각형을 찾아 $\triangle DFH$가 이등변 삼각형임을 알아낸다.

$\triangle ADH$와 $\triangle AEH$가 합동이므로

$\angle DHA=\angle EHA=90°$,

$\angle DAH=\angle EAH=20°$

$\overline{AD}$가 원 O′의 접선이므로

$\angle ADO'=90°$

$\overline{AB}$가 원 O의 지름이므로

$\angle AFB=90°$

따라서 $\overline{DO'}$과 $\overline{FB}$는 평행이므로

$\angle O'DB=\angle DBF$

이때 $\triangle O'DB$가 이등변삼각형이므로

$\angle O'DB=\angle O'BD$

따라서

$\angle DFB=\angle DHB=90°$,

$\overline{BD}$는 공통, $\angle DBF=\angle DBH$

이므로 $\triangle FBD\equiv\triangle HBD$ (RHA 합동)

합동인 삼각형은 대응하는 변의 길이가 같으므로

$\overline{DF}=\overline{DH}$

즉, $\triangle DFH$는 이등변삼각형이다.

그런데 $\triangle ADH$에서

$\angle ADH=70°$이므로

$\angle DFH+\angle DHF=70°$이고, $\angle DHF=35°$이다.

따라서 $\angle FHB=90°-35°=55°$

05 **풀이전략** $\triangle ABD$가 이등변삼각형임을 이용하여 $\triangle ABC$와 $\triangle ADE$가 합동임을 알아낸다.

$\triangle ABC$와 $\triangle ADE$에서

원에 내접하는 사각형의 성질에 의해

$\angle ABC=\angle ADE$

이고

$\overline{BC}=\overline{DE}$, $\overline{AB}=\overline{AD}$

이므로

$\triangle ABC\equiv\triangle ADE$ (SAS 합동)

이때 대응하는 각의 크기가 같으므로

$\angle ACB=\angle AED$

원주각의 성질에 의해

$\angle ACB=\angle ADB=45°$ ($\because$ $\triangle ABD$가 직각이등변삼각형)

따라서 $\angle AEC=45°$

06 **풀이전략** 원의 접선과 현이 이루는 각의 성질을 이용하여 $\overline{CD}$가 원의 지름임을 알 수 있다.

원의 접선과 현이 이루는 각의 성질에 의해

$\angle PAC=\angle PCB$

이므로 $\overline{BC}$는 원의 접선이다.

또한 $\angle DAC=90°$이므로 $\overline{CD}$는 원의 지름이다.

$\overline{BC}$가 원의 접선이고 $\overline{DC}$가 원의 지름이므로

$\angle DCB=90°$

이때 $\angle DBC=45°$이므로 삼각형 BCD는 직각이등변삼각형이다.

따라서 $\overline{CD}=2\text{ cm}$이므로

원 O의 지름의 길이는 2 cm이다.

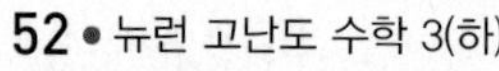

대단원 마무리 Level 종합

본문 84~85쪽

01 $\frac{13}{2}$ cm **02** 216 cm^2 **03** 1 cm **04** $\left(4\sqrt{3}-\frac{3}{2}\pi\right)cm^2$

05 50° **06** 17 cm **07** 74° **08** 140°

01 반지름의 길이를 r cm라 하면
피타고라스 정리에 의해
$r^2=(r-4)^2+6^2$,
$r^2=r^2-8r+16+36$
$8r=52$에서 $r=\frac{13}{2}$
따라서 원의 반지름의 길이는 $\frac{13}{2}$ cm

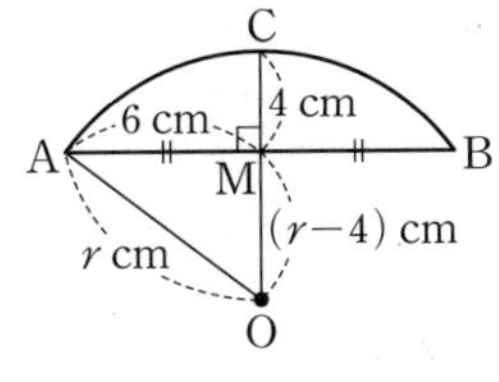

02 밑변의 길이가 일정하므로 높이가 최대일 때 넓이가 최대이다.
높이가 최대일 때는 직선 PO가 $\overline{AB}$와 수직으로 만날 때이다.
이때 직선 PO와 $\overline{AB}$의 교점을 C라 하면
$\overline{AC}=12$ cm이므로 피타고라스 정리에 의해
$\overline{OC}=5$ cm이다.
반지름의 길이가 13 cm이므로 $\overline{PC}$의 길이는 18 cm
따라서 삼각형 ABP의 넓이의 최댓값은
$\frac{1}{2}\times24\times18=216\ (cm^2)$

03 $\overline{RC}=\overline{CQ}=x$ cm라 하면
$\overline{AR}=\overline{AP}=4-x$ (cm)
$\overline{BP}=\overline{BQ}$
$=8-(4-x)$
$=4+x$ (cm)
이므로
$(4+x)+x=6$에서 $x=1$
따라서 $\overline{RC}=1$ cm

04 접선의 성질에 의해 $\overline{PQ}=4$ cm
점 Q에서 $\overline{AP}$에 내린 수선의 발을 H라 하면
△PHQ에서 피타고라스 정리에 의해
$\overline{HQ}=2\sqrt{3}$ cm

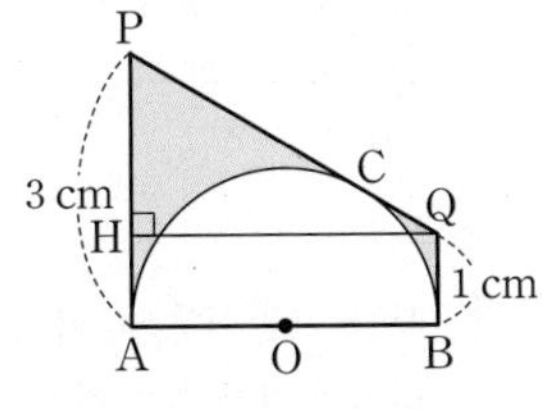

따라서 $\overline{AB}=2\sqrt{3}$ cm
색칠한 부분의 넓이는 사다리꼴의 넓이에서 반원의 넓이를 빼면 되므로 구하는 넓이는

$$\frac{(3+1)\times2\sqrt{3}}{2}-\frac{(\sqrt{3})^2\times\pi}{2}=4\sqrt{3}-\frac{3}{2}\pi\ (cm^2)$$

05 $\overparen{AB}$의 원주각의 크기가 50°이므로
$\angle ACB=180°-50°=130°$
따라서 $\angle BCT=50°$

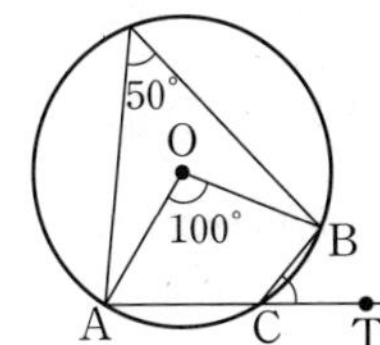

06 $\overline{OQ}=8$ cm이고
△PAB의 둘레의 길이가 30 cm이므로
$\overline{PQ}=15$ cm
피타고라스 정리에 의해
$\overline{PO}=17$ cm

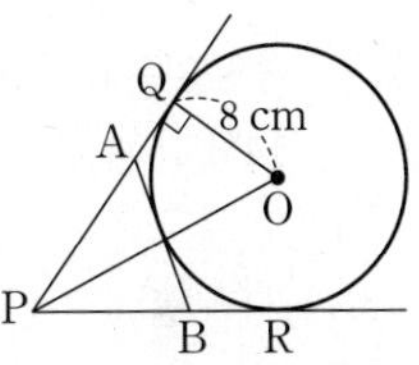

07 ∠CAT의 크기는 $\overparen{AC}$에 대한 원주각의 크기와 같다.
$\overparen{AB}$의 길이와 $\overparen{BC}$의 길이가 같으므로
$\overparen{AB}$에 대한 원주각의 크기는 37°이다.
△AED에서
$\angle EDA=\angle DAC=37°$이므로
외각의 성질에 의해 $\angle AEB=74°$

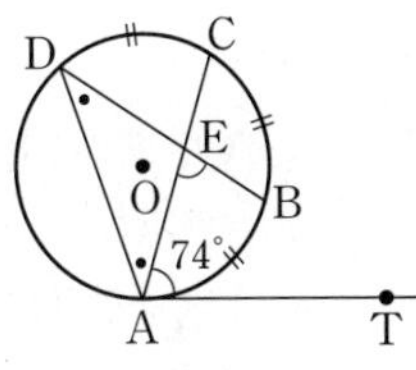

08 $\overline{CD}$를 연결하면
$\angle ACD=\angle DAB$,
$\angle BCD=\angle DBA$
△ACB에서
$\angle ACD+\angle BCD$
$=\{180°-(60°+40°)\}\times\frac{1}{2}$
$=80°\times\frac{1}{2}=40°$
따라서
$\angle ADB=180°-(\angle DAB+\angle DBA)$
$=180°-(\angle ACD+\angle BCD)$
$=180°-40°$
$=140°$

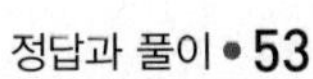

Ⅶ. 통계

7 대푯값과 산포도

Level 1

본문 88~91쪽

01 14.5권 02 20 03 ㄱ 04 90점 05 32
06 8 : 7 07 6시간 08 1 09 17점
10 평균: 68점, 표준편차: 4점 11 $\sqrt{230}$ cm 12 ㉮, ㉯, ㉱, ㉰
13 3반 14 ㄱ 15 차례로 B반, B반 16 $\frac{\sqrt{85}}{5}$시간

01 중앙값은 10번째 값과 11번째 값의 평균이므로
14와 15의 평균은 14.5 (권)

02 자료가 8개이므로 4번째와 5번째 자료의 평균이 19이다.
1, 15, 16, 18, 20, 21, 23, a
따라서 $a \geq 20$이므로 최솟값은 20이다.

03 ㄱ. A의 평균은 8점, B의 평균은 7.6점이므로 A의 평균이 더 크다. (○)
ㄴ. A의 중앙값은 7점, B의 중앙값은 8점이므로 B의 중앙값이 더 크다. (×)
ㄷ. A의 최빈값은 7점, B의 최빈값은 8점이므로 B의 최빈값이 더 크다. (×)

04 수학 성적을 x점이라 하면 $\frac{320+x}{5}=82$
$320+x=410$에서 $x=90$
따라서 수학 성적은 90점이다.

05 자료가 21개이므로 중앙값은 11번째 값이다.
즉, $a=16$
최빈값은 16이므로 $b=16$
따라서 $a+b=32$

06 1반 학생 수를 a명, 2반 학생 수를 b명이라 하자.
두 반 전체 학생 점수의 총합은
$81a+78b$이므로 전체 평균을 구하면
$\frac{81a+78b}{a+b}=79.6$
$\therefore 1.4a=1.6b$
따라서 $a : b=1.6 : 1.4=8 : 7$

07 편차의 합은 0이므로
목요일의 편차는 -1시간이다.
전체 평균이 7시간이므로
목요일의 수면 시간은 $7-1=6$(시간)이다.

08 편차의 합이 0이므로
$(-6)+(-6)+(-a)+0+3+4+6=(-a)+1=0$
따라서 $a=1$

함정 피하기
모든 변량에 대한 편차의 합이 0이므로 각 편차를 해당하는 개수만큼 더 해주어야 한다.

09 편차의 합이 0이므로 $x=2$
평균이 15점이므로 인영이의 점수는 17점이다.

10 모두에게 3점씩 올려주었으므로 평균은 $65+3=68$(점)
흩어진 정도에는 변화가 없으므로 표준편차는 4점이다.

11 편차의 합은 0이므로 $\square=-15$
분산은 편차 제곱의 평균이므로
$\frac{100+400+400+25+225}{5}=230$
따라서 (표준편차)$=\sqrt{230}$ (cm)

12 각 자료의 평균은 3으로 같으므로 3에서 멀리 흩어져 있는 자료들의 표준편차가 더 크다.
순서대로 나열하면
㉮, ㉯, ㉱, ㉰

13 분산(표준편차)이 작은 자료가 더 고르다.
따라서 가장 고른 반은 3반이다.

14 ㄱ. 2반의 평균이 더 크다. (○)
ㄴ. 알 수 없다. (×)
ㄷ. 분산이 작은 반이 더 고르므로 2반이 더 고르다. (×)
ㄹ. 편차의 합은 0으로 일정하다. (×)
따라서 옳은 것은 ㄱ이다.

15 B반의 그래프가 A반의 그래프보다 대체로 더 오른쪽에 있으므로 평균 사용 시간은 B반이 더 길다.
B반의 그래프가 A반의 그래프보다 자료들이 가운데로 더 모여 있는 모양이므로 B반의 분포가 더 고르다.

함정 피하기
분포가 고르다는 것은 산포도와 연관시켜 생각해야 한다.

16 평균은 16시간이므로
표준편차는
$$\sqrt{\frac{16+4+1+0+0+0+1+4+4+4}{10}}$$
$$=\sqrt{\frac{34}{10}}=\sqrt{\frac{17}{5}}=\frac{\sqrt{85}}{5}\text{ (시간)}$$

Level ②

본문 92~95쪽

01 98점 **02** 49.7 **03** 9, 10, 11, 12 **04** 45명
05 $a=19$, $b=11$ **06** 3 **07** 300 mL, 400 mL
08 60회 **09** 1초 **10** $2\sqrt{3}$점 **11** $\frac{32}{3}$회
12 3.4 **13** $\frac{980}{11}$ **14** $\frac{8}{3}$
15 서울: $\frac{50}{3}$, 부산: $\frac{125}{3}$, 서울 **16** $\frac{8}{3}$

01 전학을 가기 전 총점은 $25\times74=1850$점
전학을 간 후 총점은 $24\times73=1752$점
따라서 전학 간 학생의 점수는 두 총점의 차이인 98점이다.

02 가장 큰 것을 제외한 변량의 합은 $48\times9=432$
가장 작은 것을 제외한 변량의 합은 $53\times9=477$
이므로 가장 큰 것과 가장 작은 것의 차이는 45이다
두 변량의 합이 85이므로 두 변량은 각각 65, 20이다.
전체 변량의 합은 $432+65=497$
따라서 전체 변량의 평균은 49.7이다.

03 첫 번째 조건에서 $9\le x\le12$이므로
가능한 x는 9, 10, 11, 12
두 번째 조건에서 $x\ge8$이므로
두 조건을 모두 만족하는 자연수 x는 9, 10, 11, 12이다.

04 여학생 수를 x(명)이라 하자.
전체 학생들 점수의 총합은 $85\times(x+30)$(점)이고
남학생 점수의 총합은 $30\times82=2460$(점),
여학생 점수의 총합은 $87x$(점)이므로
$85x+2550=2460+87x$
$2x=90$ $\therefore x=45$
따라서 여학생 수는 45(명)이다.

05 자료 1의 평균은 $\frac{25+a}{4}$
자료 2의 평균은 $\frac{a+14}{3}$
두 평균이 같으므로 $a=19$
자료 1과 자료 2의 평균은 모두 11이다.
이때 자료 3의 최빈값도 11이므로 $b=11$
따라서 $a=19$, $b=11$

06 최빈값이 1개이므로 x는 1, 3, 4 중 하나이다.
중앙값은 5번째와 6번째 값의 평균이므로
2.5, 3 중 하나이다.
따라서 $x=3$

07 $\frac{200a+500+300b+1200}{10}=300$이므로
$2a+3b=13$ …… ㉠
전체 개수가 10개이므로
$a+b=5$ …… ㉡
㉠, ㉡에서 $a=2, b=3$
따라서 최빈값은 300 mL, 400 mL이다.

08 8명의 중앙값은 4번째와 5번째의 평균이고 4번째 학생의 기록이 50회이므로 5번째 학생의 기록은 60회이다.
따라서 9명의 중앙값은 크기순으로 나열하였을 때 5번째 값이므로 중앙값은 60회이다.

09 10명 학생 기록의 총합이
$(33+32)-(27+28)=10$(초)만큼 단축되었으므로
평균 기록은 1초 단축되었다.

10 6명 학생의 편차 제곱의 합은 60이다.
점수가 60점인 학생의 편차는 0이므로
5명 학생의 분산은 $\frac{60}{5}=12$이다.
따라서 표준편차는 $\sqrt{12}=2\sqrt{3}$(점)

11 6명의 중앙값은 3번째와 4번째의 평균이다.
중앙값이 11이고, 8, 9, 10은 자료의 최빈값이 아니므로
이 자료는 8, 9, 10, 12, 12, 13이다.
따라서 이 자료의 평균은 $\frac{64}{6}=\frac{32}{3}$(회)이다.

12 맞은 개수의 전체 평균은 $\frac{5+7+48}{10}=6$(개)이다.
분산은 편차 제곱의 평균이므로
10명 학생의 편차 제곱의 합을 구하면
$1+1+32=34$
따라서 분산은 3.4이다.

13 1반 학생들의 편차 제곱의 합은 $25\times100=2500$,
2반 학생들의 편차 제곱의 합은 $30\times80=2400$이므로
전체 학생 55명의 편차 제곱의 평균을 구하면
$\frac{2500+2400}{55}=\frac{4900}{55}=\frac{980}{11}$
따라서 분산은 $\frac{980}{11}$이다.

14 연속하는 세 홀수를
$2k-1$, $2k+1$, $2k+3$이라 하자. (단, $k\geq1$)
세 수의 평균은
$\frac{(2k-1)+(2k+1)+(2k+3)}{3}=2k+1$
따라서 분산은
$\frac{2^2+0^2+2^2}{3}=\frac{8}{3}$

15 분포가 고른 것은 분산이 작은 것이다.
서울의 강수량 평균은 15 mm
부산의 강수량 평균은 20 mm이다.
서울 강수량의 분산은
$\frac{25+0+25+25+0+25}{6}=\frac{50}{3}$
부산 강수량의 분산은
$\frac{25+0+25+100+0+100}{6}=\frac{250}{6}=\frac{125}{3}$
따라서 서울이 더 고르다.

16 자료의 총합은 42이므로 $x+y=16$
최빈값이 6이므로 x, y는 6과 10이다.
이 자료의 평균이 7이므로 분산은
$\frac{0+1+1+9+1+4}{6}=\frac{16}{6}=\frac{8}{3}$

01 9 **02** $a=3$, $b=5$ **03** 10 **04** $a=38$, $b=64$ **05** $\frac{8}{5}$
06 $a=16$, $b=9$

01 자료의 평균을 구하면
$\frac{3+4+6+8+9+11+12+18+x+(x+1)}{10}$
$=\frac{72+2x}{10}=\frac{x+36}{5}$
자료가 10개이므로 중앙값은 5번째와 6번째의 평균이다.
평균과 중앙값과 최빈값이 모두 같으므로 평균은 자연수이고
$\frac{x+36}{5}>7$이므로 평균은 8 이상이다.
또한 x는 5로 나누었을 때 나머지가 4인 수이다.
(i) $x=4$이면 평균이 8이고 최빈값은 4이므로 조건을 만족하지 않는다.
(ii) $x=9$이면 평균이 9이고 최빈값도 9, 중앙값도 9이므로 $x=9$이다.

(iii) $x>11$이면 중앙값은 10이고, 평균이 10이면 $x=14$이므로 최빈값이 10이 될 수 없다.

따라서 $x=9$

02 평균이 6이므로 모든 변량의 합은 42

$a+b=8$

자료가 7개이므로 중앙값은 4번째 수이다.

따라서 $a=3$, $b=5$

03 <자료 1>에서

$a+b+c=30$, $(a-10)^2+(b-10)^2+(c-10)^2=18$

<자료 2>의 평균은 10이므로 분산은

$\dfrac{16+(a-10)^2+(b-10)^2+(c-10)^2+16}{5}=\dfrac{50}{5}=10$

04 평균이 40이므로 전체 자료의 총합은 400

$\therefore a+b=102$

최빈값이 38이므로 $a=38$, $b=64$

05 $a+b=2$, $c+d+e=3$이므로

a, b, c, d, e의 평균은 1이다.

주어진 자료에서

$(a-1)^2+(b-1)^2=2$,

$(c-1)^2+(d-1)^2+(e-1)^2=6$

이므로

$(a-1)^2+(b-1)^2+(c-1)^2+(d-1)^2+(e-1)^2=8$

따라서 분산은 $\dfrac{8}{5}$

06 조건 1에서 6개 자료의 중앙값은

세 번째와 네 번째 값의 평균이므로 $a\geq 9$

조건 2에서 중앙값이 7이 되어야 하므로 a, b 중 하나는 9이어야 한다.

$a=9$이면 $\dfrac{b+32}{6}=b-1$에서 b는 자연수가 아니다.

그러므로 $a>9$이고 $b=9$

또 평균이 8이므로

$\dfrac{32+a}{6}=8$에서

$32+a=48$

따라서 $a=16$

Level 4

본문 98~99쪽

01 5 **02** 평균 : 9, 표준편차 : $4\sqrt{2}$ **03** $\dfrac{32}{3}$ **04** 2

05 평균 : 48 kg, 분산 : 12 **06** $\dfrac{35}{4}$

01 **풀이전략** 평균을 a에 관한 식으로 나타내어 분산을 구한다.

자료의 평균을 구하면

$\dfrac{6a+18}{6}=a+3$

분산은

$\dfrac{(a-3)^2+(a-7)^2+25+1+1+1}{6}$

$=\dfrac{2a^2-20a+86}{6}=\dfrac{a^2-10a+43}{3}=6$

정리하면 $a^2-10a+25=0$, $(a-5)^2=0$

따라서 $a=5$

02 **풀이전략** 평균을 먼저 구한 후, 이를 이용하여 분산을 구해 표준편차를 구한다.

(평균) $=4\times 2+1=9$

(분산)

$=\dfrac{(2a-8)^2+(2b-8)^2+(2c-8)^2+(2d-8)^2}{4}$

$=4\times\dfrac{(a-4)^2+(b-4)^2+(c-4)^2+(d-4)^2}{4}$

$=4\times 8=32$

따라서 표준편차는 $\sqrt{32}=4\sqrt{2}$

03 **풀이전략** 최빈값이 9이므로 자료에 9는 적어도 두 번 들어감을 이용하여 자료를 문자로 나타낸다.

자료를 4, 9, 9, 14, x, y라 하자.

평균이 8이므로 $x+y=12$

가장 작은 수가 4이고 최빈값이 9이므로 가능한 경우는

$x=5$, $y=7$ 또는 $x=7$, $y=5$뿐이다.

따라서 분산은

$\dfrac{16+1+1+36+9+1}{6}=\dfrac{64}{6}=\dfrac{32}{3}$

04 **풀이전략** 모르는 자료를 문자로 두고 식을 세워 가능한 경우를 찾는다.

자료를 1, 2, 2, 3, 4, 5, 6, a, b라 하자.

평균이 3이므로 $a+b=4$
가능한 경우는 $a=2$, $b=2$인 경우이다.
즉, 자료가 1, 2, 2, 2, 2, 3, 4, 5, 6이므로
중앙값은 5번째 값인 2이다.

05 **풀이전략** 평균을 옳게 구한 후 분산을 구하는 식을 세워 잘못 계산한 분산을 이용하여 계산한다.

학생을 64 kg으로 계산하였을 때 총합은 450 kg이므로
실제 몸무게의 총합은
$450-18=432\,(\text{kg})$
평균은 48 kg
이때 모든 학생의 몸무게를 $a_1, a_2, \cdots, a_9$라 하자.
처음 계산한 분산이 16이므로

$$\frac{(a_1-50)^2+\cdots+(a_9-50)^2}{9}=16$$

$$(a_1-50)^2+\cdots+(a_9-50)^2=144$$

바르게 분산을 구하면

$$\frac{(a_1-48)^2+\cdots+(a_9-48)^2}{9}$$
$$=\frac{1}{9}\{(a_1-50)^2+4a_1+48^2-50^2+\cdots+(a_9-50)^2+4a_9+48^2-50^2\}$$
$$=\frac{1}{9}\{(a_1-50)^2+\cdots+(a_9-50)^2+4(a_1+\cdots+a_9)+9\times(48^2-50^2)\}$$
$$=16+4\times48+(48+50)(48-50)$$
$$=12$$

06 **풀이전략** 전체 총점이 50점임을 이용하여 하영이의 점수를 구하고 분산을 계산한다.

게임을 한 번 할 때마다 $4+3+2+1=10$점의 점수가 부여된다.
5번의 게임이 끝났으므로 모든 학생의 총점은 50점이다.
$9+13+(\text{하영이의 점수})+11=50$
따라서 하영이의 점수는 17점이다.
전체 평균은 $\frac{50}{4}=12.5(\text{점})$이므로 분산은

$$\frac{1}{4}\left\{\left(\frac{7}{2}\right)^2+\left(\frac{1}{2}\right)^2+\left(\frac{9}{2}\right)^2+\left(\frac{3}{2}\right)^2\right\}=\frac{140}{16}=\frac{35}{4}$$

8 상관관계

Level 1

본문 102~105쪽

01 ㄴ **02** ㄷ **03** 60점 **04** ② **05** C **06** ③ **07** 7명
08 ① **09** 45% **10** ①, ⑤ **11** ㄷ, ㄹ **12** ① **13** 12명
14 ②, ③, ⑤ **15** 5명 **16** 1명

01 ㄱ. A학생은 영어 점수에 비해 수학 점수가 높다.
ㄷ. 산점도가 오른쪽 위를 향하고 있으므로 양의 상관관계가 있다.
따라서 옳은 것은 ㄴ이다.

02 ㄱ. 산점도는 변량의 분포를 나타낸다.
ㄴ. 직선의 방향에 따라 음의 상관관계 또는 상관관계가 없기도 하다.
따라서 옳은 것은 ㄷ이다.

03 사회 점수의 최빈값은 60점이다.

04 음의 상관관계를 나타내고 있으므로 가장 적절한 것은 ②이다.

05 왼쪽 시력에 비해 오른쪽 시력이 더 좋은 경우는 C뿐이다.

06 ③ 월 소비액이 가장 적은 사람은 B이다.

07 수학 점수와 과학 점수가 같은 경우를 직선으로 나타낸 후 그 직선 아래에 있는 점을 찾으면 총 7명이다.

08 ① 음의 상관관계를 가지면 산점도가 오른쪽 아래를 향하며, x의 값이 커지면 y의 값은 작아지는 관계를 가진다.

09 두 번 모두 6점 이하인 학생은 표시한 9명이므로

$\frac{9}{20}\times 100=45\ (\%)$

따라서 전체의 45 %이다.

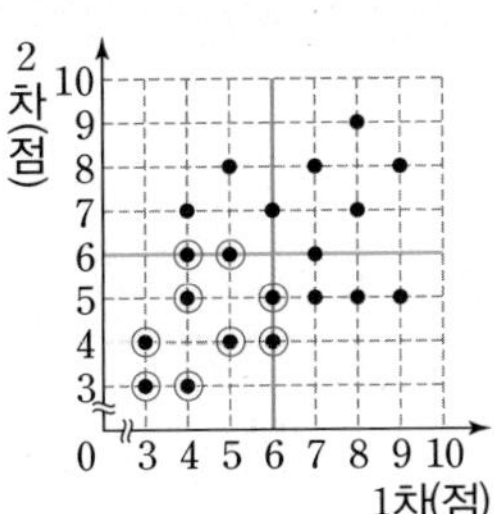

10 주어진 상관도는 양의 상관관계를 나타내고 있다.
따라서 구하는 것은 ①, ⑤이다.

11 ㄱ. 1분당 맥박 수가 가장 적은 학생은 B이다.
ㄴ. 운동을 가장 오래한 학생은 C이다.
따라서 옳은 것은 ㄷ, ㄹ이다.

12 양의 상관관계를 나타내는 산점도는 ①이다.

13 독서 시간 60분, 수면 시간 8시간을 기준으로 축에 평행한 선을 그어 오른쪽 아래에 있는 점을 세어 보면 12명이다.

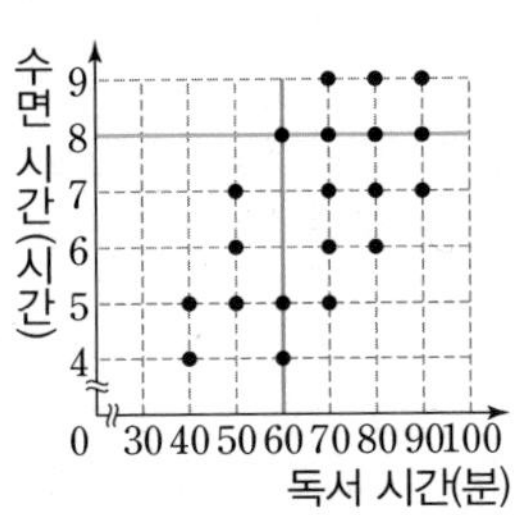

14 ① 집과 직장 모두에서 100분 이상 휴대폰을 사용하는 사람은 6명이다.
④ 양의 상관관계가 있으므로 집에서 휴대폰을 많이 쓸수록 직장에서도 휴대폰을 대체로 많이 사용한다.
따라서 옳은 것은 ②, ③, ⑤이다.

15 키가 170 cm 이상이고 몸무게도 70 kg 이상인 학생은 5명이다.

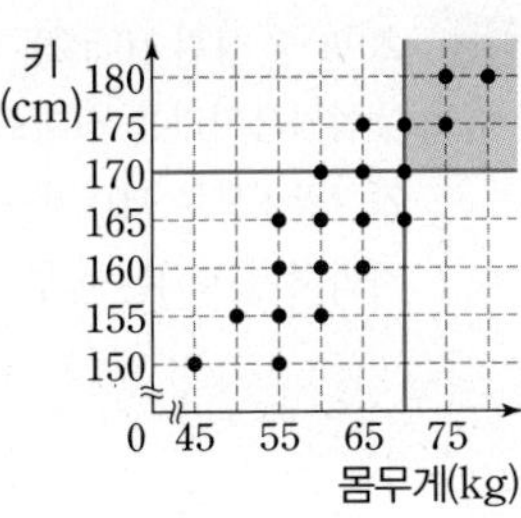

16 상품을 받는 학생은 윗몸 일으키기와 턱걸이에서 각각 8점, 9점을 받은 학생 1명이다.

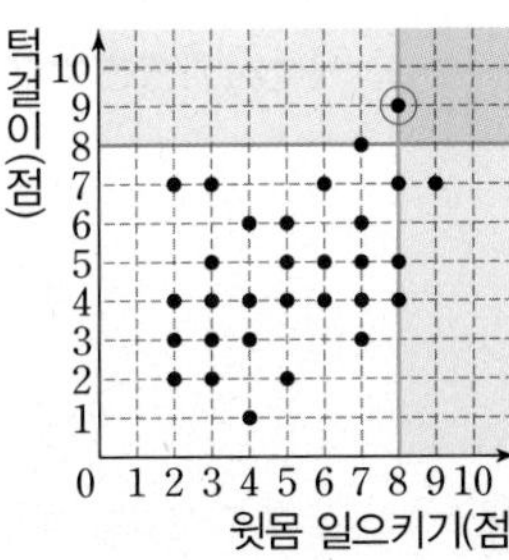

Level 2

본문 106~107쪽

01 10% **02** 2만 원 **03** ㄱ, ㄴ **04** 25% **05** 1명 **06** 2명
07 ㄱ **08** 2명

01 20명 중 2명이므로 10 %이다.

02 용돈의 최빈값은 4만 원이다.
용돈을 4만 원 받는 학생들의 간식비의 평균은 2만 원이다.

03 ㄱ. 음의 상관관계가 있다.
ㄴ. A는 TV 시청 시간에 비해 독서 시간이 짧은 편이다.
따라서 옳지 않은 것은 ㄱ, ㄴ이다.

04 합이 15점 이상인 학생의 수는 6명이므로 전체의 25 %이다.

05 20명 중 상위 10 %의 학생은 2명이다.
윗몸일으키기를 최대로 한 학생이 2명, 악력이 가장 높은 사람도 2명이므로 최대치를 한 학생의 수가 상위 10 %이다.
따라서 중복되는 학생 1명만이 모두 상위 10 %에 속한다.

06 합이 15로 일정한 직선을 그려 그래프 아래쪽에 있는 점이 2개이므로 1, 2차 기록의 합이 15초 이하인 학생은 2명이다.

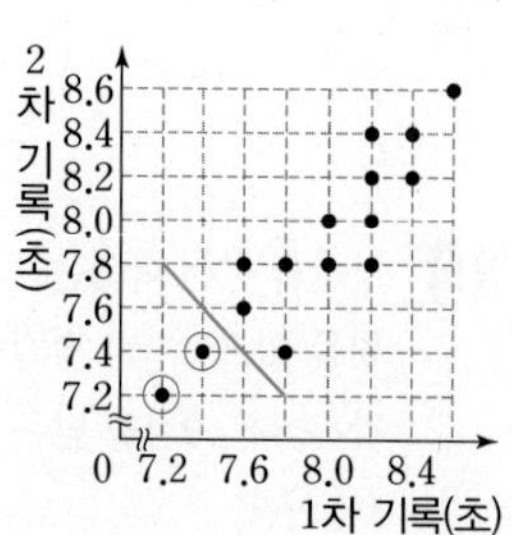

07 ㄴ. 분포를 보았을 때 A는 손에 비해 발 길이가 짧은 편이다.
ㄷ. B는 C에 비해 손과 발이 모두 길다.
따라서 옳은 것은 ㄱ이다.

08 합이 85인 선을 그어 보면 해당하는 학생은 2명이다.

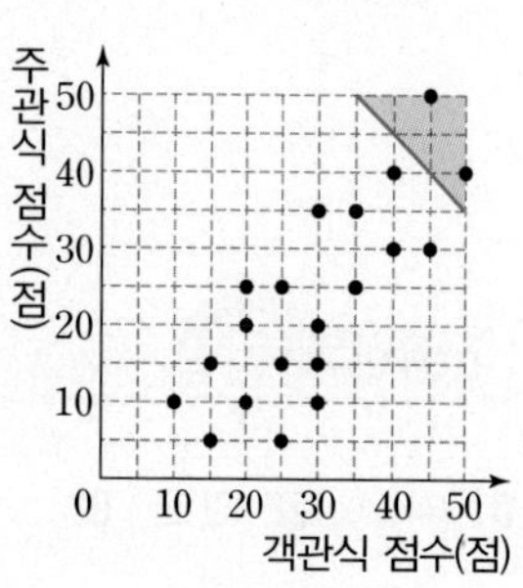

Level 3

본문 108쪽

01 $\frac{7}{8}$ **02** 상관관계가 없다. **03** 13명

01 사회 점수 60점을 기준으로 선을 그어 보면 그 이상의 점수를 받은 학생 수는 16명
그 중 도덕 점수가 70점 이상인 학생은 14명이므로 비율은
$\frac{14}{16}=\frac{7}{8}$

02 오른쪽 그림과 같이 점을 찍어 나타내면 점들이 한 직선에 가까이 모여 있지 않음을 알 수 있다.
따라서 상관관계는 없다.

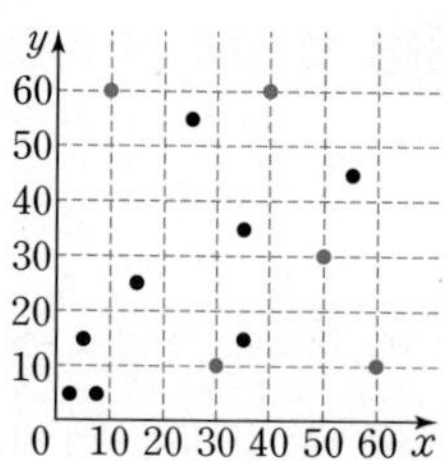

03 두 과목 점수의 합이 140점이 되는 선을 그어 그 선 위의 점과 선 위쪽에 있는 점의 개수를 세어 보면 13개이다.
따라서 평균이 70점 이상인 학생은 13명이다.

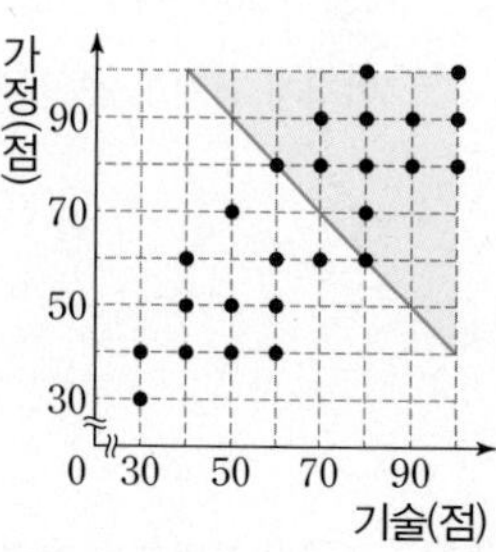

Level 4

본문 109쪽

01 5명 **02** 570점 **03** 44

01 **풀이전략** 세 조건을 만족시키는 학생들을 각각 구해 모두를 만족시키는 경우를 찾는다.

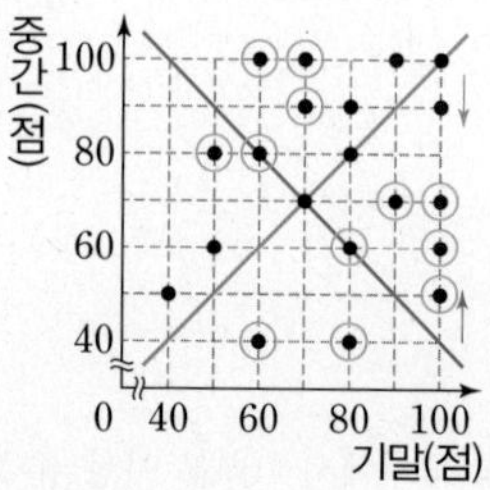

조건 ㈎를 만족시키는 학생은 파란선 아래쪽에 있는 학생들이고 ㈏를 만족시키는 학생은 초록색 동그라미에 해당하는 학생이다. 마지막으로 ㈐를 만족시키는 학생은 빨간선과 그 위쪽에 있는 학생들이므로 세 조건을 모두 만족시키는 학생은 5명이다.

02 풀이전략 20명 중 15 % 이내인 학생들의 수를 구한 뒤 총점이 높은 순서로 세어 본다.

20명 학생 중에 15 % 이내의 학생은 3명이므로 초록색 동그라미에 해당하는 학생 3명이다. 이들의 총점은 각각 200점, 190점, 180점이므로 세 학생의 총점의 합은 570점

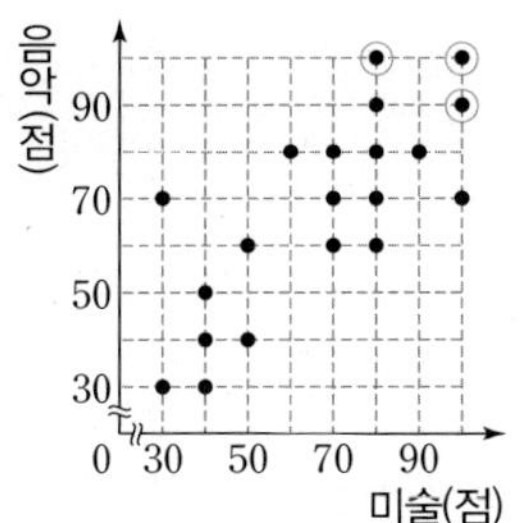

03 풀이전략 각 설명에 해당하는 점을 그래프에서 찾는다.

$A=2$

컴퓨터 게임 시간이 3시간 이상인 사람은 총 8명이므로

$B=\frac{8}{20}\times 100=40$

수면 시간이 6시간 이상이고 7시간 이하인 사람 7명의 게임 시간의 평균은

$\frac{1.5+1.5+2+1.5+2+2.5+3}{7}=2$ (시간)

$C=2$

따라서 $A+B+C=2+40+2=44$

대단원 마무리 Level 종합

본문 110~111쪽

01 ①	**02** 98점	**03** ㄱ, ㄴ	**04** 175 cm
05 1, 4	**06** ⑤	**07** ㄱ	**08** 12%

01 자료를 크기 순서대로 나열하면

50, 80, 100, 100, 110, 120, 130, 170, 200, 240

이때 $x=130$, $y=115$, $z=100$

크기가 큰 것부터 순서대로 나열하면 x, y, z이다.

02 3회에 걸친 점수의 총합이 258점이다. 4회의 평균이 89점이려면 총점이 356점이어야 하므로 4회 쪽지 시험에서 최소 98점을 받아야 한다.

03 80점 만점으로 본 시험의 분산은 S^2점이다.

20점씩을 추가하면 평균은 $(M+20)$점, 분산은 S^2, 표준편차는 S점이다.

따라서 옳은 것은 ㄱ, ㄴ이다.

04 종훈이의 편차는 7 cm이다.

종훈이의 편차가 두 번째로 크므로 키가 두 번째로 큰 학생은 종훈이고,

키는 $168+7=175$(cm)이다.

05 5개 자료의 평균은

$\frac{4+6+(1-a)+8+(a-4)}{5}=\frac{15}{5}=3$

분산은

$\frac{1+9+(2+a)^2+25+(a-7)^2}{5}$

$=\frac{2a^2-10a+88}{5}=16$

즉, $a^2-5a+4=0$, $(a-1)(a-4)=0$

따라서 가능한 a의 값은 1, 4이다.

06 통학 거리에 비해 통학 시간이 짧은 학생은 오른쪽 아래에 위치한 학생이므로 E이다.

07 여름철 기온과 냉방비는 양의 상관관계가 있을 것으로 생각되므로 적절한 것은 ㄱ이다.

08 총점이 180점 이상인 학생은 총 3명이므로 자격증을 취득한 사람은

$\frac{3}{25}\times 100=12$ (%)

즉, 전체의 12 %이다.

MEMO

MEMO

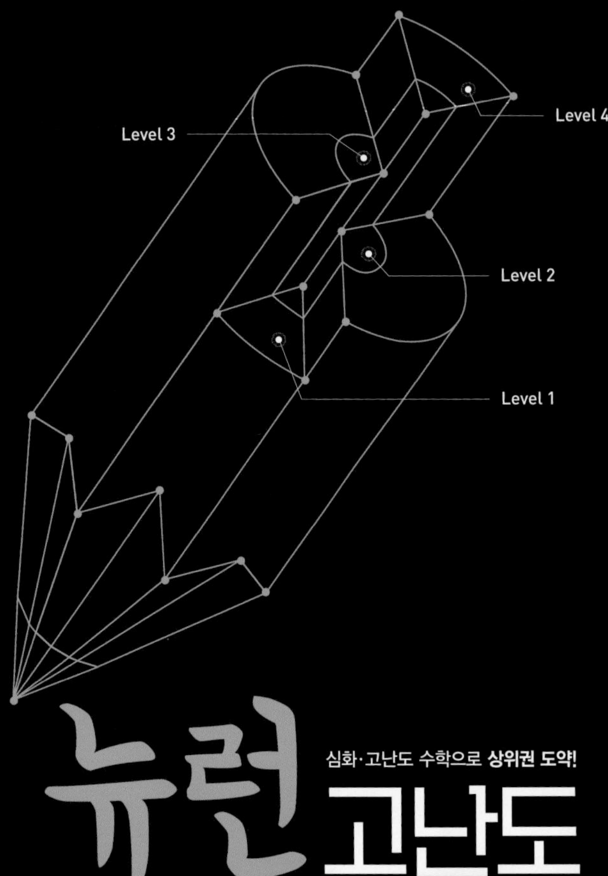

뉴런 고난도

심화·고난도 수학으로 **상위권 도약!**

수학 3(하)

정답과 풀이

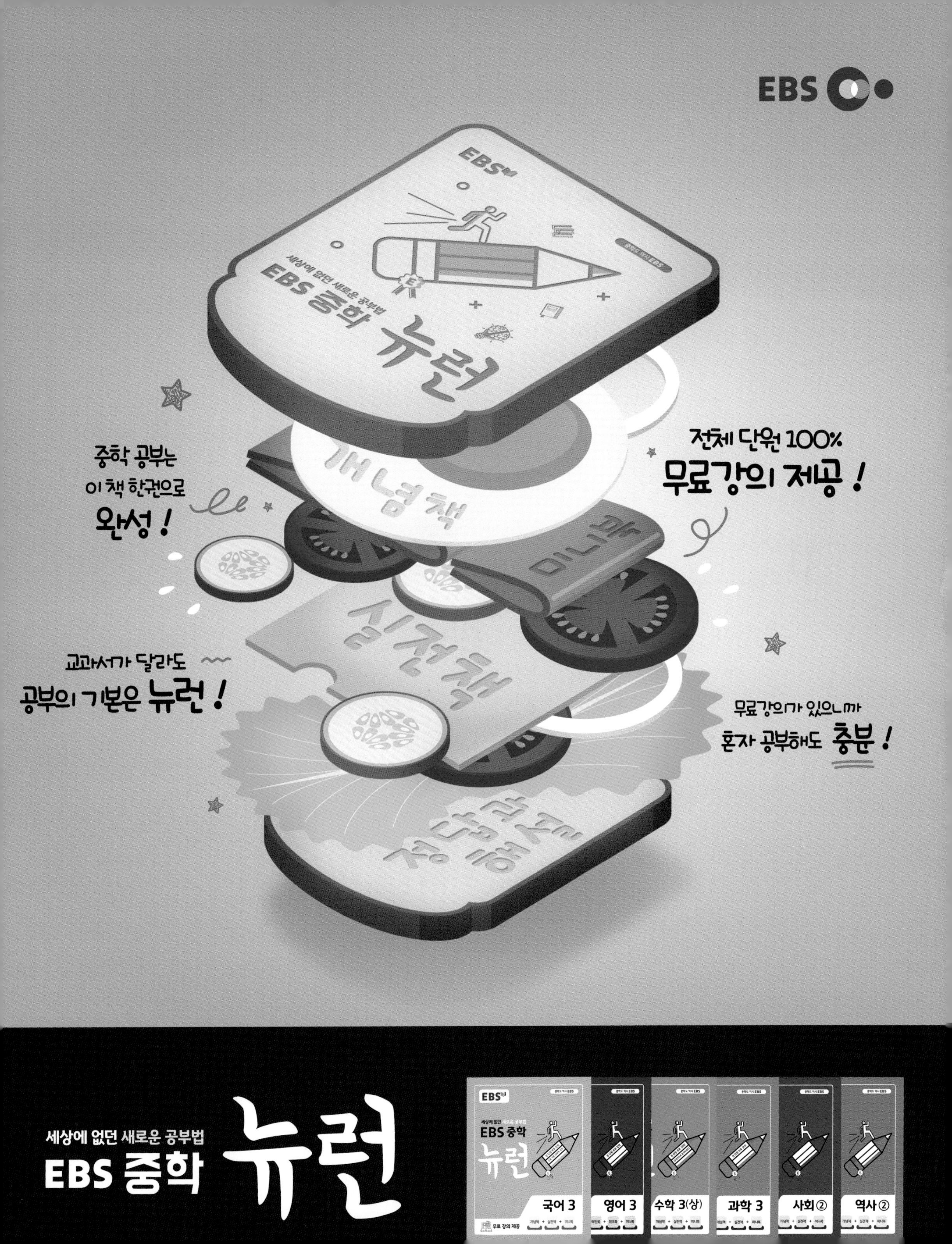
EBS
세상에 없던 새로운 공부법
EBS 중학 뉴런
개념책
미니북
실전책
중학 공부는
이 책 한권으로
완성!
전체 단원 100%
무료강의 제공!
교과서가 달라도
공부의 기본은 뉴런!
무료강의가 있으니까
혼자 공부해도 충분!
세상에 없던 새로운 공부법
EBS 중학 뉴런
국어 3
영어 3
수학 3(상)
과학 3
사회②
역사②
무료 강의 제공